»Le style c'est moi!«
Coco Chanel

ZUM BUCH

Modegöttin, Spionin und Vamp. Sie ist die Ikone der Modewelt. Ohne sie wäre der Ruhm der französischen Couturiers undenkbar. Sie kam von ganz unten, war aber mit 21 schon eine Diva – ganz oben im Olymp der Mode.
Coco Chanel (1883–1971) schöpfte keine Mode, sondern kreierte Stil: Ihr unnachahmliches Kostüm verwandelt die brave Sissi in die betörende Romy Schneider, und aus Grace Kelly wird erst durch Chanel eine wirkliche Fürstin.
Mit ihrer gloriosen Selbstsicherheit macht sie sich zur ersten wirklichen Kommunikatorin der Modebranche. Ihre Sache sind nicht die großen Theorien der Emanzipation, sie befreit die Frauen einfach aus dem Gefängnis der Kleider, in das sie jahrhundertelang eingesperrt waren.
Unterwürfige Frauen sind fad, freche sind gefragt – lautete damals schon ihre aufmüpfig-trotzige Botschaft. Aber Mademoiselle bleibt stets im Hintergrund, der Glorie wegen, »denn Herzöge gibt es viele in England, aber auf der Welt nur eine Coco Chanel«.

ZUR AUTORIN

Katharina Zilkowski lebt seit über zehn Jahren in Paris. Sie ist freie Journalistin und berichtet für verschiedene große Magazine aus der Modemetropole, auch für das deutsche Fernsehen.

KATHARINA ZILKOWSKI

»Le style c'est moi!«

Coco Chanel

ECON & LIST TASCHENBUCH VERLAG

Veröffentlicht im Econ & List Taschenbuch Verlag
Der Econ & List Taschenbuch Verlag
ist ein Unternehmen der Econ & List Verlagsgesellschaft, München
Originalausgabe

Umschlagkonzept: Büro Meyer & Schmidt, München – Jorge Schmidt
Umschlagrealisation: Tabea Dietrich, Costanza Puglisi, München
Titelabbildung: Mit freundlicher Genehmigung von Sotheby's London,
Fotograf: Cecil Beaton (Coco Chanel)
Lektorat: Ulrike Meiser, Düsseldorf
Satz: Josefine Urban – KompetenzCenter, Düsseldorf
Druck und Bindearbeiten: Ebner Ulm
Printed in Germany
ISBN 3-612-26563-6

Für Renate.

Weil unsere Mütter unsere Legenden sind.
Unsterblich.

In der Reihe »Rebellische Frauen« sind bereits erschienen:

Annette Seemann
»Ich bin eine befreite Frau« – PEGGY GUGGENHEIM (TB 26512)

Jochen Schmidt
»Tanzen gegen die Angst« – PINA BAUSCH (TB 26513)

Leo Linder
»Ah, mein kleiner Herzog, du hast Angst?« – JEANNE D'ARC (TB 26514)

Barbara Leisner
»Unabhängig sein ist mein heißester Wunsch« – MALWIDA VON MEISENBUG (TB 26515)

Matthias Henke
»Süchtig nach der Sehnsucht« – EDITH PIAF (TB 26516)

Mariam Niroumand
»Westwärts, junger Mann!« – MAE WEST (TB 26517)

Max Gallo
»Ich fürchte mich vor gar nichts mehr« – ROSA LUXEMBURG (TB 26518)

Siegfried Obermeier
»Ein Weib mit ungeheurem Talent« – ANGELIKA KAUFFMANN (TB 26559)

Verena Joos
»Mutter Courage der Theater« – IDA EHRE (TB 26568)

INHALT

VORWORT

»Ich habe die Frauen vom Korsett befreit.«... Nichts ist passender, als die Biographie von Coco Chanel mit einer Lüge anzufangen. Denn eigentlich war nicht sie diejenige, die die Damen von dieser jahrhundertelangen Tortur befreit hat. Doch die Geschichte erinnert sich nicht gerne an die Mittelmäßigen. Wer kennt schon noch Paul Poiret, dem die Frauen eigentlich die lockere Taille zu verdanken haben? Nur die Spezialisten.

Coco Chanel hat ihr anmaßendes Sich-Einverleiben der großen modischen Revolution unseres Jahrhunderts aber über die Jahrzehnte hinweg gerechtfertigt. Und zwar durch die Konstanz, mit der sie Saison für Saison alle sechs Monate gezeigt hat, was Stil und Eleganz ist. Und mit ihrer kühnen Behauptung: »Der Chic bin ich«, behält sie noch heute recht.

Es ist sicherlich kein Zufall, daß trotz der starken Dominanz der Männer im Metier der Mode ausgerechnet eine Frau als *die* große Persönlichkeit in unserer Erinnerung zu einer Art Ikone geworden ist. Denn mit dem 20. Jahrhundert geht auch das Jahrhundert der Frauen in der Mode zu Ende – erst einmal.

Wie Coco Chanel sagte, es hatte sich seit der Zeit des Sonnenkönigs nichts am Dresscode der Frauen geändert, die durch die Jahrhunderte hinweg nichts weiter als liebenswerte Dekorationen waren. Coco Chanel hat seit ihren Anfängen mit Bravour gezeigt, daß Mode nicht nur eine schöne Nebensache ist, sondern hat sich auch für die geniale Demonstration ihres Könnens die denkbar beste Zeit ausgesucht. Denn mit ihren Hosen und ihren Sportswear-Kleidern, von denen sie sagte,

daß sie sie »rein zufällig erfunden« habe, fing die Befreiung der Frau tatsächlich an.
Von den zaghaften Anfängen der modernen, industriellen Zeit bis zu der Epoche, in der Andy Warhol prophezeite, daß jeder ein Recht habe auf seine fünf Minuten Ruhm, lebte die Modezarin. Coco Chanel war ein Edelstein, den die Jahrzehnte geschliffen hatten. Immer verkörperte sie ihre Zeit. Die Belle Époque, die ihr einen neuen Anfang versprach, der Erste Weltkrieg, in dem sie ihre Chance nutzte, die Années Folles, die verrückten zwanziger Jahre, in denen sie zur Mäzenin und Begleiterin der berühmtesten Künstler des Jahrhunderts wurde.
Sie, die bekannteste Französin der Welt, stand immer für Frankreich. Doch während des Zweiten Weltkrieges hat sie – so wie ihr Heimatland – den falschen Weg genommen. Doch Coco bleibt wie Frankreich. Ihr guter Freund Jean Cocteau hat geschrieben: »Gut, daß Frankreich sich manchmal verleugnet. Sonst wäre es das pretentiöseste Land der Welt.«
Auch die Chanel verleugnete sich. Ihre Wahrheiten und Leiden versteckte sie unter dem Mantel des Stolzes.
Wenn Kinder lügen, dann sagt man, daß sie Märchen erzählen. Vieles von dem, was wir heute über Coco Chanel wissen, ist das, was sie gerne über sich preisgeben wollte. Es sind Märchen. Nur sie war befugt, ihrem Leben die richtige Dimension zu geben, es nachträglich so zu gestalten, wie sie es für optimal hielt. Ganz wie sie nächtelang auch den perfekten Fall eines Rockes bearbeiten konnte, bis alles zu ihrer Zufriedenheit ausfiel.
Die Chanel hatte eine französische Schriftstellerin, Louise de Vilmorin, zu ihren Lebzeiten damit beauftragt, ihre Biographie zu schreiben. Doch die Vilmorin gab irgendwann auf, so sehr belog sie sie.
Die Chanel wußte, daß in den sozialkritischen Romanen von Émile Zola kein Platz für Träume war. Denn ihr Leben begann so wie das einer seiner Figuren: ganz unten, im Armenhaus.

Doch das durfte niemand wissen.
Um sich selber zu schützen, hat Coco Chanel so nicht nur unermüdlich Kleider, sondern auch ihre eigene Geschichte kreiert. Um sich schließlich im Labyrinth ihrer Legende selbst zu verlieren.
Gesprochen hat sie viel, ununterbrochen wie ein Wasserfall. Doch gesagt hat sie wenig. Vor allem nicht über sich selbst. Alle die wichtigen Zitate, ihre Weltanschauung und ihre Urteile über das Leben haben wir erst ihren einsamsten Jahren zu verdanken. Nach dem Zweiten Weltkrieg hat sie im Schweizer Exil lange Abende mit ihrem Freund, dem Schriftsteller Paul Morand, verbracht, um ihm ihr Leben zu erzählen, von dem sie zu diesem Zeitpunkt sicher sein mußte, daß es eigentlich schon zu Ende war. Da wo Unwahrheiten sind, sind auch immer wertvolle Schlüssel zu finden, die viel sagen über die Traurigkeit, die im Drama ihrer Kindheit ihren Ursprung hatte.
Von ihren ersten Lebensjahren, die also alles andere als unbeschwert verliefen, sollte sich Coco Chanel nie wieder erholen. Sie ist zeit ihres Lebens ein enttäuschtes, kapriziöses Kind geblieben. Sie hat Rache gefordert und sie bekommen. Sie wollte berühmt werden und hat am Gipfelkreuz eines einzigartigen Erfolges teuer dafür bezahlt. Sie war einsam. Ob »Gabrielle«, »Coco« oder »Mademoiselle«, ob die verletzte Privatperson, die angebetete Diva oder die tyrannische Chefin. Und immer war sie Rebellin. Meistens hat sie gegen die Dämonen in sich selbst gekämpft. Aber für sie gab es keinen anderen Weg, als die C H A N E L zu werden.

Katharina Zilkowski
Paris, im August 1998

1. KAPITEL

Kindheit

»Chasnel, Gabrielle« steht in der Geburtsurkunde, die die Bürgermeisterei am 20. August 1883 ausstellt. Geboren ist das Mädchen am Vortag. Um sechzehn Uhr, im Hospiz von Saumur, einem Ort des christlichen Erbarmens. Hier wird dem armen Volk beigestanden, während die Bourgoisie und der Adel Hausgeburten mit einem Leibarzt und eigenem Personal bevorzugen. Nicht wunderlich, daß der Geburt des kleinen Bündels mit dem dichten schwarzen Haar keine große Bedeutung beigemessen wird. Noch ein Wesen, dem eine miserable Zukunft in die Wiege geschrieben steht.

Auch für den Vater von Gabrielle ist diese Geburt kein besonderes Ereignis. Er läßt sich weder am Tag der Niederkunft noch an den folgenden blicken. Gebären ist schließlich Frauensache! Die Mutter der Kleinen ist ans Bett gefesselt, so schwach ist sie. Jeanne erwartet auch keinen Besuch. Von wem schon? So kommt es, daß drei Angestellte des Armenhauses sich um die Formalitäten mit der Geburtsurkunde kümmern: Josephine Pelerin, Ambroise Podestat und Jacques Sureau. Allesamt sind sie im fortgeschrittenen Alter, alle drei Analphabeten, die den Familiennamen und alle anderen Daten nur mündlich weitergeben können. So erklärt sich auch der Rechtschreibfehler beim Eintrag des Familiennamens, wie er nur noch dreißig Jahre später einmal und dann für die Ewigkeit nie wieder vorkommen wird.

Gabrielle Chanel ist die Tochter des 28jährigen Albert Chanel mit der Berufsbezeichnung Händler und der zwanzigjährigen Jeanne Devolle, ebenso Marketenderin. Wohnhaft sind sie in Saumur: 29, rue de la Saint Jean. Gabrielle ist also die Frucht einer leidenschaftlichen Beziehung zwischen einem Marktschreier und einer noch minderjährigen Frau, die in diesem heißen Sommer 1883 bereits eine einjährige Tochter haben: Julia.

»Meine Eltern waren einfache Leute mit einfachen Regungen«, wird Gabrielle später sagen. Ihre Mutter, Jeanne Devolle, gebürtig aus der französischen Vulkanerde der Auvergne, hatte dem unwiderstehlichen Charme und dem hitzigen Temperament des zwei Jahre vorher durch ihre Heimatstadt Courpière gereisten Albert Chanel – ganz zum Entsetzen ihrer Familie – nicht widerstehen können. Der schöne, dunkelhaarige Typ ist von einem besseren Übermorgen überzeugt. Er hat ständig neue Ideen, um sich beruflich, sprich finanziell zu verbessern. Aber eigentlich hat er außer einem magnetischen, rabenschwarzen Blick und einem Selbstbewußtsein, das allen Mißerfolgen trotzt, nur für eines Talent: die Städte und Orte im Zentrum Frankreichs auszuwählen, die die besten Markterfolge versprechen. Die wichtigsten Marktplätze sind seine Lebensplattform. Nie hat er ein festes Dach über dem Kopf – es sei denn, er befindet sich gerade in einer der reicheren Städte, die über einen festen Markt aus Stein verfügen.

Der Handel hat sich zu diesem Zeitpunkt noch nicht hinter Mauern verschanzt. Alles und nichts wird auf den Märkten feil-

geboten. Die einen schleppen in Körben die bescheidenen Erträge ihres Gartens herbei, um mit einer Handvoll Francs nach Hause gehen zu können: zwei Blumensträußchen, zehn Eier, einige Liter Milch und ein paar Räucherwürste. Andere bringen mit Schubkarren größere Erntemengen. Alle sind vom Wetter gegerbt, und die Männer brauchen ein großes Mundwerk, um auf sich aufmerksam zu machen. Marktschreier eben.
Albert Chanel ist eigentlich ein Mensch mit einer tiefbäuerlichen Seele. Seine Vorfahren in den Cevennen zählen seit vielen Generationen zu den Tagelöhnern, die ohne eigenes Land zurechtkommen mußten. Erst sein Großvater hatte aus seinem bescheidenen Hof ein »Cabaret«, einen Weinausschank, gemacht, in dem die Landburschen ein- und ausgingen, um nach getaner Tat ein Glas Rouge zu trinken. Das Landleben veränderte sich aber gerade zu dieser Zeit. Es mußten Alternativen zum bäuerlichen Dasein gefunden werden, weil sich nach Jahrhunderten der Agrararbeit schon kleine Fortschritte und Modernisierungen ankündigten. Und damit auch eine stärkere Stadtbevölkerung.
Frankreich ist aber immer noch eine Agrarnation, die Lebensumstände auf dem Lande sind als mitteralterlich zu bezeichnen, auch wenn das zwanzigste Jahrhundert sich in den harten Zentren schon ankündigt. Das industrielle Zeitalter wird bald solche Burschen wie Albert Chanel entwurzeln. Raus aus dem geregelten Dorfleben, raus aus der beschützten Wohnküche der Großfamilie. Stadtluft macht frei – aber nicht jeden.
Allerdings: Albert hat es irgendwie geschafft, sich eine neue Nische zu suchen. Und hat so auch allen Grund, stolz zu sein. Er hat dem Pflug und den Lehmkrusten an den Händen endgültig adieu gesagt. Sauber zu sein, das ist doch schon etwas. Albert Chanel ist Händler, was beinhaltet, daß er ein Nomade ist. Endlich ist er unabhängig und um Gottes willen nicht seßhaft. Auf keinen Fall will er das. Albert Chanel mochte sich als der letzte Abenteurer der gerade eingeläuteten modernen Zeiten fühlen.

Mit seiner Jeanne verkauft er zum Zeitpunkt der Geburt Gabrielles Kurzwaren: Garn und Nadeln, Scheren, Knöpfe und alles andere, was man für die Handarbeit braucht.

Saumur ist so nur eine kurze Etappe in ihrem Leben. Es ist auch die nördlichste Stadt, in der der vom Nordrand der Provence stammende Chanel bisher haltgemacht hat. Was für ein Ort, um im ausgehenden 19. Jahrhundert geboren zu werden. Eine sanfte Landschaft, schönste französische Provinz zwischen Orléans und Nantes, da wo das kleine Flüßchen Thouet in die Loire fließt. Eine waldreiche Region, in der man beim Pilzesuchen auf eine Vielfalt von keltischen Monumenten und Dolmen stößt, die so poetische Namen wie »Feenfelsen« und »Teufelsgrotte« tragen. Unentschlossenes, traditionsbewußtes Saumur, das einen Fuß nach der Republik, der Demokratie ausstreckt, sein eigentliches Standbein jedoch immer noch im monarchischen Second Empire sieht.
Und die ganze Provinzstadt lebt nur für eines – die Reitschule, die die besten Kavalleristen des Landes und die auch die befreundeten Nationen in ihren Bann gezogen hat. Die Reitschule von Saumur wurde 1766 gegründet und hält seitdem bei Militärs und Kavalleristen in Frankreich und im restlichen Europa seinen Ruf, die beste Schule überhaupt zu sein. Unschwer, sich ein Bild vom gesellschaftlichen Leben in Saumur zu machen. Dort, wo Vollblüter sind, ist auch das blaue Blut zu Hause und damit alle stattlichen und machtvollen Männer. Denn wie man es auch dreht und wendet: Es gibt keine männlichere Leidenschaft, kein edleres sportliches Messen als beim Reiten. Schließlich ist das Automobil, das diesen Mitgliedern der Gesellschaft bald den Kopf verdrehen wird, noch nicht erfunden. Und wo die attraktiven Herren sind, sind auch die schönen Damen. In Saumur gibt es so mehr als genug stark klassengebundene, standesbewußte, aber dennoch äußerst vergnügungssüchtige Menschen. Die kleine Provinzstadt ist die ande-

re Metropole für die Elite. Doch für manchen kann das Leben hier auch die Hölle bedeuten. Jeder ist eben noch an seinem Platze. Albert Chanel und Jeanne Devolle sind hinter ihrem bescheidenen Stand mit Nähutensilien. Bei Wind und Wetter heißt es für sie: »A votre service, Madame – zu ihren Diensten.«
Nicht verwunderlich also, daß in Saumur – eher als woanders – die Proklamierung der Dritten Französischen Republik durch Mac-Mahon im Jahre 1870 überhört werden konnte. Die adelige Gesellschaft der Stadt hält krampfhaft am Second Empire, dem von Louis Napoleon Bonaparte im Jahre 1851 durch einen Staatsstreich verordneten letzten monarchischen Strohfeuer, fest.
Saumur ist auch eine durch hohe Mauern befestigte Stadt. Tock, tock, tock – so hämmern die Hufeisen immerzu auf dem Kopfsteinpflaster. Wie soll da der Ruf nach mehr Gleichheit durchdringen? »Mes hommages, Comtesse.« Und: »Grüßen Sie Ihre werte Frau, Baronesse«, mögen sie gesagt haben, wenn die Kavaliere des »Cadre Noir«, das Képi zu einer Verbeugung abzogen. Sie tragen auch beim Flanieren Uniform und mit Gold verzierte Reitgerten bei sich.
Auch viele Engländer kommen in die Stadt. Die Lords, Dukes und Ladies haben in friedlichen Zeiten das Gefühl, auf ihrer Insel eingeengt zu sein. Ein wunderbares Ziel mit vielen Zerstreuungsmöglichkeiten ist der Kontinent. Also auch Frankreich und damit Saumur, die Hochburg der Reitkunst. Hatten nicht diese englischen Exzentriker sogar das Wort »Tourist« erfunden, das in Saumur gegen 1816 ins allgemeine Vokabular aufgenommen wurde? Alles, was britisch ist, ist einfach auch der Gipfel an Chic.
Ein paar Jahrzehnte später wird Gabrielle diese Form des Kosmopolitismus von der Sonnenseite aus noch intensiv kennenlernen und auf den unwiderstehlichen Zutaten der englischen Lebensart ihr Imperium aufbauen.
Aber es ist noch zu früh, davon zu berichten. Noch ist das

19. Jahrhundert nicht zu Ende. Aber übrigens: Was die stolze Stadt Saumur angeht, so hat auch der große William Turner sich im Jahr 1826 vom Licht dieses außergewöhnlichen Ortes hypnotisieren lassen. *Saumur Rive Gauche. Saumur Rive Droite* und *Rietz bei Saumur* – all diese Bilder hatte er hier gemalt. Nein, Saumur ist beileibe nicht irgendeine Provinzstadt.

Gabrielle Chanel wird am 21. August in Abwesenheit ihrer Eltern getauft. Jeanne ist zu schwach, um dabei zu sein. Der Vater ist unterwegs – wie immer. Er nennt das »Tourneen machen«, und das wird in Zukunft auch das Schlagwort für all seine außerfamiliären Aktivitäten sein. Er hat alles andere im Kopf – nur nicht seine Familie. Er ist ein starrköpfiger, arroganter, egomanischer Bursche, der seiner Jeanne nie Glück gebracht hat.

In der Kapelle des Armenhauses von Saumur beten die Nonnen für Gabrielle: »Möge der liebe Gott mit ihr sein«. Gabrielle, deren Existenz niemanden zu interessieren scheint, soll so schnell wie möglich in den Schoß der katholischen Kirche aufgenommen werden. Christliche Gnade und großes Gottvertrauen sind der einzig mögliche schützende Wall gegen die Macht des Schicksals. Ein Ersatz für so etwas wie eine Sozialversicherung. »Vater unser, der Du bist im Himmel ...«, murmeln die um Gabrielle versammelten Nonnen im Chor und reden mit einer wiederkehrenden Routine gegen diese neue ungnädige Geburt an. Über dem Altar hängt ein imposantes Gemälde des französischen Künstlers Philipe de Champaigne. *Simon empfängt das Jesuskind am Eingang des Tempels* heißt es.

Gabrielle Chanel wird als Erwachsene nie aufhören, ihre Erinnerungen schönzumalen, ganze Teile ihrer Kindheit zu verschweigen und die Kapitel ihrer Lebensgeschichte immer neu zu schreiben. So ist ihre maßgeschneiderte Biographie tatsächlich wie ein Roman, in dem so mancher Höhepunkt frei erfunden wurde. So, wie sie ihren Stil entwickeln wird, wird sie mit nicht überprüfbaren Details, besonders was ihre Kindheit angeht, ihr Leben entwickeln. Doch die Wahrheiten stehen immer zwischen ihr und dem Glück. Und sie werden verhindern, daß sie wirklich ein erfülltes Leben lebt.

So wird sie später folgende Anekdote erzählen, die aber mit keinem Dokument zu belegen ist: Während der Taufe habe ihr eine Nonne spontan – und das aus Mitleid – einen zweiten Vornamen gegeben: Bonheur. Bonheur, das heißt Glück in dem Sinne, daß ein guter Stern über dem Tun stehen möge. Gabrielle, ein Name, der aus dem Hebräischen kommt, bedeutet die Kräftige, die Mächtige. Und wenn »Nomen est omen« gelten sollte, eine gute Voraussetzung für ihren Lebenserfolg.

Die beiden unehelich geborenen Mädchen, Julia und Gabrielle, werden zunächst ihre Mutter auf sämtliche Märkte begleiten. Es gibt ein Foto aus dieser Zeit, auf der Edmonde Charles-Roux Jeanne Devolle und die kleine Gabrielle wiederzuerkennen glaubt. Der Fotograf ist Eugène Atget. Er hat mit seiner Fotoserie versucht, die ganz normale Sozialmisere des zu Ende gehenden Jahrhunderts festzuhalten. Da sitzt – nein – da kauert eine hohlwangige, blasse, dunkelhaarige Frau in einer gepunkteten Bluse und einem derben beigen Rock am Rande des Gehsteiges. Sie lächelt müde und schüchtern in das Objektiv des Fotografen. Vor sich hat sie einen Weidenkorb voll mit Kräutern und zwischen den Beinen, in den Rock gewickelt, ein kleines, friedlich schlafendes Mädchen gebettet.

Ist das Kind wirklich Gabrielle? Das ist mehr als unwahrscheinlich, auch wenn man es fast wünscht, um eine Kindheit zu dokumentieren, die für Gabrielle ebenso schnell wie dramatisch zu Ende geht. Eine Kindheit, über die Gabrielle später nur in Metaphern sprechen wird: »Es kommt vor, daß ich mich verliere. Mich verliere im Labyrinth meiner Legende. Jeder von uns schafft sich eine Legende. Das ist dumm und phantastisch zugleich«, wird Coco Chanel dem Schriftsteller Paul Morand

anvertrauen. So könnte das fast biblisch wirkende unscharfe Schwarzweißbild einer Mutter und ihrem schlafenden Kind am Wegesrand tatsächlich die einzige Abbildung von Jeanne und Gabrielle sein. Ob es wirklich die beiden sind, weiß niemand zu beweisen, jedenfalls gibt das Foto ohne Zweifel all das wieder, was ihre Kindheit ausgemacht zu haben scheint.
Der 17. November 1884 ist ein glücklicher Tag im Leben der Jeanne Devolle. Albert heiratet sie in Courpière, in ihrer Heimatstadt. Jeannes Bruder, Martin Devolle, und ihr Onkel Augustin sind die Trauzeugen. Was macht es schon, daß Jeanne wieder schwanger ist, zum dritten Mal in drei Jahren. Was zählt, ist, daß auf der Heiratsurkunde unten noch etwas Platz ist für eine Ergänzung, auf die Jeanne so großen Wert legt: »Albert Chanel erkennt die Mädchen Julia und Gabrielle als seine Kinder an.« Das sind die Worte, die Jeanne hoffen lassen, nun endlich auf dem richtigen Weg zu sein, daß sie – da ihre Beziehung nun endlich vor dem Gesetz und der Gesellschaft legalisiert ist – jetzt eine richtige Familie werden.
Die Trauungszeremonie ist auch Grund genug für ein Fest mit den Verwandten. Es war nicht einfach, den Clan aus Vagabunden zusammenzubringen. Ebenso die Eltern des Albert Chanel sind anwesend. Er, Henri-Adrien, ist aus demselben Holz geschnitzt wie sein Sohn. Auch für ihn ist die Produktion zahlreicher Nachfahren vorrangig ein Zeichen seiner sexuellen Potenz. Seine Frau, Virginie-Angelina, ist eine tatkräftige, unerschütterlich optimistische Frau. Immerhin haben ganze 19 Schwangerschaften diesen starken Eigenschaften nichts anhaben können. Noch dazu hat sie neben dem Sinn für Humor auch den für das Kokette bewahrt. Henri-Adrien Chanel bringt es – von Eifersucht getrieben – regelmäßig auf die Palme, wenn Virginie-Angelina ihr prächtiges, dichtes schwarzes Haar im Garten an der frischen Luft trocknet und sich den Nachbarn nicht nur mit einem züchtigen Knoten zeigt.
Die Hochzeit ist für Albert Chanel die Gelegenheit, mit seiner

jüngsten Schwester nicht nur Bekanntschaft zu machen, sondern überhaupt von ihrer Existenz zu erfahren. Die zweijährige Adrienne ist ein Wonneproppen. Ein fröhliches Kind, das von seinen Eltern verwöhnt und wegen seiner feinen, hübschen Züge geradezu angebetet wird. Ah, bon – diese kleine Adrienne ist also die Tante des auf wackeligen Beinen stehenden Babys, Gabrielle. Später wird sie die treueste Wegbegleiterin der Chanel auf dem Weg zum Erfolg sein.

Am 15. März 1885 gebiert Jeanne – stolz, endlich eine Chanel zu sein, und erleichtert, daß Albert die beiden Mädchen endlich offiziell anerkannt hat – einen Sohn: Alphonse. Die Familie lebt inzwischen in Issoire in der Auvergne: karge Vulkanerde und ein Blick auf die höchste Erhebung der Region, den fast 2000 Meter hohen Mont Doré. Für fast zwei Jahre läßt sich die Familie hier nieder. Extramuros, also weiterhin am Rande der Stadt, in der Rue du Perrier.

Zwei Jahre, das ist eine verhältnismäßig lange Zeit für die rastlosen Chanels.

Die Landschaft ihrer frühen Kindheit prägt Gabrielle Chanel zutiefst, hier sind ihre Wurzeln. Die Auvergne ist ihre emotionale Heimat, mit der sie sich später intensiv identifizieren wird. So wird sie dem Schriftsteller Paul Morand in den fünfziger Jahren für dessen Buch *L'Allure de Chanel* folgendes diktieren: »Heute, so wie damals, leitet mein Stolz mein Handeln, prägt meine Gesten. Er ist in der Tiefe meiner Stimme zu hören, im Feuer meines Blickes zu sehen, in meinem muskulösen Gesicht zu erspüren. Kurzum: Er ist in meiner Person ganz verankert. Ich bin der einzige Vulkan der Auvergne, der nicht erloschen ist.«

Nun ja. Noch ist Gabrielle ein kleines Mädchen. Ihr Papa wie immer auf »Tournee«. Mama leidet, weil sie ihm verfallen ist. Weil sie drei Kinder hat. Weil sie eine schwache Natur ist. Weil sie allem nicht gewachsen ist. Auch, weil sie ein anderes Damoklesschwert wie einen schwarzen Schatten über ihrer Existenz weiß: Jeannes Mutter Gilberte war sehr jung an einer schlimmen Form von Asthma gestorben. In der Familie sagt man, daß diese Krankheit erblich sei.

1887 wird eine dritte Tochter geboren: Antoinette. Noch ein Schnäbelchen zu nähren. Gabrielle – jetzt vier – ist die große Komplizin von Alphonse, dem Bruder, dem sie bis 1939 treu bleiben wird. Auch wenn, oder gerade weil er sich als ein Aufschneider, Taugenichts und noch dazu als Trinker erweisen wird. Ganz der Papa. Ein echter Chanel!

Die liebsten Spiele sind Gabrielle die, die sie allein spielen kann. Gegenüber Morand äußert sie: »Jedes Kind hat einen geheimen Ort, an den es sich zurückzieht – zum Spielen und Träumen. Für mich war dieser Ort ein Friedhof der Auvergne. Ich traf dort niemanden, kannte nicht einmal die Toten. Ich weinte dort auch über niemanden ... Ich war die Königin dieses heimlichen Gartens. Ich hatte die unterirdischen Bewohner sehr lieb. Die Toten sind nicht tot, solange man an sie denkt, sagte ich mir. Ich hatte eine besondere Vorliebe für zwei anonyme Grabmale ... Ich schmückte sie mit Herzen aus Veilchen ... Noch heute halte ich mit mir selbst gerne Zwiegespräche, denn ich bin keine gute Zuhörerin. Das kommt sicherlich daher, daß die ersten Wesen, denen ich mein Herz ausgeschüttet und mich geöffnet habe, Tote waren.«

Gabrielle Chanel, die Erwachsene, wird eine brillante Erzählerin sein. Was sie hier beschreibt, sind natürlich nicht die Motive einer Vierjährigen. Sie sind wieder ein Beispiel für ihren Sinn fürs Dramatische, ja fürs Tragische, mit dem sie sich gerne schmückt. Sie versucht eine Art von Psychoanalyse, die zu diesem Zeitpunkt, als das kleine Mädchen namens Gabrielle mit seinen Geschwistern und Kameraden spielt, noch keinen Namen hat. Erst im Jahr 1900 wird sich Sigmund Freud mit Hilfe der Traumanalyse dem Befinden der Seele widmen. Und auch die Tragödie der Gabrielle Chanel zeichnet sich im Jahr 1888 noch nicht ab. Aber ein trauriges Kapitel steht bevor, über das

sie eine undurchdringliche Grabplatte des Schweigens und des heimlichen Leidens legen wird.
Jeanne wird immerzu schwächer. Weil sie – da es ja keinen anderen Ausweg aus diesem Zwang gibt – wieder ein Kind erwartet. Wie sagt man noch gleich? Jeanne ist wieder in Hoffnung. Doch das einzige, worauf sie wirklich hofft – ihr naiver Traum – ist, ihrem Mann zu gefallen. Sie gibt sich der Illusion, doch einen fürsorglichen und zärtlichen Mann geheiratet zu haben, geradezu besessen und unerschütterlich hin.
Denn Albert kommt schließlich ab und an von seinen Touren zu ihr zurück. Im Französischen würde man sagen: Er ist ein »Tchatcheur«, ein Angeber, ein Aufschneider, ein Schwätzer. Nur Jeanne – und vielleicht ein paar andere, die seinem Charme verfallen sind – hört ihm gebannt zu. Sie glaubt ihm, wenn er den Kopf voller neuer Ideen hat, wenn er meint, endlich einen Weg gefunden zu haben, um schnell reich zu werden. Zum damaligen Zeitpunkt hatte er tatsächlich wenigstens einen kleinen Fortschritt zu verbuchen: Albert verkauft jetzt keine Kurzwaren mehr, sondern Wäsche. Doch jedes Mal, wenn er wieder loszieht, bricht die Welt zusammen. Dann ist Jeanne mit ihren vier Kindern und womöglich einer neuen Schwangerschaft alleine.
Das heißt, sie ist nicht ganz allein. Kurz nach der Geburt von Antoinette sorgt Albert dafür, daß Jeanne in den Schoß ihrer Familie zurückkehrt. Ihr bleibt nur noch wenig Zeit, was damals wahrscheinlich noch niemand ahnt. Jeannes Onkel und Bruder der verstorbenen Gilberte, Augustin Chardon, liebt die Nichte wie seine eigene Tochter. Als kleiner Winzer kann er einen akzeptablen Lebensstandard vorweisen und einen geregelten Alltag. Mit Fürsorge und Begeisterung nimmt er Jeanne und die Kinder in sein Haus auf.
Albert ist ein großes Stück Verantwortung los. Und Jeanne könnte diese Situation für sich nutzen, wenn da nicht dieses verflixte Untergebenheits- und Abhängigkeitsgefühl wäre.

Jeanne folgt – so gut sie eben kann – ihrem Mann auf die Märkte. Sie ist kurzatmig, schnappt ständig nach Luft, aber was macht das schon, wenn sie ihn nur sehen kann? Was macht es schon, zur billigen Arbeitskraft degradiert zu werden, wenn sie nur mit ihm zusammen ist? Es ist ihr egal, daß sie sich für ihn die Beine in den Bauch steht, weil er schon wieder anderen »Geschäften« nachgeht. Jeanne ist eine einfache Frau – sicherlich –, aber ihre Leidenschaft ist außerordentlich, ja von selbstzerstörerischer Kraft.

1889 kommt der kleine Lucien zur Welt. Gabrielle ist inzwischen sechs Jahre alt. Im März 1891 folgt noch ein kleiner Junge. Augustin kommt im Gegensatz zu Gabrielle zu Hause zur Welt. Onkel Augustin und Jeannes Cousin, Etienne Devolle, der immerhin im Büro eines Notars arbeitet, zeigen die Geburt amtlich an. Doch der Kleine stirbt noch im ersten Lebensjahr. Ein nicht seltenes Schicksal zu damaliger Zeit. Onkel Augustin denkt nicht nur deshalb oft an die Fügungen des Lebens: Er wird sehr traurig und nachdenklich, wenn er seiner Nichte in der Stube gegenübersitzt. Die Husten- und Erstickungsanfälle häufen sich.

Albert Chanel will sein Leben ändern. Er ist wieder einmal von sich begeistert, als er auf der Durchreise vorbeikommt. Mit einem seiner jüngeren Brüder, Hippolyte, hat er im Corrèze-Städtchen Brive-la-Gaillarde ein Gasthaus aufgetan, das er übernehmen möchte. Seine Begeisterung gilt der Aussicht, endlich das tun zu können, was er wirklich kann: Trinken, Reden und Hahn im Korb sein. Zu dieser Auberge gehört eine Wohnung in der avenue d'Alsace-Lorraine.

»Er will mich endlich bei sich haben«, freute sich Jeanne wohl und machte sich mit den beiden ältesten Mädchen auf den Weg, ohne auch nur zu zögern.

Eine Zeitlang und mühsam versucht Jeanne Chanel, die Wünsche und umfangreichen Aufträge ihres Gatten zu erfüllen. Natürlich ist sie in der Herberge die fleißigste Arbeitskraft, und

natürlich bekommt sie keinen Lohn. Szenen wie bei Balzac müssen sich abgespielt haben: viel Wein, Weib und Gesang und mittendrin eine immer gebeugter gehende Jeanne, die mühsam die Krüge schleppt und alles fegt.
So geht es einige Monate. Im Winter 1894 verschlechtert sich aber ihr Gesundheitszustand. Jeanne glaubt, daß sie in diesen kalten Monaten einfach eine Erkältung nicht los wird. Sie hechelt immer schlimmer nach Luft, verweigert aber jede ärztliche Hilfe. Am 16. Februar 1895 wird Jeanne von ihrem Schwager Hippolyte tot in ihrem Bett aufgefunden.
Wie dieser Tag, an dem auch für Gabrielle Chanel ein Leben aufhört, wirklich abläuft, ist sehr unklar. Nur eines: Albert Chanel ist wie immer auf Reisen. Sonst noch irgendwelche Fragen? Hippolyte kümmert sich um den Papierkram und alles andere. Jeanne ist im Alter von dreiunddreißig Jahren gestorben – an den Qualen eines harten Lebens, an Asthma, an nicht erwiderter Leidenschaft und an gebrochenem Herzen.

Man heilt von seiner Kindheit nicht, sagt man. Aber was sind das für dramatische Bilder, die Gabrielle Chanel in dieser Zeit für immer prägen werden? Was sind das für einprägsame, intensive, erschütternde Szenen, die die Zwölfjährige zum Schlafwandeln bringen? Wie lange hat die Agonie der Mutter wirklich gedauert? Haben Julia und Gabrielle die geliebte Mutter auf dem Sterbebett gesehen? Leider wissen wir das nicht. Die Erwachsene wird sich darauf beschränken, das Wesentliche zu sagen: »Man hat mir an diesem Tag alles weggerissen. Mit zwölf Jahren war ich tot.« Oft wird sie in Erzählungen ihr Alter zur Todesstunde der Mutter halbieren, um das Unerträgliche zu unterstreichen: »Ich war erst sechs Jahre alt ...«, berichtet sie später. Dann wird sie auch kolportieren, daß ihre Mutter an Tuberkulose gestorben sei. So als wolle Gabrielle ihr ein Denkmal setzen, indem sie ihrer Mutter ein romaneskeres Schicksal, das der blutspeienden Kameliendame, erfindet. Sie will sie sehen als Marguerite Gautier, der Figur aus Alexandre Dumas' Roman. Eine geopferte Frau, die erst im Tod Erlösung findet. Wie sagte sie noch: »Meine Eltern waren einfache Leute mit einfachen Regungen.«

Albert Chanels Regungen lassen in diesen Tagen nach Jeannes Tod keinen Platz für seine Kinder. Zunächst will er die sechs Sprößlinge bei seinen Eltern unterbringen. Henri-Adrien sagt nein. Und so kommt es, daß die Jungen – wie damals üblich – Knechte bei Landwirten untergebracht werden. Die drei Töchter, Julia, Gabrielle und Antoinette, werden noch im Februar 1895 auf Alberts Pferdewagen steigen. Tock, tock, tock machen die Hufe des Rappen. Tock, tock, tock, hier ist der eigentliche Trauerzug der vier Chanels zu sehen. Ein Vater und drei bibbernde Mädchen. Fünfzehn Kilometer trennen Brive-la-Gaillarde von Obazine, es ist weiter östlich. Tock, tock, tock, fünfzehn Kilometer wird Albert Chanel seine Kinder noch durchs Leben begleiten. Und dann kommt das Gespann an, vor den Toren von Obazine.

Der Märchenerzähler Hans-Christian Andersen sagt: »Die Kindheit ist eine heilige große, gotische Kirche, in welche die Sonne freundlich durch bunte Fensterscheiben scheint.« Doch schöne Märchen kommen bislang nicht vor im Leben von Gabrielle Chanel.

Auch Obazine ist das Gegenteil. Eine romanische Abtei aus dem 12. Jahrhundert. Ein mächtiges Gebäude mit sehr imposanten, massiven Bauelementen. Meterdicke Mauern waren für den Gründer das Abtei, St. Etienne d'Obazine, im 12. Jahrhundert, wichtig für sein Vorhaben. Die ganze Architektur diente dem Ideal der Gemeinsamkeit, Individualität war hier strengstens verboten. Es gab keinen Platz, um allein zu sein, nur einen gemeinsamen Schlafsaal. Alles wurde in der Gemeinschaft getan, vor allen anderen Dingen das Schweigen.

Absolute Stille wurde angeordnet, immer und überall. Es sollte hier der innere Halt ermöglicht werden, bei allen, die dieses

Leben gewählt hatten. Etienne war dabei nicht nur ein geistiger, sondern auch ein harter Führer, der von allen alles erwartete.
Das zur Historie der Mauern, zwischen denen Gabrielle nun leben wird. Die Geschichte des Waisenhauses Obazine. Das französische Wort für Waisenhaus ist »Orphélinat«, Unglück über den, der es in ihrer Anwesenheit später aussprechen wird. In diesem Sinne wird Gabrielle die Losung des Heiligen Etienne übernehmen, sie wird, was Obazine angeht, eisern schweigen.
Albert Chanel läßt Gabrielle und ihre Schwestern alleine: »Ich warf mich meinem Vater an die Brust: ›Nimm mich mit, laß mich nicht hier«, flehte ich. ›Komm schon, meine arme Coco, alles wird gut werden. Ich werde wiederkommen, dich hier rausholen, dann werden wir wieder ein Haus haben.‹ Das waren seine verlogenen tröstenden Worte. Er sollte niemals wiederkommen. Ich sollte nie wieder ein Elternhaus haben ...«
Obazine wird seit zwanzig Jahren von den Nonnen des Ordens vom Heiligen Herzen Mariens geleitet. Es ist das größte Waisenhaus in Zentralfrankreich. Gabrielle und ihre Schwestern werden mit der Uniform des Hauses ausgestattet. Eine weiße Bluse, ein schwarzer Rock und schwarze Kniestrümpfe. Für die seltenen Ausflüge in die benachbarten Dörfer, Tulle oder Brive, sind ein schwarzes Cape und eine ebenso schwarze Baskenmütze vorgesehen. Immer diszipliniert in Zweierreihen verlassen sie ihr Obazine, das ganz oben auf einem sanften Hügel liegt. In Zweierreihen durchqueren sie dann auch im Gleichschritt einen dichten, schwarz-grünen Tannenwald. Doch solche Ausflüge sind – wie gesagt – selten.
Disziplin und Gebete sind das, was ihre Waisenhausjahre ausmachen. Es gibt täglich mindestens eine Begegnung mit dem Glauben. Eine Stunde für das Morgengebet, eine für den Rosenkranz. Chorgesänge werden einstudiert. Auch Handarbeit und Haushaltungskurse stehen auf dem Programm. Es sind leider nur Banalitäten, die vom Schauplatz ihrer schwärzesten Jahre überliefert worden sind. Aber wie sollte es auch anders sein: In

den Zeiten des Ruhms wird Gabrielle Chanel alles, was sie an Obazine erinnert, aus ihrem Gedächtnis ausradieren. Sie wird sogar noch weitergehen: Sie wird ihren Namen aus den Archiven des Waisenhauses entfernen lassen. Es gibt keine schriftliche Spur von einer gewissen Gabrielle Chanel in den ledergebundenen Büchern mit langen Litaneien von Mädchen ohne Eltern.
Keine andere Architekturform hat derart unbarmherzig kalte, dicke Mauern aufzuweisen wie die romanische. Und so gibt es keinen besseren Ort, um Einsamkeit und Eingesperrtsein zu symbolisieren, als diese Abtei in der Corrèze. Als sich die schweren Türen hinter den Chanel-Schwestern schließen, wird vieles nicht mehr sein. Der Kontakt zum Vaters natürlich auch.
So wird Gabrielle Paul Morand gegenüber das letzte Zusammensein mit ihm ausführlich schildern: »Meine Mutter war gerade tot. Mein Vater stellte mich wie einen Sack Mehl bei meinen Tanten ab und reist ab in Richtung Amerika, von wo er nie mehr wiederkehren sollte.« Die Tanten, das sind die Nonnen des Klosters. Und auch das Stichwort Amerika bietet einen Anhaltspunkt für eine Geschichte, die Gabrielle gegenüber ihrer Vertrauten der späten Lebensjahre, der Psychoanalytikerin Claude Delay, noch weiter ausmalen wird. Demnach war der Vater Weinhändler in Nîmes. »Er ist nach Amerika gegangen, weil er Englisch sprach, was bei uns auf dem Lande nichts galt.«
Die Worte der alten Dame sind wie die Erzählungen aus einem Kindermund. Ein ganzes Leben lang wird sie sich die Wunden lecken. Obazine ist eines von vielen Traumata. »Seitdem spüre ich eisige Schauer, wenn ich das Wort ›Waise‹ nur höre. Noch heute kann ich nicht an einem Mädchenpensionat vorbeigehen, ohne daß meine Augen feucht werden, oder wenn ich auch nur höre ›das sind Waisenkinder‹!«
Selbst in Obazine gibt es aber Sommerferien. Und selbst Gabrielle hat eine Einladung. Tante Louise hat die Mädchen, Töchter dieses Taugenichts von Bruder, nicht vergessen. Gabrielle, Julia und Antoinette dürfen regelmäßig nach Varennes kommen,

was sich Gabrielle in ihrem Mißtrauen allem gegenüber nur so erklären kann: »Sie hat uns nur kommen lassen, weil ihr Mann als Eisenbahner die Fahrscheine umsonst bekam.«
In Varennes am Flüßchen Allier lebt Louise mit Paul Costier und Tochter Marthe in einem einfachen, aber schmucken Haus. Doch keine Wahrheit ist gut genug, um in den autobiographischen Erzählungen der großen Chanel einfach so übernommen zu werden. So versieht Gabrielle später Louise Costier mit dem Pseudonym »Tante Julia«. Was also »Tante Julia« betrifft, so wird auf die arme Frau in der Zukunft alles Negative aus dem traumatischen Unterbewußtsein von Gabrielle Chanel projiziert. Das einfache, harmonische Familienleben haßt Gabrielle – so als hätte sie schon definitiv für sich entschieden, daß es zu spät ist, um noch einmal glücklich zu sein.
In der Familie findet nur eine Person Gnaden vor Gabrielle und ihren schwarzen, durchdringenden Augen: ihre Tante Adrienne, die also fast genauso alt ist wie sie. Auch sie nimmt regelmäßig an den Sommergesellschaften in Varennes teil. Adrienne besucht ein Mädcheninternat im benachbarten Moulins. Für das sanfte, hübsche Mädchen ist es einer der Höhepunkte des Jahres, wenn sie die paar Kilometer, die Moulins von Varennes trennen, zurücklegen kann, um die zwanzig Jahre ältere Schwester Louise zu besuchen.
In Tante Julias Haus gibt es eine Reihe von bürgerlichen Ritualen und angenehmen Gewohnheiten, die Gabrielle – wenn sie nur wollte – für diese Zeit weit weg bringen könnten von der Strenge, die in Obazine herrscht. Louise Costier ist auch ganz Frau. Jedes Jahr, wenn die Mädchen zu Besuch sind, fährt sie nach Vichy, um sich in der Kurstadt bei einer angesehenen Modistin einen Hut auszusuchen. Gabrielle und Adrienne dürfen mit. Das ist die erste Begegnung Gabrielles mit ausgeprägt weiblichen Attitüden und auch mit einer Stadt, die nach ihren Vorstellungen eine bedeutende Metropole sein mußte.
Louise Costier ist auch eine begeisterte Näherin. Gabrielle haßt

diese Tätigkeit an sich, sie ist aber sehr stolz, wenn sie die von ihr angefertigten Baumwollhemden verzieren kann. Mit Kreuzstickereien dekoriert sie die Dekolletés, »damit sie russisch wirken«. Als sie dann in den Ferien ihren sechzehnten Geburtstag feiert, wird die Handarbeitsstunde »unter Frauen« dazu genutzt, ihre Aussteuer zusammenzustellen. Gabrielle stickt für den zukünftigen Ehemann, der sich für die Mädchen in diesem Alter unwillkürlich am Horizont abzeichnet, ihre Initialen auf die Wäschestücke – auf die Bettlaken, auf die Handtücher, auf die Servietten.

Sie macht dies alles mit Widerwillen, aber es sei an der Zeit, so meint die Tante. Ein ganzer Korb voller weißen Leinens mit fein säuberlich eingestickten Gs und Cs wird vergeblich auf seine Verwendung warten müssen. Und nicht nur, weil Cocos Initialien später zwei ineinandergeschlungene Cs sein werden. Aber etwas anderes ist ihr in der Sommerfrische von Varennes viel wichtiger: Sie kann ihrer Phantasie, der sonst durch die Mauern von Obazine enge Grenzen gesetzt sind, Nährstoff geben. Und auch die Bibel darf sie endlich, endlich für einige Zeit zuklappen.

»Man kann sich ja nicht vorstellen, welchen Schaden die Speicher der Provinz in der Phantasie anrichten können.« Der Speicher der Costiers ist vollgestopft mit sorgfältig gebündelten Illustrierten, mit Romanheftchen der Serie »Veillé de Chaumière«, was sich sinngemäß mit »Ein Abend am Kamin« übersetzen ließe. Was noch einige Jahre zuvor der Friedhof in der Auvergne war, ist für die jugendliche Gabrielle nun der Speicher von Louise Costier: ihr Zufluchtsort. Die Geschichten, die sie dort liest, sind ihre Schätze, sie beflügeln ihre Träume. Die Modezeichnungen, die sie in »Illustrations« verschlingt, sind ihre Welt. Endlich hat sie, die sich in ihrem Eigensinn ganz der Einsamkeit verschrieben hat, einem »Gesprächspartner«: »Ich hatte einen Erzieher, einen sentimentalen Kitschschriftsteller, Pierre Decourcelle.« Dieser ist der populäre Romanschreiber zu dieser Zeit schlechthin. In Feuilletonform liefert er die Liebes-

geschichten, aus denen die Träume der einfachen Mädchen sind. Die Prüderie dieser Zeit inklusive.
Diese Hefte sind ihre erste Alternativlektüre zum Katechismus, den Gabrielle verabscheut. »Meine Kultur, mein Wissen werden nie etwas mit dem zu tun haben, was mir die Lehrer beibrachten, mein Gott wird nie der Gott der Priester sein.« Den Hang zum Sentimentalen teilt Gabrielle mit Adrienne. Aber ein wesentlicher Unterschied zwischen den beiden Mädchen zeichnet sich schon ab: Während Adrienne nur gerne träumt, will Gabrielle ihr Glück selbst in die Hand nehmen. Sie wartet auf ihre Revanche, und zwar mit der Ungeduld, die für sie typisch ist. Adrienne folgt ihrer energischen Nichte allerdings ganz und hat somit die Eigenschaften, die eine Freundschaft zwischen den beiden möglich macht.
Ihre Geschichten und Romane schmuggelt Gabrielle sogar in Obazine ein. Sie klebt die liebsten Kapitel und Passagen in ihre Schulbücher. Mit ihrer Lektüre vom Speicher in Varennes protzt sie im Unterricht den anderen gegenüber. »Wo hast du denn das nun schon wieder her«, seufzen auch ihre Lehrerinnen, wenn sie wieder mal eine Anekdote blind übernimmt und ungefiltert weitergibt. Gabrielle ist schon weit weg vom Heiligen Herzen Mariens. »Diese Romane haben mich zu leben gelehrt, sie haben meine Sensibilität und meinen Stolz ausgebildet«, so Gabrielle.
In diesen Geschichten hat sie die Männer als Märchenprinzen und Ritter kennengelernt. So hört Gabrielle nicht auf, ihren Vater zu verehren und zu idealisieren. Die Legende von einer großen Karriere Alberts in Amerika mag ihr zu einem inneren Frieden verholfen haben. Mehr noch, diese Mär macht sie wirklich stolz. Gabrielle glaubt unerschütterlich an *ihre* Wahrheiten, so wie sie später mit Arroganz und Verbissenheit an ihren Stil, ihre Intuitionen, ihr Können glauben wird. Sie schafft sich selbst den stabilen Sockel für ein mächtiges Monument der unerschütterlichen, starken Frau.

Nie fällt ein böses Wort über den Vater. Gabrielle Chanel verleugnet ihn nicht – vielleicht weil sie weiß, daß seine markantesten Eigenschaften auch die ihren sind. Nur daß sie mit ihren Talenten einen anderen und noch viel spektakuläreren Auftritt schaffen wird. Von sich selbst hatte sie eine klare Meinung. Ihre eigene Einschätzung: »Ich war böse, stets wütend, eine Diebin, eine Lügnerin, eine, die an fremden Türen lauscht. Am besten schmeckte mir das, was ich irgendwem wegnahm ... Oft schnitt ich heimlich große Stullen ab. Das Brot nahm ich dann mit auf die Toilette, um mich in aller Ruhe darüber herzumachen. Das war meine Art von Freiheit. Denn Stolze kennen nur ein wirklich großes Gut: die Freiheit!«

Ein Rettungsring für Gabrielle ist ihr Stolz, ihre absolut rigide Trotzigkeit und Starrköpfigkeit. Sie hat noch keine konkreten Träume, die neueste Mode, die sie sich verklärt anschaut, ist ganz bestimmt noch nicht ihr Berufsziel, solche Träumereien sind nur Teil von einem Ganzen. Hauptsache: Raus hier, frei sein, auch um den Preis des Alleinseins. »Aber um wirklich frei zu sein, braucht man Geld. Ich dachte nur noch an dieses Geld, das mir das Tor von meinem Gefängnis öffnen würde. Die Kataloge, die ich ständig anschaute, verschafften mir verrückte, kostspielige Träume. Ich sah mich in einem weißen Kleid, und ich wünschte mir ein weiß lackiertes Zimmer mit weißen Vorhängen.«

Und dann ist da noch die Anekdote von ihrer Ersten Heiligen Kommunion. Ein anderer weißer Traum, oder sagt sie diesmal die Wahrheit? Folgendermaßen jedenfalls wird das große Ereignis zum Feiertag von ihr persönlich überliefert: Mit der Post kommt ein Paket an. Es beinhaltet ein wunderschönes, prächtiges Kleid für das Erstkommunionkind. Ein weißer Traum aus Organza und Spitze, mit einem Schleier bis zum Boden, der mit einem exakt gebundenen Kranz aus Rosen auf dem Kopf befestigt werden soll. Absender des unerwarteten Prachtstücks: ihr Vater, Albert Chanel.

Voilà. Das ist die bekannteste Geschichte aus ihrer Kindheit, weil Gabrielle sie ihr Leben lang mit der gleichen Gourmandise immer und immer wieder bereitwillig erzählen wird. Ein Traum aus Organza und Spitze bis zum Boden, wo doch die Tradition will, daß das Kleid für diesen Anlaß eher wie eine Nonnentracht aussehen soll. Ein steifer weißer Schleier, ein simples weißes Kleid und vor allen Dingen ein schlichtes Kreuz an einer Kette – das wird erwartet. Alles andere als dieses Hochzeitskleid. Aber diese Version ihrer Geschichte hat einen Sinn. Es ist eine Anekdote der Versöhnung. Sie schafft sich damit ein Happy-End mit dem Vater, dessen allerletzter Auftritt in ihrem Leben nämlich das Verschicken dieses Pakets ist.

Nur der Vertrauten ihrer letzten Jahre, Claude Delay, wird Gabrielle eine Einschränkung zu der Sache mit dem weißen Kleid zuflüstern: »Eigentlich war dieses Kleid zu auffällig, offenbar wurde es von einer Hure ausgesucht.«

In Obazine spielt der Tod in ihrem Leben eine große Rolle, hat für sie eine eigenartige Anziehungskraft. Gabrielle gibt später an, hier oft davon geträumt zu haben, zu sterben und ihrer Mutter zu folgen. Doch offenbar drückt sich die Sinnlosigkeit ihres Lebens nur indirekt aus, in ihrer selbst gewählten Isolation. Die fehlende Nähe zu den anderen ist es, was sie sich auferlegt. Und nachts traumwandelt sie wie ein Gespenst durch den kalten Schlafsaal. Oft wird sie bei ihren unbewußten Spaziergängen von den Nonnen geweckt: »Allez, Gabrielle, geh zurück ins Bett.«

Sie fühlt sich ungeliebt und unbeachtet. Was ihr bleibt, ist allein die Möglichkeit, sich einen würdigen Abgang auszumalen. Die Vorstellung, durch einen Selbstmord einen riesigen Skandal zu provozieren, befriedigt Gabrielle. »Die Idee... alle mit ihrer eigenen Boshaftigkeit zu konfrontieren, faszinierte mich«, sagte sie später. Aber sie beläßt es bei diesen schwarzen, aber ihr wohltuenden Gedanken.

Ihr Großvater Henri-Adrien lebt inzwischen mit Virginie-Angelina in Vichy. Nach Adrienne haben die beiden tatsächlich keine weiteren Kinder mehr bekommen. Was ihnen Zeit und Gelegenheit gibt, endlich in relativem Wohlstand und in Ruhe zu leben. Henri-Adrien ist ein gütiger Patriarch, der mit viel Geduld der immer öfter zu Besuch kommenden Gabrielle und ihren Schwestern zur Seite steht.

Die Ferien beim Familienoberhaupt in Vichy werden für Gabrielle immer in unvergeßlich guter Erinnerung bleiben: »Weil es weit weg war von den dunklen Kastanienwäldern, war Vichy für mich wie ein Feenzauber. In Wahrheit war alles natürlich fauler Zauber, aber so belebend für meine jungen neugierigen Augen ... In Vichy konnte ich mich sattsehen, an allem, was ich entdeckte. Ich befände mich in der Hochburg der Extravaganz, so glaubte ich. Eine kosmopolitische Gesellschaft ist wie eine Reise. Vichy war so meine erste Reise. Vichy sollte mich das Leben lehren ... Alles begeisterte mich, selbst die gravierten Gläser, aus denen das Quellwasser getrunken wurde. Überall wurde ›ausländisch‹ gesprochen; die fremden Sprachen faszinierten mich so, als wäre es der Code einer geheimen Gemeinschaft.«

Der Großvater Henri-Adrien freut sich aufrichtig, daß Gabrielle und Adrienne auf dem besten Weg sind, Freunde zu werden. Hatte er nicht schon immer gesagt, daß seine Jüngste etwas ganz Besonderes ist. Und Gabrielle erst! Henri-Adrien ist es auch, der mit seiner rauhen, aber zärtlichen Art ein bißchen Leben in den eintönigen, einsamen Alltag von Gabrielle bringt. Vor allen Dingen steckt er ihr mit einem Augenzwinkern schon mal ein paar Francs zu. In schlechten Zeiten fünf und in guten zehn Francs. Gabrielle verwahrt das Geld in einem Sparschwein. Sie denkt nämlich an ihre Zukunft.

Das tut der Rest der Familie auch. Wir schreiben das Jahr 1899. Nicht nur das Jahrhundert erlebt seine letzten Stunden, sondern auch die Jugend von Gabrielle und ihrer Tante Adrienne neigt sich mehr und mehr dem Ende zu. Denn mehr noch als das bevorstehende neue Jahr beflügelt ein anderes Thema die Gespräche. Louise Costier habe doch tatsächlich für Adrienne eine passende Partie gefunden, sagt man. Die neuesten Neuigkeiten werden ständig zwischen Varennes, Moulins und Vichy ausgetauscht. Im geographischen Dreieck dieser Städte wird begeistert spekuliert über eine mögliche Verlobung – natürlich ohne daß Adrienne auch nur ein Wort dazu sagen durfte. Gabrielle empfindet diesen Weg, den die Dinge nach Meinung aller nun mal nehmen sollten, für ihre Adrienne als eine unannehmbare Bedrohung. Wie bitte? Alles soll schon aufhören, bevor es überhaupt angefangen hat? Die Mädchen wollen für sich selbst entscheiden. Das ist das Wichtige und ein erster Schritt zu einem unabhängigem Leben. Dieses turbulente Jahr soll für sie dann auch eine ganz entscheidende Wendung bringen. Denn ab dem achtzehnten Lebensjahr, so will es das Gesetz von Obazine, werden dort nur noch die Mädchen behalten, die ihr Leben Christus widmen und Novizinnen werden wollen. Natürlich will Gabrielle das nicht. Im Gegensatz zu vielen Mitschülerinnen hat man sie nicht weich gekriegt, in ihr keine Nonne herangezogen, die mit dem Leben abgeschlossen hat.

Sie spuckt darauf, was die Schwestern ihr anbieten. Genauso wie sie auf die Zukunftsmusik, die Adrienne gespielt wird, mit Rebellion reagiert. Nein, sie wird nicht heiraten, und auch Adrienne wird das nicht tun. Gabrielle organisiert den Ausbruch aus ihrem alten Leben. Mit Adrienne macht sie einen Treffpunkt in Varennes aus, was bedeutet, daß Gabrielle in einer Nacht- und Nebelaktion aus Obazine flüchten muß. Auch für ihre Schwestern unterzeichnet sie somit den Rausschmiß aus dem Waisenhaus. Mit Tante Julia handelt sie dann zusammen mit Adrienne die Konditionen ihres Zusammenlebens für die nächsten Jahre aus: Das klare Nein zur Hochzeit steht fest. Und kein Widerspruch! Auch wenn Henri-Adrien sicherlich in seinem Leben noch nie einen solchen Tobsuchtsanfall hatte wie an diesem Tag, als Gabrielle mit Adrienne im Schlepptau diesen Putsch anzettelt, so ist er doch beeindruckt und läßt die beiden Mädchen den Sieg davontragen.

2. KAPITEL

Eine Jugend in der Provinz

Gabrielle ist und bleibt aber ein achtzehnjähriges Mädchen vom Lande. Jeder Ausflug in die Stadt war bisher ein Akt von Tante Julias Gnaden, also im starren Kopfe von Gabrielle quasi ein Nichtereignis, weil nicht sie die alleinige Initiatorin war. In diesem Jahr 1900, das für sie noch nicht das der Volljährigkeit ist, wird zum ersten Mal deutlich, was ihr Leben immer begleiten wird. Alle, die ihr begegnen, sind sich in einem Punkt einig: Gabrielles Aussehen ist so wie ihr Charakter etwas Besonderes. »Elle est spéciale«, hatten schon die Nonnen in Obazine resigniert gesagt. Sie ist etwas Einzigartiges, keine klassische Schönheit im engeren Sinne. Nichts an ihr ist rund, weder die Brust noch die Hüften. Ihre dichten, uniform schwarzen, widerspenstigen Haare lassen sich nur schwer zu einem tiefen Knoten zusammenbinden. Ihr Gesicht ist markant und muskulös. Die schwarzen Augen blicken oft so melancholisch in die Welt. Ihre Nasenlöcher können sich bei einem Wutanfall regelrecht aufblähen. »Ich habe Haare so schwarz wie die von Schornsteinfegern, und meine Haut ist so schwarz wie die Lava der Berge der Auvergne.« Ja, dieses Gesicht spiegelt sehr einprägsam ihr Wesen wider. Gabrielle hatte einen androgynen Charme, lange bevor dieser Begriff von der besonderen weiblich-männlichen Mischung überhaupt existiert.

1900, das ist nicht nur ein Einschnitt in Gabrielles Leben. Es ist auch das Geburtsjahr der Belle Époque. So als wäre ganz Europa in eine Art Hysterie der Erleichterung verfallen, den Sprung ins neue Jahrhundert geschafft zu haben. Trotz aller apokalyptischen Prophezeiungen waren es auch am 31. Dezember 1899 nur zwölf Glockenschläge, die in den Städten und den unzähligen Dörfern Frankreichs das neue Jahrhundert eingeläutet haben.

»Belle Époque«, ein Versprechen für einen Neuanfang, der seinen Ausdruck in reichlich ausschweifender Phantasie und Überschwang findet. Diese überladene Art des künstlerischen Ausdrucks der Belle Époche wird Gabrielle Chanel wegen seines verschnörkelten Kitsches später mehr als verabscheuen.

Doch noch ist die neue Zeit für alle ein großartiges Versprechen. In Paris, der großen, für Gabrielle noch unbekannten Stadt, bekommt der Begriff von der neuen schönen Zeit eine reale Bedeutung. Die ganze französische Hauptstadt ist im Fieber, alles wird umgekrempelt für die Weltausstellung, die im April ihre Türen öffnen soll.

Hier wird Zukunft gewagt. Aber nicht der etwas plump wirkende Turm eines gewissen Gustave Eiffel steht im Mittelpunkt der Expo 1900, sondern der Zauberstab der guten Fee Elektrizität: ein mit 12 000 Glühbirnchen erhellter Glaspalast sowie eine sogenannte »Zukunftsstraße«. Das ist eine motorbetriebene Rolltreppe. Die Attraktionen schlechthin. Ganze Familien machen ihren Sonntagsausflug hierher. Man muß sie sich vorstellen, die Frauen in ihren eng geschnürten Korsetts, mit den

bodenlangen schweren Röcken und reichlich mit Federn ausstaffierten Hutkrempen, wie sie kichern und taumeln auf der Rolltreppe, dem Wunder der Technik.
Ein frischer Wind weht über den ganzen, guten alten Kontinent. Das Jahr Null scheint jeden zu beflügeln. Im März lassen deutsche Frauen dem Berliner Reichstag eine Petition zukommen. Sie fordern den Zutritt zu Universitäten und zu den Ämtern des Staatsdienstes. Die ganze Welt spielt verrückt.
Vom neuen Elan der Freiheit bekommt Gabrielle nur dank ihrer ständigen Illustriertenlektüre auch etwas mit. Ebenso die Welt der Gesellschaft ist erfüllt vom neuen Geist. Aber das Leben geht weiter – auch für Gabrielle. Für sie wird postwendend eine neue kirchliche Einrichtung gefunden, die ihre Erziehung, aber auch die von Julia, Antoinette und Adrienne weiterführen soll. Das Pensionat Notre Dame in Moulins wird geleitet von Kanonissinnen.
Gabrielle ist überaus zufrieden mit der Entwicklung der Ereignisse. Was macht es schon, daß sie auch in Notre Dame eine herausragende Tatsache unweigerlich an ihren Stand im Leben erinnert? Das Internat ist zweigeteilt, in zwei Klassen: auf der einen sind das die armen Mädchen, deren Anwesenheit hier wieder nur durch die christliche Nächstenliebe gerechtfertigt wird, und auf der anderen die Bürgerstöchter der Stadt, die Zahlenden.
Das Gefälle zwischen ihnen ist durch Unterschiede in der Kleidung nicht zu übersehen. Gabrielle trägt wie alle anderen armen Mädchen auch abgetragene Röcke und Blusen, die natürlich trotzdem blütenweiß sein müssen. Bei den Töchtern der ländlichen Bourgoisie sind es die liebevoll zusammengestellten Garderoben, die das Bild prägen. Von den Müttern sorgsam ausgesucht. Die Kleidungsstoffe der Zahlenden zeichnen sich durch eine besondere Qualität aus. Wenn auch die verordnete Uniform jede Extravaganz verbietet, darf es doch Kaschmir sein. Ein kleiner, feiner Unterschied eben. Gabrielles

Jacke glänzt und ist abgewätzt. Ihre Schuhe sind bereits von anderen getragen worden. Und das sieht man.
Doch um diesen kleinen Unterschied in der Uniform schert Gabrielle sich nicht. Ihr gefällt diese Art der strengen Kleidung, wie sie sie nun schon seit dem zwölften Lebensjahr kennt. Jahre später wird sie auf der Basis jener Uniformen der französischen Mädchenschulen schließlich ihren Look entwickeln. Sie wird die Schlichtheit zum Prinzip erheben. Less is more, weniger ist mehr, lautet ihre Devise. Zum akkuraten weißen Kragen wird sie sogar – als witzige Zutat – eine Krawatte tragen und damit der Sache noch ein I-Tüpfelchen aufsetzen. Nein, die Zweiklassengesellschaft, wie man sie in Notre Dame findet, ist für sie kein Problem. Im Gegenteil: Diese Situation spornt sie an.
Und eines ist besonders wichtig: Gabrielle Chanel ist endlich in der Stadt. Was für ein Fortschritt, nach dem langweiligen Dasein in Obazine. Moulins an der Allier ist wie Saumur, eine Garnisonsstadt. Stützpunkt der zehnten Garnison der berittenen Jäger. Die soziale Situation ist hier die gleiche wie in ihrer Geburtsstadt. Und es gibt ein ereignisreiches gesellschaftliches Leben. Man kann sich vorstellen, wie Gabrielle die Augen übergehen, wenn sie die Gepflogenheiten der feinen Leute mit einer unglaublichen Naivität beobachten kann. »Heute wissen die jungen Mädchen alles; wir wußten nichts. Nichts, aber auch gar nichts. Aber ich bedauere das nicht«, erklärt sie später.
Es gibt kein historisches Werk über die Provinzmetropole Moulins, keine Festschrift oder keinen Bericht, in dem nicht vom unglaublichen Sinn der Bewohner dieser Stadt fürs Feiern die Rede ist. Moulins ist eine reiche Stadt, die im 12. Jahrhundert durch eine Zitadelle befestigt wurde. Moulins bedeutet »Mühlen« und die pikante Legende will, daß ein Adliger namens Archimbaud die Stadt ummauern ließ, um so einen Schutzwall um eine schöne Müllerin bauen zu können.
Die Windmühlen, die in der Anfangszeit der Stadt eine bedeu-

tende Rolle spielten, machten bald einem der wichtigsten Binnenhäfen Frankreichs Platz. Im Jahr 1290 wurde hier ein Krankenhaus eingeweiht, kaum hundert Jahre später machten die Herzöge von Bourbon das Städtchen zu ihrer Hauptresidenz, das bald eines der wohlhabendsten des Königreichs war.

Mitte des 19. Jahrhunderts gibt es in Moulins schon zahlreiche Möglichkeiten der Zerstreuung. Ausflugsdampfer legen täglich die Strecke Moulins, Vichy, Neyvers zurück. An den Stadttoren weisen drei Gs auf den Charakter der Stadt hin. Es scheint nahezu das Motto der Bewohner von Moulins zu sein: »Gueux, Glorieux, Gourmand«. »Kühn, glorreich und hungrig« sind die Leute hier.

Gabrielle ist auch hungrig. Sie ist begierig, alles zu lernen. Moulins ist für sie der ideale Einstieg. Denn die Kultiviertheit dieser Stadt ist nicht die von gestern. Das Leben und die Gewohnheiten der eleganten Flanneure sind für sie, die sie eine begeisterte Beobachterin, ja fast Voyeurin der Gesellschaft ist und noch etwas bleiben wird, endlich die richtige Schule, um zu erfahren, was man zum Erfolg braucht. Nun ja, Moulins hat keinen internationalen Flair. Den hat die benachbarte Kurstadt Vichy. Die Rangliste der Angesehenen entspricht hier den militärischen Rängen ihrer Bewohner. In diesem Sinne ist Moulins sehr französisch und nur zu versnobt.

Wenn Gabrielle sagt, daß sie mit 18 vom Leben der feinen Leute noch nichts wußte, so scheint das nicht übertrieben zu sein. Jedenfalls erzählt sie in ihren Erinnerungen an diese Zeit von der gemeinsamen Disziplin, die sie sich und der sanften Adrienne auferlegt, um zu beherrschen, was man als Mitglied der Gesellschaft braucht:

»›Wir werden Tee nehmen‹, sagte ich.

›Tee? Wo hast Du denn davon gehört, daß man Tee trinkt‹, fragten mich die anderen.

›In den Modezeitungen. In Paris trinkt man Tee. Ob ihr wollt oder nicht, so ist es nun mal. Es ist ein richtiges Zeremoniell . .

Man lädt Freunde ein und wartet vor einem Deckchen mit englischer Stickerei auf sie.‹
›Coco, Du bist eine Wahnsinnige!‹
›Ich will aber Tee.‹
›Es gibt keinen Tee.‹
›Doch es gibt welchen, in der Apotheke!‹«
Und dann, so erzählt Gabrielle weiter, spielt sie mit Adrienne große Dame. Sie trinken Tee, ohne zu berücksichtigen, ob ihnen das seltsame Gebräu aus den Kolonien auch wirklich schmeckt. Coco fragt Adrienne, wer denn außer den feinen Damen noch Tee trinke: »Die eleganten Männer, die, die nichts tun. Sie sind natürlich viel schöner als die, die arbeiten.«
Und so geht's in einem fort in der erfrischend naiven Konversation der zwei jungen Frauen, die sich so gewählt wie möglich auszudrücken versuchen. Auch wenn diese Worte vielleicht erfunden sind, so geben sie doch die Vorlieben der Chanel plastisch wieder. Sie ist eine junge Frau, die nach oben will.
Gabrielle trinkt Tee und saugt alles wie ein Schwamm auf, was sie in Moulins sieht. »Für die Bewohner der Stadt«, so ein anonymer Durchreisender zur Jahrhundertwende in seinen Notizen, »ist das Singen noch wichtiger als Trinken und Essen.«
Auf dem Hauptplatz von Moulins, dem Place de l'Allier, gibt es alteingesessene Caféhäuser und sogenannte Café-Concerts; sie sind wichtige Treffpunkte. Im Café du Dauphin wechselt das Programm allabendlich. Die Auswahl an Künstlern ist groß. Man profitiert gebührend von der Belle Époche. Schon seit 50 Jahren schließlich verzichten die weitsichtigen Caféhausbesitzer darauf, ein Diplom vom Konservatorium für klassische Musik zu verlangen, wenn sie Künstler unter Vertrag nehmen wollen. Für sie zählen andere Kriterien, denn die leichte Muse ist stark im Aufwind, und diese Musik entspricht mit ihrer Leichtigkeit dem allgemeinen Lebensgefühl.
Sonntags steht in der Rotonde, im Café Baquet, im Grand Café oder im Café Chinois Tanztee auf dem Programm. Dann sitzen

die Soldaten mit ihren aufgeplusterten Schönheiten da und klatschen und schunkeln und hören sich Chansons an, von denen man sagt, daß sie in Paris gerade ein Muß seien. In der Pariser Musichall triumphieren die seichten Liedchen von dem Angebeteten, die unter dem obligatorischen Rüschenkragen ihre Keuschheit nur mühsam verbergen. Henri de Toulouse-Lautrec malt solche Schönheiten aus Cabaret und Musichall am treffendsten. Oh, Belle Époche! Eine Zeit, in der sich die Herren von der grellen Damenwelt umgarnen lassen.
»In diesem Jahr 1900 haben wir die Qual der Wahl, wenn es darum geht, den Musen des Olympia de Paris zu applaudieren: Liane de Pougy, die schöne Otero und Emilienne d'Alençon gehören dazu. Aber das Lied, das alle mitsummen, ist zweifelsohne ›Frou Frou‹ von der bezaubernden jungen Sängerin Mealy.« Mit solchen Flötentönen bejubeln die Kritiker der Zeit die herrlich unschuldigen Vergnügungen der Gesellschaft um 1900.
Es mag sein, daß sich in der Begeisterung über soviel Swing so mancher in Moulins stationierte Gardeoffizier bemüßigt fühlte, die Schönheit an seiner Seite zu kneifen, die da eigentlich nicht sitzen sollte. Eine der Frauen, die in den Zeitungen damals als »Musen des Moments« beschrieben wurden, wird schon bald eine gute Bekannte von Gabrielle sein: Emilienne d'Alençon. Ihr wird sie schlicht und ergreifend den Geliebten ausspannen.
Doch langsam. Gabrielle ist erst 18 Jahre alt, und es ist für sie schon ein Ereignis, daß sie die Jungen, deren Pensionat von Notre Dame nur durch einen schmalen Weg abgetrennt ist, nun aus der Nähe beobachten kann. Nie zuvor hatte sie die Gelegenheit gehabt, das andere Geschlecht so dicht und unverfälscht zu erleben.
Die Jungs tragen Uniformen, die sie nicht gerade erwachsen aussehen lassen. Flanellbermudas, Jacken und weiße, locker fallende Kragen, dazu für die ganz großen Gelegenheiten Strohhüte mit schwarzen Bändern. Die militärische Tradition der Stadt ist ihnen schon in Fleisch und Blut übergegangen.

Immer wieder fallen die Buben in den Gleichschritt – auch wenn sie gerade nicht in der Schule sind.
Die großen Gelegenheiten, sich zu zeigen, sind in der Regel deckungsgleich mit den großen Ereignissen und Feiertagen auf dem Kalender der katholischen Kirche. Monseigneur de Dreux-Brézé, das Oberhaupt der örtlichen Kirche, hängt ganz besonders an den Prozessionen. Tagelang bereitet die Pfarrgemeinde von Moulins den großen Zug durch die Stadt vor. Die Straßen werden gefegt, die Gaslaternen mit Blumen geschmückt.
Die Schüler der beiden katholischen Privatschulen von Moulins sind immer Teil der Prozession. »Schaut euch unsere wohlerzogene Jugend an«, heißt es dann. Wenn es irgend möglich ist, sind die weißen Blusen und Hemden an diesen Tagen noch weißer als sonst. Die Schuhe sind gewienert. Die Kinder engelsgleich sauber und brav.
Gabrielle ist wie berauscht vom Duft des Weihrauchs und auch von den am Straßenrand stehenden Gläubigen und Schaulustigen, die sich vor der vorbeischreitenden Prozession verbeugen und die Hüte abnehmen. Auf den Terrassen der Cafés machen Männer das Kreuzzeichen. Ganze Bauersfamilien, oft von weither angereist, knien ehrfürchtig nieder vor Monseigneur de Dreux-Brézé und seinen Meßdienern. Das gefällt Gabrielle. Sie steht in der Mitte des Geschehens und trägt heute nicht die Tracht der Besitzlosen. Gabrielle tritt auf wie eine stolze Bürgerstochter, man kann sich vorstellen, daß sie nun dokumentieren kann, daß sie bereits ein kleines Stück ihres Weges zurückgelegt hat. Vor den Gebäuden der zehnten Reitergarnison macht Monseigneur de Dreux-Brézé den längsten Halt, um alle zu segnen und Weihrauch verströmen zu lassen.
Wenn die Gläubigen dann in die Kirche einziehen, sitzen die Jungen links und rechts neben dem Altar und sind vom Kirchenschiff selbst aus nicht mehr sichtbar. Die Mädchen der zahlenden Eltern knien im Mittelschiff. Gabrielle und ihresgleichen finden auf den Bänken an den äußeren Gängen gerade

noch Platz, von wo aus man natürlich so gut wie gar nichts sieht. Aber man ist dabei. Ja, das Leben ist geradezu süß in der Provinzhauptstadt. Für Gabrielle bedeutet Notre Dame einen wahren Neuanfang – zumal sie in Gesellschaft eines von ihr geliebten Menschen ist, von Adrienne. Ihre Tante und beste Freundin, von der alle, die das unzertrennliche Duo treffen, glauben, daß sie ihre Schwester sei, ist ihre Familie. Das gefällt den beiden, darüber können sie kichern. Beweis dafür, daß sich die widerspenstige Schülerin von Obazine beruhigt hat und man ihr hier mit Güte und Verständnis begegnet. Sie darf im Schlafsaal das Bett neben dem von Adrienne belegen. Die beiden flüstern ganze Nächte lang. Adrienne hat etwas Weises und eine Art Grundvertrauen ins Leben, das Gabrielle so schmerzlich fehlt. Adrienne hofft auf ihre Zukunft, Gabrielle erfindet sie einfach und packt sie mit unglaublichem Elan an. So wie sie später ihre Vergangenheit erfinden wird.
Gut, daß der Eintritt in die Cafés umsonst ist. Nur das, was man verzehrt, muß gezahlt werden. Gabrielle und Adrienne verfügen über einen gemeinsamen Geldbeutel. Unvorstellbar für die beiden falschen Schwestern, nicht alles im Duo zu machen.
Schon in den ersten Monaten in Moulins erwacht eine Idee in Gabrielles Kopf. Ist es Berufung, was da in ihr keimt? Dieses Wort, das sie in Obazine pausenlos gehört hat? – Natürlich in anderen Zusammenhängen. Oder ist es nur eine Laune? Gabrielle weiß es selber sicherlich nicht. Aber wenn sie auf der Bühne die Sängerinnen, die kleinen Schwestern der Mistinguett sieht, erfaßt sie eine Sehnsucht. Ja, singen, das möchte sie auch. Gabrielle hat einen unbändigen Hunger nach Anerkennung und Applaus, und das wäre vielleicht ihre Chance. Zum ersten Mal wird sie mit einem Leben konfrontiert, das sie für sich auch wünscht. Bisher kam schließlich alles Gute nur aus ihrer eigenen Phantasie. Und dieses Gefühl macht sie stark.
»Ich schaute dem Défilé der exzentrischen Menschen zu und sagte mir: ›Es gibt auf dieser Welt Dinge, bei denen ich hätte

dabeisein sollen, war es aber nicht.«« Das, was Gabrielle in den Jahren 1901 bis 1902 besonders charakterisierte, ist in diesem Satz ausgedrückt. Hundert Prozent Willen kann sie schon vorweisen, aber noch kein konkreter Weg in ein neues Leben ist in Sicht. Wie sollte da auch einer sein? Gabrielle artikuliert mit Nachdruck ihre Wünsche. Aber es gibt bislang nur dieses erreichbar scheinende Ziel, zu singen, in ihrem Kopf. Jedoch die Verbissenheit, die ihr die Sicherheit, daß das Leben bisher mit ihr ungerecht war, gibt, bringt sie unentwegt voran. Sie glaubt fest, daß sie die Revanche redlich verdient hat.
Da, wo Gabrielle jetzt lebt, sind die Schichten so weit aufgebrochen, wie nie zuvor. Der Adel trifft die Halbwelt. Die Bourgoisen treffen ihre Kokotten in obskuren Bars. Und mittendrin Gabrielle, deren unnachahmliche Figur und extravaganter Stil alle, die sie in dieser Zeit trifft, so beeindruckt. Dinge, die sie schon jetzt einzigartig machen. Das spüren alle.
1902 geht Gabrielles Schulzeit zu Ende. Sie verläßt zusammen mit Adrienne Notre Dame, läßt aber die kleine Antoinette zurück. Ihre ältere Schwester Julia fällt in diesem Jahr ihre Entscheidung fürs Leben, wenn sie denn nun überhaupt als Entscheidung zu bezeichnen ist. Nein, sie ist nicht aus demselben Stoff wie Adrienne und Gabrielle. Nein, sie hat nicht dieselben hochgesteckten Ambitionen. Sie ist ganz anders. Ihre Schwester ist jungenhaft schlank, aber Julia wirkt grobschlächtig. Gabrielle ist ein Schmetterling, Julia eine behäbige Raupe. Für sie beginnt ein Leben, wie es in der Familie Tradition ist. Die gute, treue Julia steht ihren Großeltern Henri-Adrien und Virginie-Angelina auf dem Markt zur Seite, denn es gibt ein tiefverwurzeltes Gefühl im Clan der Chanels, das der Zugehörigkeit. Das spürt Julia – auch noch nach acht Jahren religiöser Erziehung im Kloster.
Gabrielle mag soviel Schicksalsergebenheit und Bescheidenheit zutiefst verachten. Sie tut es sogar mit Sicherheit, wenn man bedenkt, wie sehr sie später versucht, den weitverstreuten

Chanel-Clan aus Bauern, Marktschreiern und Wirtshauspächtern zu ignorieren oder ihn gar aus ihrer Erinnerung auszuradieren. »Mein Vater lebt in Amerika...«, ist das einzige, was man in bezug auf ihre Familie hört. Und das Duo, das sie mit Adrienne bildet, entledigt sich so aller störenden Barrieren, die eine Familie mit so geringem Ansehen bedeuten mußte.

Die Nonnen von Notre Dame finden für Gabrielle und Adrienne Chanel eine Stelle in einem Kurzwarenladen in der rue de L'Horloge. »Bei der heiligen Maria. Ein Haus, welches spezialisiert ist auf Aussteuer und Kinderwäsche.« So jedenfalls steht es über dem Laden. Doch die Aufschrift ist überholt. »Sainte-Marie«, das Geschäft der Desboutins, hat sich mittlerweile einen exzellenten Ruf erworben und bietet eine in der ganzen Umgebung bekannte Auswahl an Seidenstoffen, Spitzen und Bändern. Wahre Schatzkisten voller Pelzkragen, Schleier, Boas und Stickereien. Das Haus ist so berühmt, daß es vor einiger Zeit sogar eine Filiale in der 40, rue de l'Allier öffnen konnte.

Die beiden Gehilfinnen Gabrielle und Adrienne beziehen ein gemeinsames Zimmer unter dem Dach der rue de l'Horloge Nummer 1. Und stehen auch gemeinsam hinter der schweren, hölzernen Theke im Geschäft. Wieder sind sie an einem Treffpunkt präsent, der für die Gesellschaft von Moulins von Bedeutung ist. Die Nachricht von den beiden bezaubernden neuen Verkäuferinnen bei den Desboutins spricht sich rum wie ein Lauffeuer. »Außerdem nähen sie wie die Engel...«, flüstern sich die Damen zu.

Vor den großen gesellschaftlichen Ereignissen von Moulins müssen die mondänen Damen erstmal bei Sainte-Marie vorbei. Gabrielle lebt auf in ihrer wichtigen Beraterfunktion. Auch wenn sie schon längst den Stil des Schlichten, des rigoros Einfachen für sich gewählt hat, kann sie sich gut in ihre Kunden hineinversetzen. Die Mode dieser Zeit ist nicht die ihre. Jedoch mit erstaunlicher Sicherheit wählt sie passende Farben und Schnitte.

Die Strenge in der Form ist die einzige Lehre, die sie aus dem Kloster verinnerlicht hat. Die Uniformen waren auch das einzige, wogegen sie sich in den Jahren in Obazine niemals gewehrt hat. Und deren Prinzip erhebt sie im modischen Bereich zum Trend. Sie verbittet sich schon jetzt jeden Einwand, ohne sich darüber im klaren zu sein, daß sich schon zu diesem Zeitpunkt ihr später als Genie bezeichnetes Talent zeigt.
Besondere Accessoires verabscheut sie. Schmuck hält sie für überflüssig und ein Zeichen dafür, daß die Frau ein Objekt des Mannes sein will. »Behängt wie ein Weihnachtsbaum«, sagt sie oft mit Verachtung. So als wolle sie mit ihren Prinzipien und ihrer Geradlinigkeit die scheinbar unüberbrückbare Distanz zwischen ihr und den Vorlieben der Gesellschaft betonen. Plausibel. Weiß man doch, daß das, was sie später den Frauen als starke und selbstbewußte Mode präsentieren wird, ein entscheidender Schritt zur Emanzipation sein wird.
Doch davon wissen die Damen von Moulins noch nichts. Die Zeitschrift »L'Illustré« beschreibt den Trend der damaligen Zeit: »Die optimale Silhouette der Frau schuldet unserem Auge auch in diesem Jahr eine stark markierte Taille und einen gut herausgearbeiteten Oberkörper. Auch wenn sich die eleganten Damen manchmal über die Schwierigkeit des Korsetttragens beschweren, so sollten sie doch beim Blick in den Spiegel, beim Anblick ihrer schönen Silhouette getröstet sein ...« Das ist der entscheidende Punkt. Die Frau ist doch tatsächlich dem Männerauge etwas schuldig: die Tortur mit dem Korsett.
Ist es also nur ein Zufall oder der Ausdruck ihres Selbstbewußtseins, daß Gabrielle schon in ihren jungen Jahren die Zwänge der korsettgeschnürten Frau verabscheut? Sie ist keinem Mann etwas schuldig. Im Gegenteil: Der einzige, der für sie eine Rolle gespielt hat, hat von ihr ein Denkmal gesetzt bekommen, sozusagen als Ablösesumme. Er sei mehr als großzügig ausgezahlt worden, um aus ihrem Kopf zu verschwinden, scheint sie ausdrücken zu wollen. Mein Vater ging nach Amerika ...

das Kommunionkleid war wohl von einer Hure ausgesucht.« Wir erinnern uns! Ja, es sieht ganz so aus, als lege Gabrielle bereits im Jahr 1903 einen weiteren Grundstein für das, was ihr ganzes Leben auszeichnen soll: Sie tut, was sie will.

Belle Époque. Alles, alles ist neu. Weiß die Chanel aber, daß ein gewisser Thomas Mann mit der Veröffentlichung der »Buddenbrooks«, durch seine Beschreibung der Dekadenz einer großbürgerlichen Familie, soeben ein Tabu gebrochen hat? Sicherlich nicht! Hat sie gehört, daß eine blutjunge Schriftstellerin namens Colette da oben in Paris im letzten Jahr für einen handfesten Skandal gesorgt hat? Hinter dem Pseudonym Willy verborgen, hat sie eine – wie man in den literarischen Salons mit einem Räuspern der Peinlichkeit flüstert – »zeitgenössische Geschichte der Ausbildung der Gefühle« geschrieben. Claudine heißt die Heldin in Colettes Abenteuergeschichte. Homosexualität, Ehebruch, Erotik sind die Hauptmotive. Weiß Gabrielle, daß ihre Bücher schon seit Jahren Schnee von gestern ist? Bestimmt nicht! Die Akteure des Jahrhunderts haben bereits ihre Plätze eingenommen. Gabrielle wird folgen. Sie will auch dazugehören.

Und dafür braucht sie Unabhängigkeit. Das spürt sie. »Wenn ich sehe, wie sehr ein erstes Liebesglück die Menschen behindert, bedauere ich nicht, zunächst tief unglücklich gewesen zu sein. Man muß schon sehr stark sein, um seiner sogenannten guten Erziehung zu trotzen und die Erwartungen bewußt nicht zu erfüllen. Für nichts auf der Welt möchte ich mein Schicksal gegen ein anderes tauschen.« Das Zitat, das aus den fünfziger Jahren stammt, markiert sehr deutlich den Wendepunkt ihres Lebens, hier, in der rue de l'Horloge bei Sainte-Marie.

Sainte-Marie ist – wie gesagt – Mittelpunkt des mondänen Lebens der ganzen Gegend. Wenn Hauptsaison ist auf der Pferderennbahn, werden im Geschäft Überstunden gemacht. Schließlich ist kein Trabrennen ohne den Concours d'Élégance denkbar. Er ist der Wettbewerb der Eleganz, ein Festival der

Eitelkeiten. Zu solchen Anlässen sucht der Adel seine Landschlösser auf. Und große Anwesen gibt es rund um Moulins in ungewöhnlicher Zahl. Allein in Besson haben die Bourbon-Parmas vier Schlösser. Auch der Herzog von Castries und die Bourbon-Bussets leben nur einen kleinen Ritt weit entfernt.
Die Herren der edlen zehnten Reitergarnison lassen ihre Familien in die Stadt kommen. Ein Blick auf die Namen der Mitglieder dieser Division liest sich Anfang des Jahrhunderts wie ein Gotha-Führer. So heißen die Colonels etwa: de Chabot, d'Estremont, de Mancroix oder Rénaudeau d'Arc. Darunter die Capitaines: Verdé de l'Isle, Morin de Montmarin. Und die Leutnants wie Doublet de Persan, de Barjac, de Rancoule und weiter unten Flaggenträger namens Merle des Iles, de Sainte-Héreuse, de Ponton d'Amécourt.
Auch wenn Gabrielle vorrangig Mütter, Frauen und Verlobte mit Federn und Seidenrosen schmückt, ergibt es sich bald, daß sie auch für Herren selbst arbeiten kann. Im Jahr 1903 nimmt sich Gabrielle ein Zimmer im besten Viertel der Stadt, der rue du Pont-Guinguet. Adrienne folgt ihr zögernd nach einigen Tagen. Und mit ihr ein guter Teil der Kundinnen, die Gefallen gefunden haben an den beiden jungen Damen, die so einwandfreie Retouchen machen. Bei Überlastung schickt sogar bald der erste Herrenschneider am Platze, »Modern Tailleur«, Aufträge für die beiden Chanels.
Nicht, daß man jetzt denkt, ein Schneider aus Moulins wäre befugt gewesen, Uniformen zu nähen. Undenkbar! Nein, die mußten schon aus Paris kommen. Aber für die Provinzler gibt es Orden anzunähen, Knöpfe zu befestigen und Ausbesserungsarbeiten zu machen. Immer ist etwas zu korrigieren nach den Ausritten und den Degenspielen der edlen Herren. Besonders eine Clique von jungen Männern aus der besten Gesellschaft hat öfter als die anderen Probleme mit dem Sitz der Uniformen. Einige von ihnen suchen auch immer mal wieder nach Vorwänden, um den Chanels den Hof machen zu können.

Zweien von ihnen, Robert Sabatier d'Espeyran und Charles de Breuil, ist es zu verdanken, daß die Näherin Gabrielle überhaupt den entscheidenden Sprung schaffte. Diese außergewöhnliche Eliza Doolittle, die ihr Happy-End immerzu herbeisehnt, hat die beiden Herren sehr beeindruckt. Später, sehr viel später sprechen sie darüber. Denn in den Legenden der Gabrielle Chanel über ihr eigenes Leben hat weder Moulins noch ihr erster Flirt einen Platz. De Breuil und Sabatier haben sofort das Gefühl, jemand ganz Besonderen vor sich zu haben »Ein halbes Jahrhundert später befanden sie sich noch unter dem Eindruck der damals empfundenen Faszination«, weiß Edmonde Charles-Roux zu berichten. Die Jungs von der zehnten Garnison täuschen sich da nicht: Gabrielle ist der stolze Vulkan der Auvergne, der nur darauf wartet, zu explodieren, sein Feuer zu speien.

Die ersten Rendezvous sind ohne Zweifel voller Unschuld. Zwei sorglose Söhne wohlhabender Eltern, die bei einem Eis um die beiden ungewöhnlichsten Partien der Zeit buhlen. Die grünen Jungs sind stolz, eine Entdeckung gemacht zu haben, etwas Gewagtes, Außergewöhnliches zu tun. Mit Gabrielle auszugehen war nun wirklich etwas Besonderes. Gabrielle ist laut – genau wie sie – und hat die unglaublichsten Geschichten zu erzählen. Die jungen Männer diskutieren stundenlang über die Qualitäten und Stammbäume ihrer Vollblüter. Gabrielle schaltet sich in die Diskussion ein. Und prahlt dann mit Ferienerlebnissen bei Tanten, die es nicht gab. »Mit sechzehn hatte ich noch keinen Sattel gesehen. Unsere Pferde fing ich ein, indem ich sie an der Mähne oder am Schwanz festhielt. Ich ritt sie ohne Sattel.«

Die Leutnants grölen bei diesen Geschichten. Sie sind fasziniert von der Vollblutamazone, die sie da eingefangen haben. Adrienne, wie immer im Hintergrund, mag peinlich berührt gewesen sein, so darf man annehmen. Nicht nur wegen der Lügengeschichten, sondern mehr noch, weil sie weiß, daß

Gabrielle mit ihren Gefährten nur spielt, ihnen genau das erzählt, was sie hören wollen. Nicht leicht für diese ehrliche Haut, die weiß, daß sie für Gabrielle nur Mittel zum Zweck sind.

Für die Jeunesse dorée von Moulins gibt es ja so viel zu reden. »Rendezvous heute abend zum Zauberfestival im Café des Negociants.« – »Die Brüder Renault haben bei der Automobilralley Paris-Wien gesiegt. 1 441 Kilometer in 29 Stunden und 30 Minuten.« – »Habt ihr schon gehört? Das Cabaret Le Nouveau Cirque in Paris ist jeden Abend ausverkauft! Eine schwarze Truppe aus Amerika hat dort den Cakewalk lanciert.« Cakewalk, das ist so eine Art ausgeflippter Charleston mit den komischsten Verrenkungen. Gabrielle versucht es auch mit ihren Freunden.

Es gibt ein deutliches Zeichen dafür, daß die Chanel sich mit vielen Menschen ihrer Jugend wieder versöhnt hat. Denn ab und zu schaut sie noch im Kloster von Notre Dame rein. Sie unterstützt den Mädchenchor bei seinen Auftritten in der Kirche. Sie liebt den Gesang so sehr, daß sie sich zwischen ihren Näharbeiten, dem Zusammensein mit der Clique und dem Nachtleben in Moulins noch Zeit nimmt, ihre Stimme zu erproben.

Die jungen Leute sind nun sehr häufig in der »Rotonde« zu finden, eben dem Café-Concert, von dem die Offiziere glauben, daß es ihres sei. Und wo sie sich nur amüsieren wollen. Da will man sich nicht großartig intellektuell austauschen oder die Avantgarde treffen. Nein, diese Gesellschaft findet nur das, was sie sucht, wenn junge, hübsche Frauen singen. Bevorzugt werden patriotische Lieder, die sich dazu eignen, im Takt ordentlich auf die Tische zu klopfen und mit den Füßen zu stampfen. Man will sich kollektiv an den grobschlächtigen Versen laben, die immer zu einer Revanche gegen irgend jemanden aufrufen. »Sturm in der Unterhose«, »Siehst du, mein Sohn, was ein Preuße ist« und so weiter heißen die Texte, bei denen alle in Stimmung kommen.

Das Unglaubliche geschieht. Gabrielle will hier mit ihrer Stimme brillieren. Ja, sie liebt das Singen. Ja, sie glaubt, hiermit ihre Berufung gefunden zu haben. Ja, sie träumt schon lange davon, in der »Rotonde« zu singen. »Na bitte, unsere Gabrielle«, mag es mal wieder in Vichy beim Großvater heißen. Ganz allein und heimlich verhandelt sie mit dem Direktor der »Rotonde« einen Jahresvertrag aus und schlägt sogar noch einen Job für Adrienne heraus, die quasi in Ohnmacht fällt, als sie davon erfährt.

Der Ort, den Gabrielle sich ausgesucht hat, ist eigentlich ihrer nicht würdig. Eine etwas heruntergekommene Lokalität, wo die Leute hinkommen, um sich hemmungslos zu amüsieren. Auch der Grund, aus dem der Direktor die Neue engagiert, ist banal. Weil sie besonders aussieht, sehr schlank und trotz ihrer relativ dünnen Stimme sehr ausdrucksstark ist. Das alles verspricht ein gutes Geschäft, natürlich auch weil Gabrielle ein Heer von faszinierten Bewunderern in ihrem Schlepptau mit sich zieht. Kurz, sie ist die exzentrischste Sängerin, die der Provinzimpressario je engagiert hat. Vielleicht nur, weil er glaubt, in Paris habe man das auch so.

Ganz und gar provinziell und in der Seine-Metropole schon lange als oldfashioned abgetan ist dann auch der Ablauf des Spektakels. Denn Gabrielle ist eine von zehn »Poseuses«, also Statistinnen, die im Halbkreis und bewegungslos auf der Bühne sitzen, nur um zwischen den Solosängern die Übergänge zu füllen und ein kleines Ständchen zu bringen. Schlimmer noch die Situation, die Gabrielle Adrienne eingebrockt hat: Sie muß mit dem Hut herumgehen und das Geld einsammeln.

Wenn Gabrielle dann wieder – irgendwie jämmerlich – auf ihrem Holzstuhl auf der Bühne sitzt, träumt die Rastlose schon vom nächsten Schritt ihrer Karriere. Sie hofft, daß die »Rotonde« nur die erste Station auf dem Weg zur Operettensängerin ist.

Gabrielle genießt in der »Rotonde« aber einige Privilegien. Weil

sie eine unglaubliche Faszination auf ihr Publikum ausübt, darf sie auch zwei Lieder statt einem singen. Zum einen den Song »Kokoriko«, die französische Version des deutschen »Kikiriki« oder anders ausgedrückt der Schrei des gallischen Hahns, der Ausruf der Patrioten. Das zweite Lied in ihrem Repertoire ist »Qui qu'a vu Coco?« – »Wer hat Coco gesehen? Meinen geliebten Hund. Ganz in der Nähe vom Trocadero verlor ich ihn. Coco – er ist bestimmt schon weit weg, da er schnell läuft – Ich geb' ja zu, mein größter Kummer in meinem schlimmen Verlust – ist, daß je mehr mich mein Mann betrug – um so treuer war mein Coco.« Und dann gehts weiter im Refrain »Coco, Coco«. Bei dem anderen Lied wird mitgebrüllt: »Kokoriko«.
Und dieses Lied sollte noch eine große Bedeutung für ihr Leben haben. Denn so kommt es, daß aus Gabrielle in der »Rotonde« im Jahr 1905 Coco Chanel wird. Es war also nicht so, wie sie später gerne erzählen wird, daß ihr Vater ihr diesen zärtlichen Kosenamen gegeben habe. »Was hat sie denn wieder für einen düsteren Blick, meine kleine Coco.« Das hat er niemals so verständnisvoll gesagt. Nein! Coco ist der beseelt-begeisterte Schlachtruf ihrer Zuhörer im Café-Concert »La Rotonde«. Wer dem Publikum nicht gefällt, wird mit Kirschsteinen beschmissen. So einfach ist das. Gabrielle aber kitzelt den Stolz der Patrioten. Kokoriko, Coco Chanel ist geboren. Es lebe Coco Chanel!
Ach ja, in diesem Jahr, 1905, bekommt Julia ihr erstes Kind. Ein Marktschreier hat sie geschwängert, das Baby zwar anerkannt, aber die Mutter nicht geheiratet. Das alte Lied bei den Chanels geht weiter. Aber dieses Lied ist nicht mehr das von Coco. Eine Zeitgenössin der singenden Coco wird sich Jahrzehnte später erinnern: »Sie war prüde und drehte den Schlüssel zweimal im Schloß um, wenn sie sich umzog. Auf der Bühne war sie krank vor Lampenfieber, aber das merkte keiner. Im Grunde genommen war Coco eine schüchterne Person, aber trotzdem hatte sie es irgendwie geschafft.«
Die Demütigung, die ihr Gastspiel in der »Rotonde« schließlich

war, muß sie nicht zu Ende erleiden. Sie hat schon ein neues Ziel im Auge. Coco zieht es nun nach Vichy. Die nur fünfzig Kilometer entfernte Kurstadt ist so ganz anders. Moulins, das war eine vom Militär geprägte Stadt. Bedeutungsvoll für Frankreich. Vichy dagegen ist die Thermalbadestadt, die bei der internationalen Gesellschaft en vogue ist. Wie Coco so schön sagt: »Hier wird ausländisch gesprochen.« In Vichy machen die großen Pariser Künstler im Sommer halt. Hier reichen die plumpen Kikiriki-Schreie des gallischen Hahns nicht aus, und Coco ist hier ein unbeschriebenes Blatt.
Doch die treuen berittenen Verehrer folgen ihr. Sabatier, de Broglie und ein Neuer im Bunde namens Etienne Balsan. Und der kommt immer öfter und manchmal auch ohne seine Kameraden nach Vichy.
Die Leute in Vichy haben natürlich nicht gerade auf Coco gewartet. Und so gehen die Dinge den Weg, den sie nun mal gehen müssen, da Coco Chanel noch eine Unbekannte ist. »Désolé, Mademoiselle. Es tut mir leid, mein Fräulein, aber lernen Sie erstmal zu singen«, sagt ihr der Direktor des »Alcazar« nach ihrem ersten Vorspielen. Damit brüskiert er Gabrielle aber eigentlich nicht. Das Streben nach Perfektion ist eine ihrer hervorstechendsten Eigenschaften, die sie bisher nur noch nicht richtig zur Anwendung bringen konnte. Deshalb fügt sie sich dem Rat des Profis – ohne Zögern. Wenn es sein muß! Das ist Coco Vichy, dem Klein-Paris, schuldig.
Gabrielle nimmt einen Gesangslehrer. Und der ist teuer. Sie beißt die Zähne zusammen, mietet ein kleines Zimmer und läßt hinter vorgehaltener Hand wissen, daß sie auch Näharbeiten annimmt.
Durch den prächtigen Park der Stadt, der mit den Eisenbögen – die Guimard für die Pariser Weltausstellung entworfen hat – geschmückt ist, spazieren Diplomatenfamilien mit ihrem Gefolge. Auch für reiche Ägypter gehört es zum guten Ton, vor dem heißen Wind der Sahara, der in den Sommermonaten Kai-

ro lahmlegt, nach Vichy zu flüchten. Auch viele reiche Libanesen haben in Vichy Zweitresidenzen.
Aus dieser Zeit – in der Coco mit viel Ehrgeiz die Tonleiter übt, dann wieder näht und regelmäßig Etienne Balsan empfängt – hat sich das Gerücht gehalten, daß sie damals in ihrem Zimmer sehr viel anderen Herrenbesuch gehabt habe. Aber die vorschnelle Schlußfolgerung, daß die nächtlichen Besucher ihr den Chic und ihre Extravaganzen finanzierten, dürfte nicht zutreffen. Und wird ihr auch nicht gerecht. Sie war damals schon eine außergewöhnliche Frau, die immer unabhängig sein wollte. Und: Dazu macht ihr dieser Etienne Balsan mit zu viel Phantasie und persönlichem Einsatz den Hof. Dazu pflegt Coco Chanel mit zu viel Überzeugung das Strenge in ihrem Äußeren. Ihre Schlichtheit hat sie immer gerne als Ausdruck ihres Stolzes einzusetzen gewußt.
Alles weist eigentlich darauf hin, daß Etienne Balsan – und nur er – in Vichy der erste und einzige Liebhaber von Coco Chanel war. Denn sie hat auch wenig Zeit. Ihr Ziel ist die Operette, und die schlaflosen Nächte wird sie wohl mit Nadel und Faden verbracht haben. Adrienne, die sich natürlich zunächst mit Gabrielle nach Vichy aufgemacht hatte, fühlt sich dort ganz unwohl. Für sie ist kein Platz. Sie kann ihre Gabrielle bei diesem neuen Abenteuer nicht begleiten. Ihr Herz hängt an Moulins, und sie kehrt auch bald dorthin zurück.
Nach vier Monaten Gesangsstunden kommt der Zeitpunkt, Bilanz zu ziehen. Cocos Lehrer tut das in ein paar klaren, unmißverständlichen Sätzen: »Du hast eine Vogelstimme, keine Mimik, du bist steif und außerdem sieht man deine Knochen. Laß Dir ein paar Rüschen ans Décolleté nähen.« Ein jähes und schmerzvolles Ende dieses Akts. Gabrielle ist gerade mal 22 Jahre alt und um eine Illusion erleichtert.
»Dieser Balsan hat ein Auge auf Coco geworfen«, sagt de Broglie. Etienne Balsan steht ihr im Oktober 1905 hilfreich zur Seite und tut das beste, was er jetzt machen kann: Er besorgt Coco

nach dem Gesangsdebakel einen neuen Job. Sie arbeitet jetzt als – nun ja – Wasseranreicherin in den Thermalquellen von Vichy. Mit einer weißen Uniform, einem weißen Kopftuch und weißen Gummistiefeln bekleidet, schöpft sie aus der Grotte das Wasser, das sie in fein gravierten Gläsern den Kurenden reicht.

Diese Episode ihrer jungen Jahre findet – im Gegensatz zu ihrem Abenteuer als Sängerin – später Gnade in den Augen der Chanel. Kurz, sie darf erwähnt werden. »In Vichy studierte ich die Damen, nun ja, die alten Damen, da nur alte dort waren. Damals gab es noch keine jungen Leute, die Alkohol tranken und somit auch keine, die ihre Leberleiden auskurieren mußten.« Gut gemacht, Etienne Balsan. Gabrielle ist mit ihrer Situation zufrieden. Balsan kauft ihr Kleider, Balsan nimmt sie zur Rennbahn mit. Sie hakt sich bei Etienne ein, wenn sie wie die anderen Herrschaften – ob in Vichy oder Moulins – zum Wiegeplatz beim Hippodrom gehen.

Es gibt ein Foto aus dem Jahr 1906, das zweite bekannte Bild von Gabrielle aus der frühen Zeit. Es zeigt zwei Spaziergängerinnen im Park von Vichy. Links Gabrielle, rechts Adrienne, die ein bißchen kleiner ist. Beide tragen selbst hergestellte Kostüme, die man als frühe Chanels bezeichnen könnte. Coco trägt – was bislang noch unüblich ist – kein Korsett. Der bis zum Knöchel reichende Glockenrock aus Anzugsstoff im überaus männlichen Prince-of-Wales-Karo wird von einem einfachen Gürtel gehalten. Eine offen getragene taillierte Jacke und darunter eine gestreifte Bluse mit einer weißen Schleife krönen das Ganze. Wichtigstes Detail: ihr schmalkrempiger Hut aus Stroh ist mit einer einzigen Blume geschmückt. Der von Adrienne ist nur wenig breiter. Ihr Kostüm ist aus dunklem Flanell, bis zum Gehtnichtmehr zugeknöpft. Der Rock verdeckt auch die Spitzen ihrer Schuhe.

Gabrielle und Adrienne tragen schon den Chanel-Look. Männlich-grobe Stoffe, der Eleganz der britischen Reiter nachempfunden. Sie zwängen sich in kein Korsett mehr, und entgegen allen Konventionen und Codes verzichten sie auf den breiten Hut, den Frau damals tragen muß. Wie oft regt sich Gabrielle über diese Mode auf, die zudem vorschreibt, daß die Frauen auf das Rad, das sie auf dem Kopf tragen, noch ganze Blumenbouquets, lange Federn und gewickelte Schleier stecken müssen. Coco Chanel sagt über diesen schweren Kopfputz spitz und treffend: »Das ist eine Erfindung der Männer. Sie wollen wohl, daß unser Gehirn unter der Last nicht ordentlich funktioniert.«

Die Bilder aus dem Jahr 1906 lassen bereits erkennen, worin das eigentliche Talent der Chanel liegt, nach dem sie so lange gesucht hat. Mit ihrem außergewöhnlichen Chic bringt sie es bis auf die Ehrentribüne der Pferderennbahn. Coco sieht mit einer Kreissäge aus Stroh, verziert nur mit einem schwarzen Band, so aus wie die Internatsbuben aus Moulins. So klar und so leger. Verglichen mit den anderen Damen, die behangen sind wie Weihnachtsbäume, ist sie die Schlichtheit in Person. Und das besticht.

Adrienne ist bald ernsthaft verliebt in Maurice de Nexon. Sie sind alle glücklich. Gabrielle sitzt mit Etienne Balsan immer öfter auf der Tribüne. »Ah«, seufzt sie, während sie die Traber mit dem Fernglas verfolgt, »was für ein schönes Leben«. Und Balsan antwortet: »Das ist genau das Leben, das ich das ganze Jahr über führe. Ich habe ein Gestüt in Compiègne. Wenn Sie wollen, kann es auch Ihres sein.«

3. KAPITEL

Anfänge

»Ich sagte ja. Ich sollte den Mont Doré nie wiedersehen. Auch meinen Tanten sollte ich nie wieder begegnen.« Gabrielle folgt dem jungen Mann also in dessen Schloß und Gestüt bei Compiègne, sechzig Kilometer nördlich von Paris: Royallieu. Etienne Balsan ist zu diesem Zeitpunkt fast noch ein Unbekannter für Gabrielle Chanel. Natürlich hat er sich im letzten Jahr in Moulins und während der Wochen in Vichy als ein angenehmer Schutzengel erwiesen, aber vielmehr weiß sie nicht. Sicherlich ist er in dieser Zeit ihr Geliebter geworden – wohl der erste –, allerdings was zieht die beiden gegenseitig an?
Was das Paar verbindet, ist die Kameradschaft. Etienne Balsan ist ein Typ, auf den der Ausspruch: »Mit dem kann man Pferde stehlen«, wie maßgeschneidert paßt. Die beiden haben einen ausgesprochen deftigen Humor, der sie daran hindert, sich selbst und auch ihre Beziehung zu ernst zu nehmen.

Etienne und Coco haben noch eine andere wichtige Gemeinsamkeit, denn auch Etienne Balsan ist ein Waisenkind. Seine Eltern, Auguste und Marie, reiche Industrielle aus der Webermetropole Saint-Etienne, sind früh gestorben und haben neben drei Söhnen – Robert, Etienne und Jacques – ein großes Vermögen hinterlassen. In zweiter Generation konnte der Vater eine Stoffabrik zu einer der größten von Frankreich ausbauen und damit viel Geld verdienen.
Doch wer sollte die Nachfolge antreten? Etiennes zehn Jahre älterer Bruder Jacques pflegt ein exzentrisches Hobby, das ihn während des Ersten Weltkriegs berühmt machen wird: Er ist ein ausgezeichneter Pilot. Und Etienne ist bestimmt nicht der, der den Familienbetrieb weiterführen wollte. Für die eher wenig spannende Verwaltung eines Unternehmens hatte er bestimmt nicht das richtige Temperament. Er wollte sich in Abenteuer stürzen und pflegte eine zu große, alles beherrschende Leidenschaft: das Reiten. So hat er im Jahr 1902, gleich nach dem Tod seiner Mutter, den größten Teil seines Erbes in das Gestüt »Royallieu« investiert. Am jüngsten Bruder Robert ist es also, das Familienunternehmen weiter erfolgreich zu leiten.
Schon als Kind hatte Etienne ein wildes Temperament, das ihm auch einen kurzen Aufenthalt in einem strengen englischen Jungeninternat in Folkstone bescherte. Doch er brachte statt guter Noten und tiefer Reue nur ein neues Hobby mit: die Treibjagd. Und obwohl er seine Militärkarriere daheim in Chateauroux begonnen hatte, fand er schnell eine List, um zur Reitergarnison nach Moulins versetzt zu werden. Und zwar hatte er doch tatsächlich seinen General davon überzeugen können, daß er unbedingt eine orientalische Sprache, einen überaus seltenen Dialekt, studieren wolle. Seinem Anliegen wurde ohne Zögern nachgegeben. Was machte es da schon, daß es für diesen indischen Dialekt überhaupt keinen Lehrer in Moulins gab. Die Zeit dort wurde somit in erster Linie dem Reiten gewidmet.

Etienne Balsan, der Bonvivant, ein bißchen untersetzt, schnauzbärtig, mit einem runden Gesicht, das eher fröhlich als ebenmäßig wirkte, fand in Moulins schnell seinen Platz unter den adeligen Kumpels. Mit seiner Großzügigkeit, seinem Humor und diesem hoffnungslos lausbübischen Temperament überbrückte er die Kluft zwischen den Klassen. Denn normalerweise hatte selbst der reichste Bourgois schließlich damit nicht wirklich die Anerkennung des Adels miterworben.

Die beiden Außenseiter, Etienne und Coco, waren also in Moulins und Vichy zu einem exzentrischen, aber durchaus angepaßten Paar geworden. Die Amazone aus dem Nirgendwo und der reiche Sunnyboy. Man kann sich schlecht vorstellen, daß die beiden besonders hohe Anforderungen an ihre Partnerschaft stellten. Gabrielle nicht, weil sie sehr stolz und selbstbezogen ist und sich durch ihren Kleidungsstil symbolisch schon vom Frauchen, von der Kurtisane oder der Mätresse deutlich unterscheidet. Sie ist zu mißtrauisch und zu sehr mit sich selbst beschäftigt, um bereit zu sein, sich dem anderen hinzugeben. Etienne ist auch nicht daran interessiert, weil es in seinem Leben keinen Platz gibt für Ernsthaftigkeit und alles, was Verantwortung bedeutet.

Das Gestüt »Royallieu« hatte Etienne Balsan der Witwe eines bedeutenden Trainers abgekauft. Die Renovierungsarbeiten am Schloß zogen sich über seine ganze Militärzeit in Moulins hin. Als er Gabrielle fragt, ob sie ihn begleiten will, tut er das mit den erleichterten Worten dessen, der fest entschlossen ist, jetzt und für seine ganze Zukunft niemandem gegenüber mehr verpflichtet zu sein. Er will sich jetzt nur noch den schönen Dingen des Lebens widmen und alles andere leichten Herzens abstreifen. »Ja, ich will«, sagt also Gabrielle bei der Aussicht, nun bald ein Schloß zu bewohnen. Auch wenn sie andernorts die Szene um das Jawort, die nun endlich ein unbeschwertes Leben verspricht, später so wiedergibt:

»›Brauchst Du keinen Lehrling?‹, fragte ich.

Er nahm mich beim Wort: ›Aha, die kleine Coco will, daß man ihr das Reiten beibringt. Sie will, daß ich sie mitnehme. Nun gut, dann nehme ich sie halt mit‹, so dachte Etienne und tat es auch.«
So oder so. Der Weggang aus Vichy im Zentrum Frankreichs hat nicht viel Romantisches. Er ist nicht wie die große dramatische Arie aus der Oper »Entführung aus dem Serail«. Eher ein Entschluß zweier junger Leute, die ihre enge Seelenverwandtschaft spüren und wissen, daß jeder einzelne von der Gemeinschaft praktische Vorteile hat.
Einen kleinen Nebeneffekt wird der Entschluß Etienne Balsans auch noch gehabt haben. Schließlich ist er ziemlich erleichtert, daß er diese Klette von Emilienne d'Alençon endlich losgeworden ist. Emilienne, eine seiner Mätressen und eine Sängerin, die gerade sehr umjubelt ist, tut alles für ihn. Sie hat einen festen Platz in den Klatschspalten der Illustrierten. Von den Journalisten wird sie im allgemeinen als fleischfressende Pflanze bezeichnet, weil sie eine Reihe von Liebhabern hat, unter denen Etienne noch der Diskreteste war. Eine talentierte Kurtisane, die es schnell geschafft hatte, ihre eigentliche Herkunft vergessen zu lassen. Emilienne André heißt sie eigentlich und ist die Tochter einer Pariser Concierge.
Edmonde Charles-Roux über die Untaten der d'Alençon: »Der Emilienne wurde eine Unzahl von Opfern zugeschrieben. Hatte sich nicht der junge Graf d'Uzes für sie ruiniert? Während er schon nicht mehr wußte, wie er sie zurückhalten könnte, hat er ihr zuerst ein Diamantcollier, dann noch eins und schließlich den ganzen Familienschmuck geschenkt. Um diese, ihn allmählich ruinierende Liaison zu beenden, hatte ihn seine Mutter in den Kongo geschickt, wo er schon bald an Diarrhöe starb.«
Daß Etienne sie schnell und ohne bleibenden Schaden wieder loswurde, wo doch acht andere Reiter des feinen Pariser Jockey-Clubs zwecks der Eroberung der Emilienne d'Alençon tatsächlich einen gemeinnützigen Verein gegründet hatten, gilt

in der Gesellschaft, die er pflegt, als Auszeichnung und etwas Besonderes. Übrigens: Die schöne Emilienne wird in den nächsten Jahren der Mystik verfallen. Ihrer früh verstorbenen großen Liebe, dem englischen Champion der Rennbahnen, dem Jockey Alec Carter, die ihren Hang zum Spirituellem belegen, widmet sie eine Reihe wenig bekannter Gedichtbände, »Wo ruht es inzwischen, das geliebte Wesen? Bei welchem Baum oder unter welchem Hügel? Welches Kissen bettet sein schönes blasses Gesicht? Auf welchen Laken ballt er seine feinen Hände?« schmachtet sie.

Etienne Balsan ist überaus erleichtert, zu erfahren, daß es auch Frauen gibt, die wie Männer sind, ihre Sprache zumindest verstehen. Gabrielle ist genau die, die er braucht, um im Norden Frankreichs eine glänzende Karriere als Pferdezüchter und Jockey zu starten. Denn sein einziger großer Erfolg war bisher ein erster Platz beim großen Berliner Trabrennen.

»Royallieu«, ein königlicher Ort für zwei ehrgeizige große Kinder, deren Leben im Schloß nicht durch ihren edlen Stammbaum zu begründen ist, sondern über ein durchaus anerkennenswertes Motiv: Geld. Im Jahre 1907 gilt es sowieso als Gipfel der Extravaganz, als Bürgerlicher die historischen Räume einer alten adeligen Familie zu bewohnen. Denn man will sich auch als Bourgois ein Denkmal setzen. Ein Schloß ist schließlich ein großes Haus, das von Generation zu Generation weitergereicht wird, ohne es jemals wirklich zu verändern. Im höchsten Falle werden die Flure mit neuen Ahnenporträts geschmückt. Und diese Pflege der Tradition ist das einzige, was den Neureichen jetzt noch fehlt.

Wie Gabrielles verhaßtes Waisenhaus Obazine, war Royallieu zunächst eine Abtei. Im Laufe der Jahrhunderte hatte man den massiven Bau aber in ein ansprechendes, von Efeu umranktes und durch viele neue Fenster nun lichtdurchflutetes Landschloß verwandelt. Umgeben von einem gigantischen Park, in dem auch die Rehe der benachbarten Wälder zu finden waren.

Etienne bereichert seine prächtige Zucht von Vollblütern im Laufe der Zeit um viele weitere Haustiere. So leben Esel und sogar ein Affe im Park. Das Innere des Hauses hat er zwar von Grund auf renovieren lassen, doch für Nebensächlichkeiten wie Dekorationen hat er nichts übrig. »Royallieu« behält so doch etwas den sachlichen Charakter eines Klosters. Etiennes Aufmerksamkeit gilt mehr den technischen Finessen. So verfügt das Anwesen über mehrere moderne Küchen und Badezimmer, deren Anblick Gabrielle schlicht und einfach den Atem rauben.

Gabrielle Chanel darf sich aber nicht etwa im prächtigsten und größten Schlafzimmer, dem sogenannten Oberinnenzimmer, einrichten. Sie bekommt eines der weniger schönen Nebenzimmer zugewiesen, was sie auch nicht anders will. Auch dies ist ein Indiz für die Bedeutung, die die Liaison zwischen ihr und Etienne für beide hat. Nämlich eine geringe. Sie bilden eine Zweckgemeinschaft, die keine Etikette berücksichtigen muß und keine Rücksichten auf Gefühle fordert.

In den ersten Monaten in »Royallieu« verfällt die Chanel in eine für sie recht ungewöhnliche Lethargie. So als falle das Gewicht ihrer vergangenen Jahre des Suchens und der Zweifel von ihr. Zum ersten Mal weiß sie sich in materieller Sicherheit und stellt den Motor ihres verbissenen Ehrgeizes ab, der ihr bisher so viele Irrwege beschert hatte. Ihre Passivität kommt so überraschend für Etienne, daß er sich noch Jahrzehnte später daran erinnern wird: »Bis mittags lag sie im Bett und war mit Nichtstun beschäftigt. Nun ja, sie trank Milchcafé und las Groschenromane.« Dieser Taumel, zum ersten Mal im Leben das Gefühl der Sicherheit zu genießen, war vielleicht aber auch Ausdruck einer kleinen Depression.«

Ihr bequemes Leben als Schloßherrin von Balsans Gnaden wird Coco Chanel später in keiner guten Erinnerung bleiben. Gegenüber Paul Morand spricht sie mit folgenden Worten über ihr Leben mit 25: »Ich wohnte nun in Compiègne, wohin ich M. B.

gefolgt war. Ich langweilte mich sehr. Ich weinte ohne Unterlaß. Ich hatte ihm einen ganzen Roman von einer tragischen Kindheit erzählt... Ich habe ein Jahr lang geweint. Die einzigen glücklichen Momente verbrachte ich auf einem Pferd, im Wald... das kurze Märchen war vorbei. Ich war wieder nichts anderes als ein verlorenes Kind.«

Dann erzählt sie noch, daß M. B. – Monsieur Balsan –, den sie in ihren Erinnerungen später nur mit einem unklaren Kürzel benennen wird, stets Angst gehabt hätte, daß die Gendarmen kämen. Denn sie sei damals erst 16 Jahre alt gewesen. Es gibt kaum eine Angabe von Gabrielle Coco Chanel, die nicht überprüft und korrigiert werden müßte. Nein, sie ist keine sechzehn Jahre alt, als sie in »Royallieu« lebt, sondern satte 25. Sie ist kein Kind mehr, sondern eine Frau, die zu dem Zeitpunkt immer mehr das Gefühl bekommen muß, ihre Lebenschancen verpaßt zu haben – unter anderem weil ihre Gesangsversuche in ein Fiasko mündeten. Als Balsans Kumpel, aber eben auch als seine Mätresse, lebt sie in Abhängigkeit ohne die geringsten Zukunftsaussichten auf ein baldiges Coming-out.

Doch auf dem Rücken der Pferde sammelt sie neues Selbstvertrauen. Sie stürzt sich mit Verbissenheit ins Training, um der Gesellschaft, die über ihre Liaison mit Balsan allerhand munkelt, zu zeigen, daß sie einen berechtigten Grund hat, in »Royallieu« zu leben. »Schaut her«, will sie sagen: »Ich bin keine Kurtisane, ich bin hier, weil ich eine Reiterin bin.« Etienne jedenfalls beeindruckt sie mit ihrem Talent, er kann ihr schnell die Zügel anvertrauen. Nach dem ersten Jahr ist sie so gut, daß sie die Vollblüter im Morgengrauen vor wichtigen Rennen warmreiten kann.

Coco Chanel liebt aufgrund ihrer Herkunft das Landleben. Ihr Geschick im Umgang mit den Pferden und die Naturverbundenheit, der sie in »Royallieu« frönen kann, wird sie zeit ihres Lebens eine Sehnsucht nach Weite und Natur spüren lassen.

Sie wird die Erinnerung an ihr Leben in »Royallieu« so auf ihre

Art pflegen und auch hie und da als Provokation in der feinen Gesellschaft nutzen. Denn sie findet – noch als 80jährige – ein diebisches Vergnügen daran, wenn sie Besuchern von der richtigen Technik und der Kunst eines eleganten, aufrechten Trabs erzählen kann: »Da gibt's nur ein Mittel: Man muß sich vorstellen, daß man ein wertvolles Ei unter dem Hintern hat, auf das man sich auf keinen Fall setzen möchte.«
»Royallieu« befindet sich geradezu im goldenen Dreieck der Pferdeliebhaber. Die Welt des Etienne Balsan umfaßt demnach einen Radius von 100 Kilometer. Und die renommiertesten Gestüte in der Nachbarschaft sind fest in englischer Hand. Die Carters, Cunningtons und Bartholomews sind die Besten in ihrem Fach. Die Rennbahnen heißen Saint-Cloud, Enghien, Trennblay, Auteuil, Maisons-Laffitte, Vincennes und Longchamps. Jeden Sonntag bei den Rennen gibt es andere Talente von Balsan und seinen Konkurrenten anzufeuern. Der Weg dorthin führt immer in Richtung Paris, aber nur bis zur Périphérieque. Coco Chanel hat in dieser Zeit noch keinen Kontakt zu der Modemetropole.
Sie kennt zwar viele Pariser, aber war noch niemals dort gewesen, um die kreative Atmosphäre zu schnuppern.
Die zahlreichen, in Paris ansässigen Freunde von Etienne Balsan kommen lieber nach »Royallieu«. Etienne feiert in seinem Schloß zahlreiche rauschende Feste. Alle, die ihn mit Pferdegeschichten unterhalten und zum Lachen bringen können, sind herzlich willkommen. Und all denen, die aus irgendwelchen Gründen von der Pariser Gesellschaft geschnitten werden, steht bei ihm stets ein frisch bezogenes Bett zur Verfügung. »Royallieu« ist so auch ein Treffpunkt für die, die sich nirgendwo als Paar sehen lassen können. Sein Haus ist ein Paradies, in dem keine Etikette zählt. Für Männer, deren Ehefrauen geduldig und nichtsahnend in Paris warten, geradezu ein Eldorado. Die Feste des großzügigen Etienne Balsan dauern meistens ein ganzes Wochenende. Die Gesellschaft amüsiert sich. »Um in ›Royallieu‹

eingeladen zu werden, muß man nur fröhlich sein, immer in Gummistiefeln herumlaufen und vor allen Dingen stets bereit sein, vom einen Ende des Waldes bis zum anderen zu galoppieren.«

Zu den treuesten Besuchern von »Royallieu« gehört Baron Max Foy, der offiziell mit der schönen Anita glücklich verheiratet ist. Nach »Royallieu« aber kommt er mit seiner Geliebten Suzanne Orlandi. Sie ist genau die Art Kurtisane, mit der Gabrielle aber nicht verglichen werden will. Immer adrett gekleidet, immer gepudert und parfümiert, immer zu Diensten ihres Liebhabers. Suzanne verkörpert genau die Art von Frau, die Gabrielle niemals werden will. Denn was nützt es einem schon, ausgehalten und im besten Falle aufrichtig geliebt zu werden? Eine Kurtisane ist und bleibt eine gebrandmarkte Frau. Das weiß Coco nur zu genau. Eine, die von einer Hochzeit und von Respekt und Ansehen in dieser prüden Zeit nicht mal zu träumen wagen darf. Sie trägt den Stempel der Sünde – für immer.

Weniger im Mittelpunkt des Geschehens stehen Maurice Caillaut und Mademoiselle Forchemer, das blasseste Paar von allen. Auch der gute Bauernsohn Maurice hat sich eine Dauereinladung auf »Royallieu« verdient, weil er besser als andere den Pferden ins Maul schauen kann. Dazu kommt Etiennes bester Freund Léon de Laborde, dessen Begleiterinnen ständig wechseln, der aber in der Clique der einzige ist, der ein Automobil besitzt.

Der beste Anlaß für die Frauen, sich schick zu machen, ist zu dieser Zeit und in diesen Kreisen das Zeremoniell des Pferdewiegens vor jedem großen Rennen. Der spannende Moment, in dem sich die Pferde auf die Waage begeben, um zugelassen zu werden oder nicht, ist für die Gesellschaft, in der Gabrielle lebt, immer ein Anlaß, sich zu zeigen. Somit bietet das Vorspiel eines jeden Trabrennens auch einen Laufsteg für die Frauen. Das ist sicherlich auch die Gelegenheit, bei der Gabrielle Chanel ihren stilsicheren Blick schärfen kann und zur Avantgardistin wird. Denn sie hat eine klare Aversion gegen die Vorlieben der bürgerlichen Damen: »Ah, das Zeremoniell des Pferdewiegens vor 1914. Als ich damals zur Rennbahn ging, merkte ich noch nicht sofort, daß ich dem Untergang des 19. Jahrhunderts, dem Ende einer Epoche zusehen konnte. Eine schöne Zeit, aber gleichzeitig äußerst dekadent. Die letzten Atemzüge eines barocken Stils mit seinen ganzen Verzierungen waren zu vernehmen. Für klare Linien war da kein Platz.«

Auf der Rennbahn wird Gabrielle schnell zu einem bestaunten Kuriosum. Alle anderen Damen haben noch diese »Manie«, wie sie es ausdrückt, »wie Christbäume dekoriert« zu erscheinen. Gabrielle trotzt diesem ganzen Glanz mit ihrer Einfachheit. Sie trägt simple Strohhüte, während andere ganze Berge von Dekorationsstücken auf ihrem Haupt spazieren führen. Doch alle schielten nach ihr. Und bald wollten die anderen Frauen der »Royallieu«-Clique von Gabrielle auch einen ähnlichen Kopfputz. Coco Chanel setzt zum ersten Mal wirklich Trends und bestimmt eine Mode.

Und ausgerechnet Emilienne d'Alençon, die Geliebte von Balsan, der nie nachtragend ist, so daß sie schnell wieder nach »Royallieu« eingeladen wird, ist dafür verantwortlich, daß Chanel eine kleine Berühmtheit wird. Emilienne will auch eine Kreissäge à la Coco. Ihr Kopfputz wird daraufhin postwendend in allen Gazetten besprochen. Der Durchbruch ist geschafft.

Gabrielle berührt die Rückkehr von Emilienne d'Alençon in ihren Kreis kaum. Das Gefühl der Eifersucht scheint sie nicht zu kennen, denn traute Zweisamkeit hat sie mit Etienne sowieso nie erlebt. Sie hat aber schon die spitze Zunge, die später viele vor der berühmten Couturière noch erzittern lassen wird. So ist ihr Urteil über die 33jährige Emilienne, die sie nun endlich aus der Nähe beobachten kann, kurz und eiskalt: »Sie ist eine alte Frau.« Vernichtender hätte sie es nicht sagen können.

Emilienne hat in Gabrielles Augen nur eine Qualität: Sie ist angenehm parfümiert. Was aus ihrem Munde ein großes Lob ist. Denn Gabrielle hat eine wahre Aversion gegen Körpergerüche, die für sie ein Zeichen von absoluter Nachlässigkeit sind. Sie kaut so nach jeder Mahlzeit eine Nelke.

Morgens sitzen die Bewohner und Gäste von »Royallieu« stundenlang in den Korbsesseln der mit Efeu umrankten Veranda beim Frühstück und kämpfen sich konzentriert-schweigend durch die zehn täglich erscheinenden Turf-Zeitungen. Gabrielle verfolgt darin Emiliennes Tun, deren Leben ihr seit den frühen Jahren in Moulins ein Faszinosum ist. Und gleichzeitig ein Dorn im Auge.

Damals wollte sie noch so sein wie die anderen. Sie wollte auch Tee trinken. Jetzt mag sie lieber Milchcafé. Sie wollte ja einst auch eine dieser Berühmtheiten, dieser Kokotten, werden, die nun in ihren Augen keine Gnade mehr finden. Sie hat sich an das Leben als Schloßherrin gewöhnt und langweilt sich sogar ein bißchen. Tatsächlich ist die Mode der Zeit, ja das Studium von Emilienne d'Alençons Aussehen, Coco Chanels eigentlicher Lehrmeister in Sachen Couture.

Wenn sie nicht einen ihrer Hüte trägt, versucht Emilienne, ihre Extravaganz damit zu beweisen, daß sie unter dem Spitzenschleier ihres Hutes ein Monokel trägt. Eine eher ungeschickte Weise, sich von den anderen abzuheben. Denn da, wo Gabrielle mit ihren einfachen, weißen Hemden, den ewigen schwarzen Fliegen, den gerade geschnittenen, derben Flanellröcken schon sehr modern wirkt, sieht Emilienne unweiblich, unelegant und nicht wirklich weiblich aus.

Gabrielle, der kritischen Beobachterin, fällt bei diesem Anblick einmal mehr auf, was ein Jahrzehnt später für keine Frau mehr eine Neuigkeit sein wird: nämlich, daß die Frau am Anfang des 20. Jahrhunderts sich noch kleidete wie am Hofe des Sonnenkönigs. Völlig anachronistisch. Daß sie seit Jahrhunderten nicht mehr als die schöne Dekoration an der Seite eines Mannes ist. In der Gesellschaft gehört es schließlich zum guten Ton, sich

mindestens fünfmal täglich umzuziehen. Und dazu brauchen die Damen eine Kammerzofe, die ihnen hilft, die unterschiedlichen Schichten ihrer eng taillierten Kleider festzuzurren. Das Wort »praktisch« wurde damals wahrhaftig im Zusammenhang mit Damenkleidung niemals genannt.
In »Royallieu« liegt also der Ursprung dessen, was man ohne Zögern als die »Genialität der Chanel« bezeichnen kann. Hier entwickelt sie ein Gespür für die Forderungen der neuen Zeit. Und Coco Chanel ist tatsächlich die erste, die sie erfaßt. Und sie weiß ihre Erkenntnisse auszunutzen, wenn auch erst nur für sich selbst.
In La-Croix-Saint-Ouen, am andere Ende des Waldes von Compiègne, liegt ein wichtiges Trainingszentrum für Rennpferde, dem Etienne Balsan regelmäßige Besuche abstattet. In seinem Schlepptau natürlich Gabrielle, die sich bei den ewig gleichen Unterhaltungen langweilt. Eines Tages hört sie auf, nur auf Etienne zu warten, und betritt den Laden des einzigen Schneiders am Ort, der auf Reiterbekleidung spezialisiert ist. Aus einem ganz bestimmten Grund ...
Sie ist bewaffnet mit einem Paar Jodhpur-Hosen, die sie bei einem englischen Hufschmied ausgeliehen hat: »Bitte nähen Sie mir die in meiner Größe nach«, bittet sie ihn. Der Legende nach soll der Schneider bei diesen Worten von Gabrielle fast in Ohnmacht gefallen sein. Nicht nur, daß er ausschließlich für das Personal der Herrschaften der Umgebung arbeiten muß, weil die Reichen ihre Garderobe in Paris fertigen lassen, nein, jetzt auch das noch, daß eine Frau eine Hose bestellt, entsetzt ihn vollkommen. Es ist genauso, als würde sich sein Gegenüber vor ihm entblößen. Diese Tatsache wäre nicht weniger unmoralisch. Schließlich hat eine Frau einen weiten, bodenlangen Rock zu tragen, unter dem sie die Geheimnisse ihrer Beckenformen züchtig hütet. Der hat gefälligst schwer zu sein wie eine Käseglocke, damit die Gesellschaft ihren Schein, prüde zu sein, wohl wahren kann.

Im selben Jahr, 1907, kommen zwei weitere Geschichten, die in direktem Zusammenhang mit dem Thema »Hosen« stehen, in die Presse und sogar in die Schlagzeilen. Erstens veröffentlicht das französische Innenministerium eine Verordnung, nach der Männer beim Fahrradfahren nun kniekurze enge Hosen tragen sollten, weil zu viele Unfälle geschehen, wenn der Schlag zu weit ausfällt. Und ein paar Monate später geraten zwei junge Damen in die Fänge der Polizei, aber kommen noch mal mit einer Verwarnung davon, als sie in ausschließlich Herren vorbehaltenen Radlerhosen den Bois de Boulogne durchfahren. Hosen sind für Damen unschicklich, weil sie nicht nur zwei Beine deutlich zeigen, sondern auch all das, was zwischen ihnen liegt, erahnen lassen.

Gabrielle ist die Vorreiterin der feministischen Moderevolution. Dieser Begriff ist nicht übertrieben oder gar unpassend, denn die große französische Revolution hatte Männern ja auch erst die Hose – so wie wir sie heute kennen – beschert. Die »Sansculottes« um Marat und Robespierre trugen nämlich lange Hosen, um sich sichtbar gegen den Dresscode der Aristokraten, die zu den blusigen Gewändern Knickerbocker oder enge, knielange Hosen trugen, aufzulehnen.

Nun ist die Zeit der Frauen gekommen. Die Chanel reagiert instinktiv, ohne etwas über die Geschichte zu wissen und die symbolische Tragweite ihrer Mode zu kennen. Sie macht einfach Geschichte.

Gabrielle bekommt ihre Hosen schließlich doch vom Schneider angefertigt und treibt das Spiel bald noch weiter. Sie bestellt für sich weiße Blusen mit kleinen Herrenkragen, Strickkrawatten und Tweedsakkos. Sie hat sich nun in den britischen Chic, den nicht mal die französischen Männer bis dato für sich entdeckt hatten, verliebt. Etienne ist machtlos bei dieser Demonstration von Unabhängigkeit, die nun für alle offensichtlich ist. Er versteht seine Coco nicht mehr, sie gehört ihm nun gar nicht mehr. Gutmütig wie er aber ist, leiht er ihr trotzdem seine Män-

tel und Strickjacken, die sie für ihr Outfit braucht. Sie kombiniert die tollsten Sachen miteinander und sieht immer umwerfend aus.
Coco Chanel ist nicht mehr Balsans eher nichtssagende Spielgefährtin vom Anfang ihrer Beziehung. Später bemerkt sie treffend, als sie auf diese Zeit zurückblickt: »Ich zeigte mich regelmäßig bei den Pferderennen. Ich trug meinen Strohhut weit ins Gesicht gezogen, dazu ein kleines strenges, schlichtes Kostüm und beobachtete die Rennen mit dem Fernglas. Ich war mir eigentlich sicher, daß sich niemand für mich interessierte. Aber das ist in der Provinz nie der Fall. In Wahrheit bot jedes kleine, schlechtgekleidete, absurd aussehende Geschöpf mit seinen Zöpfen ein willkommenes Gesprächsthema für alle.«
Der Spieß hat sich also mittlerweile zu ihren Gunsten umgedreht. Und dabei sind Kleidungsfragen für sie keine netten, kekken oder banalen Nebensächlichkeiten, denn die Mode wird bald das Leben der Chanel sein.
Zunächst intensiviert sie ihre Hutproduktion. Nachdem sie bisher ihren guten Bekannten aus Freundschaft nur ein paar Modelle gefertigt hatte, bekommt sie nun regelrechte Bestellungen. Deshalb fährt sie jetzt regelmäßig von Compiègne nach Paris. Vom Bahnhof Saint-Lazare aus ist es nur ein kleiner Fußmarsch zu den großen Kaufhäusern »Printemps« und »Galéries Lafayette«. Hier kauft sie, bevorzugt in der Herrenabteilung, einfache Hüte, die sie dann in »Royallieu« umarbeitet und verkauft.
Im Jahr 1908 begeben sich Etienne und Gabrielle auf eine Treibjagd nach Pau in den französischen Pyrenäen. Bei der Jagdgesellschaft macht sie die wohl wichtigste Bekanntschaft ihres Lebens: »In Pau traf ich einen Engländer. Wir stellten uns bei einem Ausritt einander vor, schließlich lebten wir alle vorrangig auf dem Rücken der Pferde. Der Junge war schön, sehr dunkel, attraktiv. Ja, er war mehr als schön, er war atemberaubend. Ich bewunderte seine Nonchalance, seine grünen Augen.

Er hatte die stolzesten Pferde. Ich verliebte mich in ihn. M. B. hatte ich nie geliebt. Zwischen diesem Engländer und mir bedurfte es keines Wortes.«
Es ist Arthur Capel, von seinen Freunden wird er Boy genannt. Seine Anwesenheit, sein Anblick wirft die Chanel förmlich um. Und die vergilbtesten Fotos lassen auch heute keinen Zweifel an der magnetischen Schönheit von Boy Capel zu. Man sieht meist nur ihn darauf, mit seinen schwarzen, streng nach hinten gekämmten, gelackten, glänzenden Haaren. Sein dunkler Teint läßt seine hellen, grünen Augen hypnotisierend wirken. Er ist sehr feingliedrig und stets elegant gekleidet. Sieht Boy Capel aus wie Clark Gable in »Vom Winde verweht«? Oder orientiert sich gar Rhett Butler an Arthur Boy Capel? Alle Möglichkeiten sind denkbar. Ja, er ist von einer geradezu überwältigenden, überlegenen Schönheit.
Alles unterscheidet ihn von Etienne Balsan: Boy ist ehrgeizig und erfolgreich. Als ambitionierter Selfmademan besitzt er im englischen Newcastle bereits eine kleine Flotte von Kohleschiffen. Polospielen ist nur sein Hobby. Die Segnungen einer englischen Eliteerziehung sind an ihm auch nicht spurlos vorbeigegangen. Boy Capel hat die englischen Adelsschulen Beaumont und Downside besucht. Im Gegensatz zu Etienne wußte er beim Stichwort Humanismus einiges zum Thema beizutragen.
Doch als unbeschwert empfindet er sein Dasein nicht. Denn in Boys Unterbewußtsein hat sich die Gewißheit seiner zweifelhaften Herkunft eingebrannt. Wer sein Vater ist, weiß er nicht. Es gibt hier zwei Möglichkeiten.
Eine spektakuläre Theorie besagt, daß seine Mutter die Geliebte des englischen Königs Edward VII. war. Glaubhafter jedoch erscheint die Version, daß Boys Vater der mächtige Pariser Banker jüdischer Herkunft, Péreire, gewesen ist. Auch seine Mutter ist früh gestorben. Boy Capel wird sich über dieses einschneidende Unglück in seinem Leben, über seine Vergangenheit ausschweigen. So wie Gabrielle. Aber von diesem Umstand weiß

sie noch nichts, als sie sich in Pau in ihn verliebt: »Es herrschte erst mal Schweigen zwischen uns.«
Nichts weist darauf hin, daß Boy die Liebe Gabrielles gleich erwidert. Aber auch er fühlt sich sichtlich von ihr angezogen und ist ab dem Jahr 1908 auf »Royallieu« regelmäßiger Gast. Eine ganze Reihe von Fotos aus dieser Zeit geben Auskunft über die Art des Zeitvertreibs im Schloß. Man feiert Kostümfeste, bei denen Gabrielle oft den jungen Pagen, Balsan den Ehemann und Boy ein Baby spielt. Man liefert sich die im Hause Balsan üblichen Kissenschlachten, die Damen messen ihre Kräfte schon mal in wagemutigen Wettrennen auf Eseln.
Boy ist es zu verdanken, daß nun – nach Gabrielles Urteil – immer interessantere Leute dazukommen. Etwa die gestandene renommierte Schauspielerin Gabrielle Dorziat.
Kurz, die Pariser Kulturszene gibt sich ein Stelldichein, in der der belesene Arthur Capel sich wie zu Hause fühlt. Er hat Wissen von vielem, von dem Gabrielle, die bisher noch niemals etwas gelesen hat, und das man als Literatur bezeichnen muß, nichts ahnt. Doch sie spürt: »Boy Capel hatte eine enorme Kultur.« Und: »Ich wußte nichts von der Welt... Nichts von dem, von dem ganz Paris schon längst sprach, was aber nirgends geschrieben stand. Ich war zu stolz, um Fragen zu stellen, und blieb deshalb lieber unwissend.«
Boy Capel verfügt über all das, was Gabrielle beeindruckt. Sie zögert nun nicht mehr, sich zu verlieben. Und es auch zu zeigen. Obwohl sie doch eigentlich seit ihrer Kindheit und den jähen Trennungen von Mutter und Vater aufrichtige Gefühle zu Zeichen der Charakterschwäche erklärt hatte.
Auf den gemeinsamen Fotos glänzen Gabrielles kohlrabenschwarze Augen nun zum ersten Mal. Man spürt ihre aufgeregte Röte, so sehr verschlingt sie ihren Boy mit Blicken. Sie hat ja so viel zu lernen! Wenn die anderen Rennergebnisse studieren, liest er in aller Ruhe Nietzsche und Voltaire. Wenn Etienne Balsan mal wieder nächtens an den Schlafzimmern vorbei-

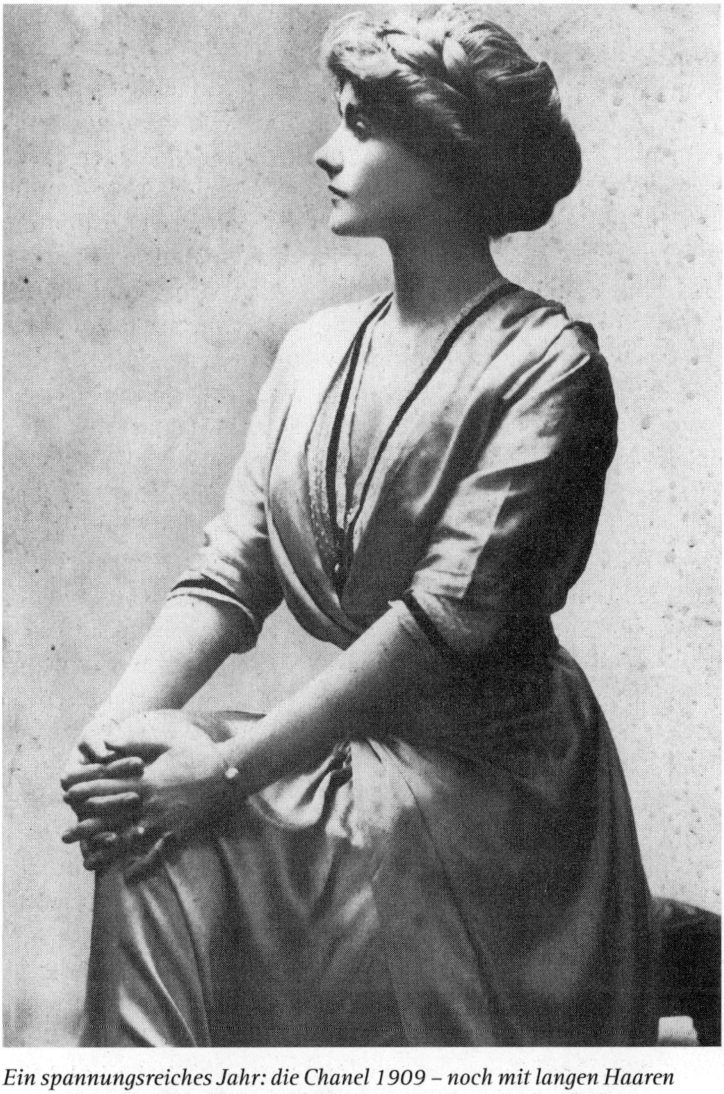

Ein spannungsreiches Jahr: die Chanel 1909 – noch mit langen Haaren und weitem Kleid. Bald darauf eröffnet sie ihr erstes Hutgeschäft in Deauville. Ihr Aufstieg beginnt. (Foto: Archiv für Kunst und Geschichte, Berlin)

schleicht, um einen kindischen Streich zu spielen, etwa sämtliche Schuhe auf dem Parkett festzunageln, quittiert Boy es mit einem lauten Lachen. In was für eine Gesellschaft ist er da geraten? Aber auch Boy kommt eigentlich nur wegen Gabrielle nach »Royallieu«. Auch er ist fasziniert von ihr.

Wann und ob der Liebesreigen von Gabrielle in eine Ménage à Trois ausartet, ist schwer zu sagen. Wird Boy Capel erst im Jahr 1909 ihr Geliebter? Man weiß es nicht. Es ist aber wahrscheinlich, daß sie in »Royallieu« ein Bäumchen-wechsle-Dich-Spiel auslöst, von dem sie später gerne sagen wird, daß nur so ein natürlicher, sanfter Übergang – ohne Tränen und Skandale – möglich gewesen sei.

Gabrielle ist aber schuld, daß Etienne Balsan in diesen Tagen endlich erwachsen wird. »Als ich mich in Boy Capel verliebt habe, merkte Etienne erst, daß er mich liebte.« Sie ist nicht mehr seine Spielkameradin und keine gute Freundin mehr. Etienne entdeckt eine andere Gabrielle Chanel, eine begehrenswerte Frau. Ein Vulkan, wie sie selbst sagt. Der nun endlich explodiert – aus Leidenschaft.

Gabrielle gibt ganz geschickt einen bestimmten Vorwand an, um Etienne zu verlassen, denn die Hutmacherei beschäftigte sie nun fast täglich: »Etienne, willst Du mir nicht Deine Pariser Wohnung leihen, damit ich ein Geschäft eröffnen kann?« fragt sie ihn unschuldsvoll. Etienne ist entsetzt, allein bei dem Gedanken, eine Frau, die vor den anderen noch als seine gilt, arbeiten zu lassen. Denn die Gesellschaft könnte nur eine logische Schlußfolgerung daraus ziehen: daß er ein Geizhals ist oder sich gar in Geldnöten befindet. Erniedrigend!

Natürlich ist Boy Gabrielles bester Anwalt: »Allez, Etienne, laß sie doch. Coco hat Talent.« Aber die wahren Beweggründe für seine Fürsprache sind natürlich andere. Er will Gabrielle für sich allein. Etienne gibt nach, überläßt ihr seine kleine Junggesellenbude am 160, boulevard Malesherbes. Er begehrt Gabrielle immer heftiger und ist Wachs in ihrer Hand.

Etienne hat aber schon verloren. Später wird er Größe und sportliches Fairplay beweisen und seine Jahre mit Gabrielle nur mit einem einzigen Satz kommentieren: »Ich habe sie in den Sattel gehoben.«

Und Coco Chanel wird über ihre beiden Männer sagen: »M. B. und Capel hatten Mitleid mit mir. Sie hielten mich für ein armes, einsames Spätzlein. Dabei war ich eine Wildkatze.«

4. KAPITEL

Die große Liebe

Coco Chanel hat den Ruf, am liebsten sofort ihre Urteile zu fällen. Ihre kurzen, abgehackten Sätze sind wie Giftpfeile, ihre Erzählungen dagegen episch breit und unwahr wie Märchen. Doch alles beweist ihre beeindruckende Intelligenz. Auch die sanften, feierlichen, schönen Worte, mit denen sie Boy Capel dem Schriftsteller Paul Morand später beschreiben wird, sprechen für sich. »Er war das große Glück meines Lebens. In ihm hatte ich einen Menschen getroffen, der mich nicht entmutigte. Er hatte eine sehr starke Persönlichkeit…, er hat mich geformt. Er hat aus mir alles, was einzigartig war, rausgeholt und den Rest zur Reifung zur Seite gelegt. Mit 30, einem Alter, in dem viele junge Leute ihr Vermögen rausschmeißen, hatte Boy Capel sein eigenes mit Kohlentransporten schon verdient. Er besaß außerdem einen Polostall. Er war in London so etwas wie ein Salonlöwe. Für

mich war er Vater und Bruder gleichzeitig – meine ganze Familie.«
Es kann keine schönere Liebeserklärung aus dem sonst so spitzen Mund von Gabrielle geben. Daß sie ihn geliebt hat wie keinen anderen, ist mit Sicherheit wahr. Vielleicht ist es sogar die einzige Wahrheit, die sie über private Dinge zeit ihres Lebens überhaupt erzählt hat. Boy ist ihre Familie, ihr Vater, ihr Bruder. Diese Gewißheit, daß auch er sie liebt, hat sie schon 1909. Gabrielle läßt sich endlich gehen. Sie sinkt glücklich in die Arme von Capel. Sie liebt ihn so sehr, daß sie auch von ihrer Liebe zu Boy allein leben könnte. Aber instinktiv merkt sie, daß sie einen weiteren Anlaß braucht, um ihm zu imponieren: ihr Hutatelier am 160, boulevard Malesherbes.
Paris hatte nicht gerade auf sie gewartet. Die Stadt ist voll von Modistinnen, die der High Society ihren Kopfputz aufs Haupt diktieren. Camille Marchais, Charlotte Enard, Suzanne Talbot und die Lewis sorgen dafür, daß die Damen nie allzuviel Haar zeigen. Hüte sind noch genauso Pflicht wie lange Ärmel. Nur die Tennisspielerin Suzanne Lenghien traut sich irgendwann nur mit einem Stirnband, also halbnackt, auf die Straße.
Die erste wichtige Tat im Geschäftsleben von Coco Chanel: Von Lewis wirbt sie die Modistin Lucienne Rabaté ab. Sie ist eine hervorragende Handwerkerin, und Gabrielle hat kaum praktische Grundkenntnisse. Aus Moulins läßt sie ihre kleine Schwester Antoinette kommen. Genauer gesagt: Sie gibt ihr die Anweisung, sich nach Paris aufzumachen, ohne daß Antoinette Einzelheiten ihrer zukünftigen Arbeit überhaupt kennt: »Du kommst, und damit basta«, befiehlt die große Schwester. Gabrielle geht mit allen, die ihr unterlegen scheinen, äußerst autoritär um. Die Tatsache, daß sie die kleine Antoinette vor dem sicheren Untergang in irgendeinem billigen Etablissement rettet, reicht ihr als Erklärung ihres Tuns völlig. Auch die Schwester hatte – wie sie – erfolglos versucht, in den Musichalls der ihr verhaßten Provinzmetropole Moulins ein Engagement zu finden.

Das Trio macht sich mit frischem Mut an die Arbeit. Gabrielle entwirft die Hüte, empfängt die Kunden und berät sie. Lucienne näht, und Antoinette kümmert sich um den Rest. Sie ist die Verläßliche, öffnet morgens und schließt die Boutique am Abend. Sie schläft im Hinterzimmer, wenn Gabrielle schon längst mit Boy ausgeflogen ist.

Er ist keine fünf Jahre älter als sie, aber ihr Mr. Higgins. So als plane er, ihr nun endlich zu erklären, wo es langgeht, schlägt er ihr vor, den Provinzschneider aus La-Croix-Saint-Ouen nun endlich zu vergessen und etwas Gescheites anfertigen zu lassen: »Wenn Dir schon so viel daran liegt, laß ich Dir den ganzen Kram, den Du so trägst, bei einem britischen Schneider nähen. Dann sind sie wenigstens elegant.« Und er hat recht: In Paris kann man mit Provisorien nichts werden. Wenn sie sich wirklich einen Namen machen will, muß sie ab jetzt auf absolute Perfektion achten. Boy Capel hat auch einen ausgewählten Geschmack und duldet selbst in seiner Nähe kein Mittelmaß. Er ist ständig zwischen London und Paris unterwegs und läßt seine dreiteiligen Anzüge nur bei den edelsten Tuchmachern und besten Schneidern des britischen Königreichs fertigen. By appointment of the Queen only.

Er liebt aber Gabrielles Temperament und fühlt, daß hinter ihrem spontan entwickelten Stil mehr steckt. Dabei hilft ihm auch sein Instinkt für Geschäfte, der ihn reich gemacht hat. Er war mit seinem Gespür für Geschäfte immer im richtigen Moment am richtigen Platze.

Auch die ihm von Gabrielle insgeheim zugewiesene Rolle des Vaters reizt Capel. Es besteht ja auch noch so viel Handlungsbedarf bei dem Provinzmädchen. So schleppt er Gabrielle mit einer Autorität, die keinen Widerspruch duldet, zu seinem Pariser Augenarzt. Niemand hatte sich bisher um ihre starke Kurzsichtigkeit gekümmert. Niemand hatte der Tatsache, daß sie immerzu mit den Augen blinzelt, Aufmerksamkeit geschenkt. Boy Capel tut es. Und an dem Tag, an dem Gabrielle mit ihm zusammen ihre erste Brille entgegennimmt, reagiert sie mit einem zynischen, aber nicht minder begeisterten Aufschrei: »Oh, ich wußte ja gar nicht, wie häßlich die anderen alle in Wirklichkeit sind«, ruft sie konsterniert aus. Das ist die Chanel, wie sie leibt und lebt.

Das Hutatelier mausert sich zu einem Geschäftserfolg. Daß Gabrielle aus einem Nichts etwas zu machen weiß, spricht sich in Paris schnell rum. Auch daß die zwei jungen Damen, Antoinette und Gabrielle, bei der Arbeit um die Wette singen, ist in Caféhäusern schon bald ein Thema. Und auch daß ständig Herren in der Boutique herumscharwenzeln, weiß die gesamte Society. Aber Gabrielle sieht keinen Grund, Boy oder auch Léon de Laborde und Etienne Balsan im Hinterzimmer zu verstecken, wenn sie auf einen Plausch reinkommen.

Ein Modistinnenatelier, in dem sich Vertreter beider Geschlechter die Klinke in die Hand geben, das kann doch nur ein hochinteressanter, prickelnder Treffpunkt sein. Aber all das ist zu viel für Lucienne Rabaté, die es keine acht Monate bei Chanel aushält. Sich in einem Taubenschlag zu befinden, wo mit gleicher Freundlichkeit die edlen Damen und auch ihre Widersacherinnen, die Mätressen der edlen Herren, bedient werden, hat ihr schon zu oft die Schamröte ins Gesicht getrieben. Nein, hier wird nicht seriös gearbeitet. Lucienne knallt entsetzt die Tür hinter sich zu.

In dieser Zeit geben zahlreiche Modezeitschriften so detailliert vor, welche Farben und Materialien zu tragen sind, daß die persönliche Improvisation sofort immer einem Geschmacksfehler gleichkommt. Und so spricht in den Jahren 1908 bis 1910 ganz Paris begeistert von einem neuen Modemacher: Paul Poiret. Er macht in diesen Tagen gerade mit einer – gegenüber seinen eher für einen barocken Stil stehenden Vorgängern Worth und Paquin – schon sachlicher wirkenden, geraderen Linie Furore. Diese relative Einfachheit in den Schnitten schmückt er aber mit prunkvollen orientalischen Stickereien.

In Coco Chanels Augen ist das nur eine andere Form der Übertreibung. Und der Meister der Epoche findet in Gabrielles Augen keine Gnade: »Ich verehrte das Schöne und haßte instinktiv alles, was nur hübsch war. Ich sagte immer, was ich dachte. Ich hatte schon ein sehr sicheres Urteilsvermögen für mein Alter.« Ihr Blick war geschärft für diese neue Schönheit in der Mode.

Gabrielles klares Urteilsvermögen war ihr auch im Privatleben nützlich. »Die schönen Frauen von Boy«, so nennt sie unerschrocken einfach seine anderen Geliebten. Und duldet diese Situation – klug wie sie ist. Sie weiß aber sehr wohl, daß sie für den »schönsten Mann von allen« nicht irgendeine Frau ist. Sie kennt ihren Wert und tut alles, um ihn zu hüten wie einen wertvollen Schatz. Um ihn nicht hergeben zu müssen, erträgt sie es, ihn zu teilen. Manchmal fragt sie ihn: »Warum bleibst Du bei mir, ich bin doch gar nicht hübsch.« Dann reißt Boy sie jedes Mal an sich und sagt: »Natürlich bist Du nicht hübsch. Dafür bist Du aber das Schönste, was ich im Leben habe.«

Paul Morand ist Zeuge einer der romantischsten, leidenschaftlichsten Liebesbeziehungen des Jahrhunderts, der Romanze zwischen Boy und Coco. Aus diesem Stoff hat er dann schon zu ihren Lebzeiten einen Roman gemacht: »Lewis und Irène«. Mit Lewis ist hier zweifellos Boy Capel gemeint, über dessen sexuellen Appetit Morand folgendes schreibt: »Frauen braucht er immer, er weiß nicht mal warum. Er braucht Frauen, um sie zu studieren, um sie mit Geschenken zu überhäufen, um sie zu betören, um sie zu erziehen, um sie zu zerstören, um sie zu verlassen, seine Wut an ihnen abzulassen, um das Bett zu wärmen.«

Lewis macht mit der Sorgfalt des besessenen Liebhabers Notizen über seine Frauen: »Nr. 411. Halphen (Georgette), 28 Jahre alt. Dunkelhaarig, sehr besessen. Raucht Zigarren. Im Auto vor dem Innenministerium etc.« – »Nr. 412, Renoir (Ernestine), 17 Jahre. Arbeitet in Käseladen. Jungfrau. Sommersprossen. Sehr zarte Haut. Morgens getroffen, abends in den Wald mitgenommen etc.« – »Nr. 413. Jeanne de Roqiebeil (Berthe, Alice), 27 Jahre, Krankenschwester im Hospital B. Am Place de L' Opéra getroffen. Verheiratet. Nervenkrank ... Viel Busen. Macht nichts.«

Vielleicht ist es übertrieben, daß Boy Capel über seine Eroberungen so pedantisch Buch führt. Doch er ist ein Jäger, der sein Können gegenüber seinen ständig wechselnden Liebhaberinnen immer unter Beweis stellen muß. So wie er den Stand seiner Aktien an der Londoner Börse kontrolliert, überwacht er sein Liebesleben. Gabrielle hat durch ihn die Sinnlichkeit entdeckt, die auch in ihrem Leben eine große Bedeutung bekommen wird. Und: Sie findet es schmeichelhaft, die Frau Nummer eins im Leben eines unersättlichen, unwiderstehlichen Mannes zu sein.

Mit Gabrielle zusammen nimmt sich Boy sogar Anfang des Jahres 1910 eine gemeinsame Wohnung. Die beiden Liebenden beziehen ein Appartement in der avenue Gabriel, einer schönen Kastanienallee zwischen den Champs-Elysées und dem Elysée-Palast. Eine Gegend, in der »man« wohnt. Boy richtet das Liebesnest nach seinem Geschmack ein. Er hat eine Vorliebe für fernöstliche Religionen und Philosophien. Auf dem Kaminsims thront so ein Buddha. Die Regale sind vollgestopft mit Büchern hinduistischer Lektüre, politischen Sachbüchern und klassischer Literatur. Boy Capel sammelt zudem wertvolle chinesische Lackparavents.

Für Gabrielle beginnt eine glückliche Zeit. Sie kann sich nun vor Tout Paris als offizielle Frau von Capel zeigen. Es vergeht kein Abend, an dem sich die beiden nicht dorthin begeben, wo man einfach gesehen werden muß. Sie dinnieren regelmäßig im Café de Paris und werden bei Maxim's wie gute Freunde empfangen. Boy und Gabrielle sind Stammgäste in der Oper und in den wichtigsten Theatern von Paris.

In diesen kribbelnden, spannenden Jahren kommen Premieren

oft Revolutionen gleich. Die Avantgarde hat das Sagen, und wenn der Vorhang fällt, wird »Skandal« oder »genial« gerufen, protestiert oder vor Begeisterung getrampelt. Paris ist nicht lauwarm, nicht gleichgültig, dort weiß man, was außerordentlich ist. Und gerade in dieser Atmosphäre macht Gabrielle Bekanntschaft mit dem wirklichen Kulturleben.
Als sie bei einer der ersten Pariser Choreographien des Russischen Balletts von Diaghilev aufgeregte Anti-Bourgoisie-Parolen interessiert vernimmt, weiß sie rasch, zu welchem Lager sie gehören will: dem der Protestler. Die Primaballerina Isadora Duncan fasziniert sie: Sie entdeckt, daß man mit Hilfe der Sprache des Körpers auch noch andere Möglichkeiten hat, Freiheit zu fordern, als ihn nur in Hosen zu stecken. Tanz ist für sie ein wunderbares Medium. Doch wenn Gabrielle Sarah Bernhard sieht, kann sie für die alternde Schauspielerin nur Verachtung empfinden. Vielleicht aber auch nur, weil Tante Julia sie früher verehrt hat und sie damit so viel assoziiert.
Boy Capels gute Freunde aus dem Theatermilieu werden auch Cocos. Die Schauspielerinnen Gabrielle Dorziat und Jeanne Lery sowie die Opernsängerin Marthe Davelli, deren Ähnlichkeit mit Coco oft zu amüsanten Verwechslungen führt, mag sie besonders. Die »große Ignorantin Gabrielle« – wie sie sich selber bezeichnet – nimmt den Künstlereingang, um endlich, endlich mit den schöngeistigen Dingen des Lebens Bekanntschaft zu machen. Es gibt für sie viele glückliche Zufälle, die ihrem Schaffen nutzen. Die aber vielleicht auch keine sind, wenn man das Zeug zu einer Legende hat.
Der Umzug vom boulevard Malesherbes in ein größeres Atelier wird im Winter 1910 unumgänglich. Boy Capel bürgt für einen Kredit bei der Londoner Lloyd's-Bank, dessen Gesellschafter er übrigens ist. Gabrielle findet geeignete Räume in der rue Cambon. Eine gute Adresse. »Chanel Modes« etabliert sich im Erdgeschoß der Nummer 21. In den Statuten des Kaufvertrages steht, daß es ihr verboten ist, andere Modeartikel als Hüte zu verkaufen,

weil sich in den oberen Etagen schon ein Schneider angesiedelt hat. Das hindert Gabrielle zunächst daran, den Wunsch nach einem immer größer werdenden Kundenkreis in die Tat umzusetzen. Sie darf also noch keine Kleider im Chanel-Stil machen.
Boy Capel läßt Gabrielle bei »Chanel Modes« natürlich freie Hand. Er vertraut ihr und hätte sicherlich niemals etwas in ein hoffnungsloses Unternehmen investiert. Er läßt es sich aber nicht nehmen, Gabrielles erste Assistentin selbst zu engagieren: Mademoiselle de Saint-Pons. All das tut er, um der neuen Mitarbeiterin Gabrielles folgende Order zu geben: »Tun Sie alles, damit sie sich amüsiert. Und: »Tun Sie alles, damit sie sich nicht verändert.« Boy Capel ist ein Mann mit Charisma, er holt das Einzigartige aus Coco raus und pflegt seine Orchidee überaus sorgsam. Dabei treibt ihn auch sicherlich seine eigene Egozentrik. Die Grenzen zwischen seiner Hingabe und der Faszination, ein Geschöpf zu kreieren, sind bei ihm ohne Zweifel verschwommen.
»Unser Haus war voller Blumen, aber hinter diesem ganzen Luxus und allem, was einen gut erzogenen Engländer so ausmacht, blieb Boy Capel doch sehr streng. Er bildete mich aus und ersparte mir nichts. Er kommentierte mein Tun ohne Unterlaß: ›Das hast Du schlecht gemacht. Du hast gelogen... Du hast unrecht gehabt.‹ Er hatte diese sanfte Autorität der Männer, die Frauen sehr gut kennen, die sie lieben, ohne blind gegenüber ihren Schwächen zu sein.« Coco Chanel nimmt alles von Boy Capel an. Die, die später – zwar eher unfreiwillig – eine wichtige Rolle im Emanzipationskampf der Frauen spielen wird, schätzt seine Autorität, zumindest in ihren Erzählungen wird sie eine verklärte Erinnerung daran behalten. Sie bewundert in Boy ihren Macher, die Vaterfigur. Sie hat schließlich schon soviel Kraft darauf verwandt, ihrem eigenen Vater ein schönes Leben zu malen, ihm zu verzeihen und ihre Erinnerung an ihn in einem besseren Licht erscheinen zu lassen, daß sie sich endlich auch mal anlehnen will.

In der 21, rue Cambon verdient Gabrielle schnell genügend Geld, um ihren Lebensstandard deutlich anheben zu können. Doch von finanziellen Dingen versteht sie nichts. Sie glaubt zunächst, daß jeder Schein, der in der Kasse landet, schon ihr redlich verdientes Geld ist. Gabrielle meint, daß sie schon reich und unabhängig von Boy Capel ist, und gibt sehr viel Geld aus, um die Wohnung in der avenue Gabriel auszustatten. Sie ist auch sehr großzügig gegenüber ihren Freundinnen. Eines Tages bekommt Capel einen Anruf von der Bank: Mademoiselle solle doch ihre Ausgaben überprüfen, lautet der professionelle Rat. Als er ihr von dieser Mahnung erzählt und ihr erklärt, was es bedeutet, daß er für sie bürgt, ist Gabrielle außer sich vor Wut.

»Ich hatte nicht die geringste Ahnung von den Unkosten, von Buchhaltung und so. In der rue Cambon herrschte das größte Chaos, das man sich denken kann. Meine einzige Sorge galt der Form der Hüte, und es war mir ein kindliches Vergnügen, mich ›Mademoiselle‹ nennen zu lassen ...« Aber an dem Tag, an dem Boy sie zur Vorsicht mahnt – worauf ein gewaltiger Streit folgt –, legt Gabrielle ihre kindliche Naivität in geschäftlichen Dingen ein für alle Mal ab, und die Busineß-Frau Coco Chanel ist geboren. Sie gibt die Warnung zunächst an ihre Mitarbeiter weiter: »Ich bin nicht hier, um mich zu amüsieren, um Geld auszugeben. Ich bin hier, um reich zu werden. Ab sofort gibt niemand mehr einen Centime aus, ohne mich um Erlaubnis zu bitten.« Boy Capel seufzt: »Coco, du bist stolz und hochmütig. Du wirst noch dafür leiden müssen.«

Langsam und sicher macht sich Coco Chanel einen Namen in der Pariser Modewelt. Die Verkaufszahlen des Ateliers in der rue Cambon steigen stetig an. Sie weiß, daß viele Kundinnen zum ersten Mal allein deshalb kommen, um sie, die androgyne Mademoiselle, zu sehen. Diese Neugierde sieht sie anfänglich mit Unwohlsein und auch mit einer gewissen Schüchternheit. Später aber wird sie es besser als die anderen verstehen, sich

selber zu vermarkten, einen Mythos um ihre Person zu kreieren. Doch um dahin zu kommen, braucht sie noch etwas Zeit.
An ihrem Erfolg sind auch Gabrielles Freundinnen beteiligt. So etwa die Schauspielerinnen, die ihre Modelle tragen. Gabrielles Hüte werden inzwischen auch in der Modepresse gezeigt und kommentiert. 1910 in der Herbstausgabe der Zeitschrift »Comedia Illustrée« stellt sie als Modell persönlich ihre Kreationen vor. Auf dem Titelfoto ist zudem die Schauspielerin Lucienne Roger mit einem Chanel-Hut zu sehen. Dieselbe Zeitschrift veröffentlicht dann über fünf Monate hinweg, bis ins Frühjahr 1911, regelmäßig Abbildungen von ihren neuesten Kreationen. Andere Blätter zeigen ihre Hüte als Accessoires zu den Kleidern von Paquin und Doucet.
Im Jahr 1912 spielt Gabrielle Dorziat die Hauptrolle in einer Theater-Adaptation von Guy de Maupassants »Bel Ami«. Die Kostüme sind von Paquin. Coco überzeugt die Dorziat davon, ihr den Auftrag für die Hüte zu geben. Die Chanel kreiert zwei Nichtereignisse: simple Strohhüte, die Dorziats Schönheit besonders unterstreichen und vor allen Dingen, die viel über ihre Stilsicherheit und ihr Selbstbewußtsein in Sachen Mode aussagen.
Gabrielle arbeitet außerordentlich viel, und ihr angenehmster Lohn sind die bewundernden Blicke von Boy Capel. Nach Aussage ihrer Freundin, die später ihre heimliche Analytikerin ist, Claude Delay, erleidet sie in den glücklichen Pariser Jahren eine Fehlgeburt und wird nach der daraufhin folgenden Operation endgültig keine Kinder mehr bekommen können. »Ein kleiner Schnitt mit dem Skalpell nimmt ihr die Freuden des weiblichen Lebens.« Hinter diesem etwas pathetischen Satz wird auf die Tatsache der von Gabrielle später oftmals bedauerten Kinderlosigkeit hingewiesen. Worin genau sie begründet ist, bleibt ihr Geheimnis. Ihr Aufenthalt in einer Klinik des 16. Pariser Arrondissements nimmt ihr alle Hoffnung auf ein Baby und eine eigene glückliche Familie.

Ja, alles ist jetzt nur noch für Boy Capel. Gabrielle lebt zu ihrem Vergnügen, aber mehr noch, um Boy Capel alles schön zu gestalten. Sicherlich ist die Erotik ein wichtiger Verbindungsfaktor zwischen den beiden, allerdings geht ihre Beziehung weit darüber hinaus.
Der Anblick von Isadora Duncan bei einer privaten Vorstellung weckt in Gabrielle neue Träume. Wenn Isadora – den Körper meist voll Morphium gepumpt – eine Tanzimprovisation beginnt, wird oftmals ein erotischer Dialog daraus. Die Muse der Komponisten Eric Satie und Maurice Ravel kann nicht tanzen – also leben –, ohne ständig von einem Hof von Bewunderern, der sie in Ekstase sehen will, umgeben zu sein. So viel Freiheit im Ausdruck, so viel an Wahnsinn grenzende Selbstaufgabe empfindet Gabrielle zwar als schockierend, aber wenn sie nur die Hälfte von dem, was die Duncan da macht, könnte, so fände sie das wunderschön. Folglich setzt sich Gabrielle in den Kopf, nun tanzen zu lernen. Schließlich hat sie nach den Gesangsmißerfolgen noch eine künstlerische Revanche zu nehmen. Ihr Ehrgeiz treibt sie an, sie will sich auch in dieser Disziplin beweisen. Sie nimmt sich eine private Tanzlehrerin: Caryathis. Sie zeichnet die Besonderheit aus, daß sie kurze Haare trägt, was absolut ungewöhnlich für eine Tänzerin des hauptsächlich klassischen Fachs ist. Eine wahre Exzentrikerin. Außerdem lebt sie im Künstlerdorf Montmartre. Das Stadtzentrum zu verlassen, um den Berg am Nordrand der Hauptstadt zu besteigen, das ist für Coco eine Wanderung zwischen zwei Welten. Ihr Weg führt sie vom Quartier des Chics in die rue Lamarck, der Hochburg der Boheme. Die Nachbarn der Caryathis heißen Pablo Picasso, Juan Gris und Utrillo.
Gabrielle ist sehr sportlich, sehr beweglich, aber nach einigen Monaten bei der Caryathis gibt sie das harte Training auf. Sie haßt das Mittelmaß und hätte wohl sofort die Disziplin gewechselt, wenn sie eine gute Tänzerin gewesen wäre, aber so nicht. Statt dessen kehrt sie zu ihren Hüten zurück, die sie zwischen-

zeitlich nur vernachlässigt, nicht aber aufgegeben hatte. Sie wird den Tanz allerdings als sportliche Übung beibehalten, da sie dadurch ihren Körper, den sie lange als zu mager empfunden hatte, besser akzeptieren kann. Ihre androgyne Schlankheit, ihr kleiner Busen, passen zu ihr, das weiß sie jetzt.

***

Es sieht so aus, als würde das neue Jahrhundert sein Versprechen, ein harmonisches zu werden, nicht halten können. Im Oktober 1912 bricht der Balkankrieg aus. Europa rüstet auf, die Nationen schließen Bündnisse im Hinblick auf einen drohenden Konflikt. In den Städten des alten Kontinents gibt es soziale Probleme zuhauf. Die Massen erheben sich. Die erste bolschewikische Revolution war in Rußland 1905 niedergeschlagen worden, die einflußreiche Duma sollte noch zwölf Jahre den kommunistischen Revolutionären trotzen. Englische und französische Gewerkschaften wählen den aggressiven Weg, um ihre Forderungen durchzusetzen. Streiks legen die Wirtschaft lahm, Straßenkämpfe sind an der Tagesordnung.

Im Jahr 1913 ziehen über Europa schwarze Gewitterwolken auf, die ein Jahr später den Anfang des Ersten Weltkriegs bedeuten werden. Die sozialen Kämpfe interessieren Gabrielle Chanel nicht. Sie hat ihren festen Platz im mondänen Paris und zeigt kein Verständnis für die Klasse, in der sie geboren wurde. Sie hat sich selbst ja bewiesen, daß es mit dem nötigen Willen einen Weg nach oben gibt. Alles andere hält sie für Schwäche. Die Forderungen der Massen sind ihr gleichgültig. Sie hat ihren Weg, der in einem Armenhaus begann und unaufhaltsam nach oben führte, alleine und stetig zurückgelegt. Dem Tüchtigen gehört die Welt.

Boy Capel spürt die drohende Gefahr und plant seinen Rückzug in sichere Gefilde. Deauville in der Normandie scheint ihm der ideale Ort, um im Notfall zwischen England und Frankreich hin

und her pendeln zu können. Denn nur der Ärmelkanal trennt die beiden Länder.
So richten sich Boy und Coco in den ersten Tagen des heißen Sommers 1913 im Hotel »Normandy« ein. In dem Luxushotel beziehen sie eine Suite mit Blick aufs Meer. Deauville ist ein wahres Paradies für Snobs. Die Enklave der Reichen wurde Mitte des 19. Jahrhunderts gebaut, mit allen Annehmlichkeiten. Äcker, Weiden und Dünen mußten einem Thermalbad Platz machen. Dieses bot alle modernen Kuranwendungen an und hatte Dampfbäder, Meerwasser- und Süßwasserbecken. Rund um die Terrassen der Thermen siedelten sich schon bald Aristokraten und Industrielle an und bauten prachtvolle Ferienvillen.
Als Boy und Coco ankommen, verfügt die Stadt schon lange über eine Rennbahn, ein Polofeld, ein Aerodrom und ein Casino. Deauville, nur zweihundert Kilometer von der Hauptstadt entfernt, wird seit seiner Gründung »der Strand von Paris« genannt. Auch wenn das Meer und der weiße Sand vorläufig nur als Tummelplatz für Gouvernanten und Kinder geeignet erscheint.
Der Deauville-Aufenthalt von Coco Chanel und Capel ist bestimmt nicht nur als Sommerfrische gedacht. Denn sehr schnell sorgt Boy dafür, daß Gabrielle im mondänen Strandbad eine Filiale eröffnet. Zusammen wählen sie die rue Gontaut-Biron aus – zwischen dem Hotel »Normandy«, dem Casino und dem Strand. Das ist die beste Lage. Natürlich.
Da die Boutique auf der Südseite, der Sonnenseite liegt, läßt Gabrielle eine weiße Markise anbringen. Auf der steht in großen schwarzen Lettern »Chanel«. Drei Jahre ist es nun her, daß Coco ihre wahre Berufung gefunden hat. Sie hat im Casino von Deauville im August ihren dreißigsten Geburtstag feiern können. Sie kommt in diese Stadt und verspürt sofort das nötige Selbstbewußtsein, hier aus ihrem Namen eine Marke zu machen. Wo sie sich doch für alle anderen Chanels so schämt! Wo sie doch an ihre Heimat, in der der Name dank der großen

Gebärfreude von Großmutter Angelina weit verbreitet ist, keine gute Erinnerung hat! Trotz all dem macht sie aus Chanel jetzt schon ein Label. Sie braucht die Zusatzerklärung »Modes« nicht mehr auf der Vitrine. Chanel *ist* Mode. Besonders frappierend ist der Anblick von alten Fotos der Boutique in Deauville: Der schwarze Schriftzug ihres Namens hat zu dieser Zeit schon genau das Aussehen, das heute noch millionenfach auf Parfümflakons und Accessoires reproduziert wird und in der ganzen Welt ein Inbegriff für Luxus ist.

Natürlich ist Deauville voll von reichen Stadtflüchtlingen. Auch für die englische Gentry ist das Paradies an der Blumenküste ein Muß. Die britische Society nimmt Boy und Gabrielle ohne Vorbehalte auf, lädt die beiden zu ihren Picknicks und Gesellschaften ein, ohne den Liebenden je das Gefühl zu geben, als unverheiratetes Paar nicht standesgemäß zu sein. Diese Toleranz ihnen gegenüber wird Gabrielle nie vergessen. Dafür wird sie die britische Mentalität zeit ihres Lebens lieben.

Für die Society ist die Strandpromenade ein Laufsteg. Die entspannte Ferienatmosphäre und das sichere Gefühl, unter sich zu sein, machen aus Deauville ein Versuchslabor für neue Moden. Zwei junge Engländerinnen ziehen die Aufmerksamkeit der Kolumnisten der Regionalzeitungen auf sich, weil sie sich mit der eigentlich für Landarbeiter typischen Baskenmütze zeigen. Deauville ist noch schneller als Paris, wenn es darum geht, mit neuen Trends zu experimentieren.

Deauville ist auch der Ort, an dem die Reichen Sport treiben. Sie spielen Polo, Cricket oder Golf. Gabrielle hat eine Vorliebe fürs Schwimmen. Mit schöner Regelmäßigkeit legt sie morgens die Strecke zurück, die das Hotel »Normandy« vom Meer trennt, und stürzt sich in die Wogen. Ein Bad im Meer gilt damals noch als unschicklich und überflüssig. Wozu hat man denn schließlich moderne Badezimmer? Der Badeanzug für Damen ist eine Art Pyjama, der den ganzen Körper bedeckt. Er ist alles andere als praktisch, aber außer Coco Chanel weiß das wohl niemand.

Wie Paul Morand sagt, hat die Chanel ihre Mode erfunden, so wie Robinson Crusoe seine Hütte gebaut hat: langsam, sicher und immer an die eigenen Bedürfnisse angepaßt. In Royallieu hat sie ihren Reiterlook erdacht. In Deauville braucht sie eine andere Art von Sportbekleidung. Und es gibt für die Frauen keinen Grund mehr, sich wie um 1900 zu kleiden. Die Frauenbewegung ist im Vormarsch, üppige Kleidungsstücke stellen dabei ein Hindernis dar: Man muß sich mal vorstellen, wie sich die englische Frauenrechtlerin Emily Davison fest geschnürt und mit langem Rock gekleidet 1910 aus Protest gegen die Benachteiligung der Frau vor das Pferd des Königs schmiß und ihren Verletzungen wenig später erlag.

»Ich habe die Frau vom Korsett befreit«, wird die Chanel später sagen. Sie ist keine Feministin oder Ideologin, aber trägt auf ihre Art zum unaufhaltsamen Vormarsch des weiblichen Geschlechts bei. Noch im Jahre 1913 wird aus dem Hutatelier von Deauville ein Modehaus.

Coco Chanel engagiert zwei junge Näherinnen: »Was wußte ich schon von meinem neuen Beruf? Nichts. Ich wußte nicht einmal, daß es Näherinnen gab. War ich mir der Revolution, die ich anzetteln würde, bewußt? Auf keinen Fall. Eine Welt ging unter, eine andere sollte geboren werden. Ich war einfach da, bekam meine Chance und nahm sie wahr. Ich war so alt wie das neue Jahrhundert. Es wandte sich irgendwie an mich, was das Entwickeln eines neuen Kleidungsstils betraf. Gefragt waren Einfachheit, Bequemlichkeit und Klarheit. Ich habe all das schon immer bevorzugt – ohne Absicht. Die wahren Erfolge sind immer Zufälle.«

Auch wieder für ihre eigenen Bedürfnisse kreiert sie zunächst ein Outfit, das von Modehistorikern heute noch als der Schneeball angesehen wird, der die Lawine eines neuen Stils ins Rollen gebracht hat. Der sogenannte »Chanel-Sweater«. Seine Geschichte ist Geschichte. Bei Boy Capel leiht sie ein Polohemd aus, weil sie am Rande des Spielfeldes steht und fröstelt. An-

fang des Jahres 1914 macht sie so aus der Sportkluft für Herren ein Kleidungsstück für Damen. Das locker fallende Hemd mit einem Gürtel im selben Farbton ist aus Jersey. Dieser Stoff hatte bis dahin niemals das Tageslicht gesehen. Weil er als wenig edel galt, wurde aus ihm bis dato nur Unterwäsche für Herren und Kinder gemacht.
Zum Chanel-Sweater trägt Gabrielle einen ebenfalls aus Jersey genähten geraden Rock in derselben Farbe. Der Sportswear ist geboren. Zu ihren ersten begeisterten Kundinnen in der rue Gontaut-Biron zählt die Baronin Kitty de Rothschild. Die Frau des Bankiers Henri läßt Paul Poiret, für den sie eine der wichtigsten Kundinnen war, auf seinen orientalischen Prunkroben sitzen und verschreibt sich ganz der Chanel-Mode. Antoinette Bernstein wählt ebenfalls Chanel, und die Schauspielerin Cécile Sorel wird später stolz behaupten, daß sie eine der ersten war, die sich in ein Chanel-Kleid wagten.
In der Luxusoase wird das Phänomen »Chanel« gleich von den kritischen Geistern unter die Lupe genommen. Der Karikaturist Sem war mit seinen treffsicheren politischen Karikaturen in Paris als mutiger und einflußreicher Kritiker bekannt. Im Vorkriegsexil von Deauville widmet er sich einem neuen Terrain: der Gesellschaftskarikatur. Der Visionär mit der spitzen Feder, den Jean Cocteau als ein erbarmungsloses, faltiges, unrasiertes Insekt beschreibt, gibt hier die Zeitschrift »Le vrai et le faux chic« heraus. Darin zeichnet er ein erbarmungsloses Bild von dem, was er für den guten und den schlechten Geschmack hält. Coco und Boy wird in der Zeitschrift schnell eine sarkastische Zeichnung gewidmet. Boy ist halb Pferd, halb Mann mit einem Poloschläger bewaffnet, auf dem er einen Hut aufgespießt hat. Gabrielle klammert sich an ihn. Sie trägt eine Hutschachtel, die die Aufschrift Coco trägt.
Chanel nimmt die Zeichnung als eine Hommage an das vielbeachtete, leidenschaftliche Paar, das sie mit Capel abgibt. Alle bewundern sie. Das Bild des exzentrischen Siegerduos schmei-

chelt ihr. Sie weiß auch, daß die Karikatur für sie eine ausgezeichnete Visitenkarte ist, und deshalb nimmt sie Sem auch in den Kreis ihrer Freunde auf.

Gabrielles Schwester Julia stirbt 1913 fast im gleichen Alter wie ihre Mutter an dem heimtückischen Asthma, der Erbkrankheit der Frauen in der Familie Devolle. Sie hinterläßt einen kleinen Sohn, den Coco und Boy ohne zu zögern nach Deauville kommen lassen. Capels junge, quirlige Schwester Bertha, die zu Boy bewundernd aufblickt, verbreitet genüßlich das Gerücht, das Kind sei das von Boy und Coco. Die beiden Liebenden haben nichts gegen diese Geschichte. Ein paar Monate leben sie auch wie eine Familie mit dem Kleinen zusammen und finden diese scheinbar bürgerliche Wende in ihrem Leben sogar sehr aufregend. Coco geht mit Kindern sehr zärtlich um, ist nur streng, wenn es um gute Manieren geht. Sie liebt das Bild, das sie mit Boy und dem Kind abgibt, wenn sie zum Dinner beim Baron von Erlanger, bei den de Meyers oder Rothschilds eingeladen sind.

Sicher hat sie lange vergeblich darauf gewartet, daß Boy um ihre Hand anhält. Auch wenn sie immer das Gegenteil erzählen wird, ist eine Hochzeit mit dem Mann ihres Lebens sicher ihr sehnlichster Wunsch. Mit Boy hätte sie alles akzeptiert, auch ein idyllisches Familienleben. Sie hätte ihm ihr ganzes Leben zu Füßen gelegt, wenn er nur gewollt hätte. Doch für Boy ist sie mit ihrer Art die personifizierte Herausforderung. Die beiden stolzen Pfauen, die voreinander bevorzugt Unabhängigkeit und Ehrgeiz demonstrieren, sind für die Ehe nicht geschaffen.

Am 28. Juni peitschen durch eine enge Straße von Sarajewo Schüsse, die das Schicksal Europas für die nächsten Jahre besiegeln. Der Thronfolger Franz-Ferdinand von Habsburg-Este und seine Frau sind tot. Der Frieden ist vorüber. Am 3. August erklärt Deutschland Frankreich den Krieg. Gabrielle und Boy schicken Julias Sohn nach England in das Internat, das schon Boy besuchte: Beaumont.

Die Männer müssen an die Front. In Deauville leben nun fast nur noch Frauen. Das Hotel »Royal« schließt seine Pforten, weil nun keine Zeit mehr ist für Frivolitäten. Und bald wird es in ein Lazarett umgewandelt. Der Schriftsteller Guillaume Appolinaire schreibt melancholisch über die ersten Kriegstage in Deauville: »Die rue Gontaud-Biron sah täglich zwischen 12 und 13 Uhr so traurig aus, als läge sie in Pompei.«
Innerhalb eines Monats wird klar, daß sich der Krieg zu einer Tragödie ausweiten wird. Ende August ist Paris von deutschen Truppen besetzt, noch mehr Frauen, Kinder und alte Leute ziehen sich nach Deauville zurück. Im September verschanzt sich die französische Regierung in Bordeaux, flüchtet sich an die südliche Atlantikküste.
Coco Chanel bibbert nicht lange vor der angekündigten Katastrophe. Sie macht *ihre* Truppen mobil: Sie startet einen Modefeldzug und läßt Antoinette und Adrienne kommen, deren Geliebter, Baron Maurice de Nexon, einer der ersten war, die einen Einberufungsbefehl bekommen haben. Die beiden ihr am nächsten stehenden Verwandten sollen Coco in der Boutique helfen.
Der Krieg macht aus Gabrielle eine Siegerin. Der Stil ihrer Kleidungsstücke ist gefragt. Denn die Frauen werden aktiv, weil es keine Männer mehr gibt in Deauville. Sie müssen plötzlich Kühe melken, sie arbeiten in Fabriken, in Lazaretten oder lernen, Lastwagen zu fahren. Die lockere Kleidung von Coco Chanel wird zunächst zum weiblichen Pendant der Kriegsuniform.
Das Hinterzimmer der Chanel-Boutique ist jetzt noch der einzige Treffpunkt der Gesellschaft der Stadt. Da es an Rote-Kreuz-Trachten mangelt, bestellen Herzoginnen und Baronessen in Eigeninitiative ihre Uniformen bei Gabrielle. Die Boutique ist auch ein Ort der Entspannung, wo in ungezwungener Weise über die mutigen Helden an der Front und natürlich über Mode gesprochen wird. Coco Chanel zeigt sich unverwüstlich optimi-

stisch, und die anderen Damen klammern sich an sie wie an einen Strohhalm.

Doch wieviel Opportunismus steckt hinter Gabrielles unbekümmerter Art? Sie denkt ja gar nicht daran, wirklich ihre Arbeit in den Dienst des Allgemeinwohls zu stellen. Nie wird sie in einem Lazarett gesehen, nie bietet sie ihre Hilfe an. Es mutet aber merkwürdig an, zu beobachten, wie sie sich sicher ist, mit ihren Jersey-Ensembles, Matrosenhemden und geraden Strickröcken einen großen Beitrag zum Wohl der Nation zu leisten. Viele Frauen werden durch die neuen Lebensbedingungen unabhängiger, also Coco ähnlicher. Und die ist ganz besonders stolz darauf, daß die Frauen ihr neues, in den Entbehrungen des Krieges begründetes Schlanksein als »Figur à la Coco« bezeichnen.

Im Ersten Weltkrieg wird das Fundament für das Imperium »Chanel« gelegt. Denn ein anderer wichtiger Faktor sorgt dafür, daß Cocos Aufstieg nicht mehr aufzuhalten ist: Ihr großer Konkurrent Paul Poiret hört aus lauter Patriotismus auf, sich um Mode zu kümmern. Er stellt sich den Kleiderfabriken der französischen Armee zur Verfügung. Der Virtuose des Schnitts wird dort dringend gebraucht, um aus möglichst wenig Stoff möglichst viele Uniformen zu nähen.

Boy Capel ist wie Gabrielle: ein Kriegsgewinnler. Seine Kohletransporter werden zu einem Machtfaktor. Die alliierten Franzosen und Engländer umgarnen ihn. So verbindet ihn seit ein paar Jahren eine ungewöhnliche Freundschaft mit dem französischen Sozialisten Georges Clemenceau. Als ehemaliger Präsident des französischen Parlaments sind ihm wichtige Sozialreformen, wie die Gründung eines Ministeriums für Arbeit sowie die Einführung der Ruhetage am Wochenende, zu verdanken. Sein Propagandaorgan »Der freie Mensch« wird in den ersten Tagen zu »Der Mensch in Ketten«. Clemenceau und Capel sind voneinander fasziniert. Der Klassenkämpfer und der Kapitalist. Für Capel ist der Sozialismus eine schöne humanistische

Idee, davon hat ihn seine breitgefächerte Lektüre überzeugt. Praktisch engagiert er sich aber nicht.
Capel kommt nur selten nach Deauville. Er dient in den Jahren 1914 und 1915 als Leutnant in der Truppe von Sir John French und nutzt seine oft gewährten Heimaturlaube eher, um seine englische Kohleflotte wieder mobil zu machen. Als Militärbeauftragter des Senats stattet Georges Clemenceau der Einheit, in der Capel auf französischem Boden kämpft, eine Visite ab, die ihm den Atem raubt. Er glaubt, daß er die Krieger ermutigen muß, doch als er ankommt, bietet sich ihm folgender Anblick: Boy und seine Kameraden spielen doch tatsächlich auf einem verbrannten Feld, umgeben von Schutthaufen, die mal Häuser waren, Polo. Eine Szene, der den Staatsmann aufschreien läßt: »Die sind verrückt, diese Engländer!«
Mit seiner selbst an der Front nicht totzukriegenden Nonchalance wird Boy Capel als sehr reicher Mann aus dem Krieg hervorgehen. Dank seiner Kohle rollen die Züge in England und Frankreich noch. Seine neue Rolle und seine neue Verbindung zu einigen einflußreichen Männern verleihen seinem Machthunger noch eine ganz andere Dimension: Er möchte auch in der Politik mitmischen, er will an einem zukünftigen Frieden in irgendeiner Weise beteiligt sein.
Die Leben von Coco und Boy verlaufen nun nur noch parallel. An traute Zweisamkeit ist nicht zu denken. Beide haben ihre Aufgabe. Mit Coco steht und fällt das exklusive, mittlerweise stark von Frauen geprägte Gesellschaftsleben von Deauville. Das, was sie ihre Aufgabe nennt, nämlich die Frauen neu zu kleiden, beschäftigt sie so sehr, daß sie keine Zeit hat, in das allgemeine Geweine um die armen Männer einzustimmen. Auch Adrienne mit ihren ewigen Tränen wegen Nexon nervt sie. Ein solches Verhalten ist in ihren strengen Augen nur Schwäche.
Der Krieg gibt Gabrielle Gelegenheit, zu zeigen, wie stark sie ist. Das heißt, sie ist nun selbst fest davon überzeugt, eine starke Frau zu sein. Mit einer Mischung aus Kälte und Disziplin, zwei

Eigenschaften, die sie den Nonnen in Obazine abgeschaut hat, verschließt sie sich den anderen gegenüber vollkommen. Ihr Motto, nämlich immer nur auf sich selbst zählen zu können, macht schon jetzt eine gefürchtete Chefin aus ihr.
In ihren Paul Morand anvertrauten Erinnerungen widmet sie der Brutalität des Ersten Weltkriegs kein Wort. Sie spricht nur über ihre Moderevolution. Was geht in ihr vor, als ein deutscher Generalstab das Schloß »Royallieu« besetzt? Man weiß es nicht! Die »Politik der verbrannten Erde« der deutschen Besetzer ist schuld daran, daß viele, die in ihren Zweitresidenzen in Deauville weilen, weiter östlich schon alles verloren haben. Auch deshalb wird die Alternative, die Gabrielle den Frauen anbietet, so schnell und willig angenommen. So als wäre die ganze Vergangenheit plötzlich ausgelöscht. Selbst das Polofeld von Deauville ist nur noch eine schöne Erinnerung. Hier grasen inzwischen Kühe.
Als die deutsche Invasion im Dezember 1914 wieder weit genug weg ist von Paris, lebt Gabrielle nicht mehr ausschließlich in Deauville. Die Chanel-Boutique läuft hier von ganz alleine. Gabrielle und Antoinette kehren kurzerhand in die rue Cambon zurück, wo nun auch Chanel-Mode verkauft wird. Währenddessen bekommt Boy Capel dank seiner Freundschaft mit Clemenceau einen Posten bei der in Versailles tagenden frankobritischen Kommission für Kriegskohle.
Er ist somit weit weg vom Kriegsgeschehen und bewegt sich in den politischen Sphären, die ihn so sehr anziehen. Gabrielle wird wieder zu der – wie sie sagt – Haremsdame, die allabendlich in der avenue Gabriel ihren Helden geduldig erwartet. Die in der Vorkriegszeit liebgewonnenen Gewohnheiten der beiden können wieder aufgenommen werden. Sie gehören ohne Zweifel zu den wenigen Privilegierten, die so leben können, als sei nichts geschehen. Es gibt ja noch Restaurants und Theater, und sie können sie besuchen. Boy Capel hat seine Mätressen, doch andere Frauen, denen er zwei Tage lang im 30-Minuten-Takt

Blumensträuße zuschickt, gibt es sicherlich nicht. Coco Chanel läßt sich von seinem Charme beeindrucken: »Ich habe diese Lektion verstanden. Er wollte mich dressieren ... und zwar für das Glück.«

Edmonde Charles-Roux schreibt über die ersten Monate des Jahres 1915: »Frankreich hatte eine neue Klassengesellschaft: An der Front waren die, die litten, in Paris die, die redeten, in Deauville die, die warteten, und in Biarritz die, die sich amüsierten.«

Im Sommer 1915 reisen Capel und die Chanel so auch nach Biarritz, dem Seebad im französischen Baskenland, wo tatsächlich die Reichen frei atmen können. Denn das benachbarte Spanien ist neutral. San Sebastián ist eine Hochburg der spanischen Aristokratie. Biarritz zieht ein internationales Publikum an. Viele Verwandte der russischen Zarenfamilie hat es hierher verschlagen. Für Capel ist Biarritz nur ein Ort für einen Sommerurlaub. Coco Chanel wird hier dagegen mit der aus Deauville schon bekannten Schnelligkeit aktiv. Dieses Mal mietet sie keine Boutique, sondern eine prachtvolle weiße Villa in der rue Gardère, die sich majestätisch an den steilen Felsen, der zum Meer hinunterführt, zu klammern scheint. Gleich gegenüber liegt das Casino. Wieder streckt Boy das Kapital vor: 300 000 Francs.

Biarritz ist also eine Oase im ansonsten ausgemergelten Land. Coco Chanels Villa ist ein »Maison de Couture«, in dem alles luxuriös wirken soll. Im Juli 1915 etwa läßt sie zahllose Blumenkübel mit Hortensien auf den Vorplatz stellen. Und vieles mehr. Sie sucht die besten Näherinnen der Region und bietet bald eine komplette Kleiderkollektion an, mit Stücken, die um die 1 000 Mark kosten. Coco Chanel kennt die High Society nun gut genug – auch von innen. Sie weiß, daß sie mit ihrem absoluten, in Biarritz bis dahin unbekannten Luxus auch Hoffnung und Optimismus an die Reichen verkauft. Das Projekt Biarritz ist ein voller Erfolg. Selbst die spanische Königsfamilie gehört bald zu ihren Kunden.

Im Dezember 1915 beschließt die Chanel, daß ihre Filiale in Biarritz nun auch ohne sie auskommen müsse. Ganz wie ein autoritärer Feldherr überläßt sie der kleinen Schwester Antoinette die Direktion des Couture-Hauses und somit die Verantwortung für über sechzig Näherinnen. Sie selbst kehrt nach Paris zurück, sie will da sein, wo Boy ist. Wenn sie ihn nicht zumindest in ihrer Nähe weiß, wird sie nervös und launisch.
Auch in der rue Cambon stockt sie erneut ihr Personal auf. Im Frühjahr 1916 verfügt Gabrielle Chanel über insgesamt 300 Mitarbeiter. Ihr rasender Erfolg prägt ihren Charakter, schärft die gefürchteten Eigenschaften. Sie ist eine Unternehmerin, die ohne Zweifel ihre Superkarriere ihrem genialen Instinkt und ihrer Perfektion zu verdanken hat. Auch ihre Liebe für die schönsten, luxuriösesten, weichsten Stoffe nutzt ihr. Eine solide handwerkliche Ausbildung hat sie dagegen nicht. Aus diesem Manko heraus entwickelt sie die ihr eigene Arbeitsmethode. Und zwar arbeitet sie immer direkt an ihren Mannequins. Keine Zeichnungen, keine Schneiderpuppen sind auf dem Weg vom Stoffballen zur großen Robe zu entdecken. Die Chanel drapiert, experimentiert und erklärt anhand von lebenden Modellen, worauf es ankommt. Es kommt oft vor, daß die Mädchen bis zu sieben Stunden stillstehen müssen, wenn Gabrielle ihr faszinierendes, fast sinnliches Zwiegespräch mit einem Stück Stoff beginnt. Manchmal braucht sie bis zu 30 Anproben mit den Mannequins, bis ein Kleid perfekt sitzt. Und ihre Modelle verdienen bescheidene 100 Francs im Monat. Gabrielle ist davon überzeugt, daß es ein unbezahlbares Privileg ist, für sie zu arbeiten: »Es sind alles hübsche Mädchen. Wenn sie Geld brauchen, sollen sie sich doch einen Liebhaber nehmen.«
Die Näherinnen würdigt sie meist keines Blickes. Die Chanel sucht zwar die Stoffe persönlich aus und gibt ihre Direktiven an die Directrice weiter, aber in den Ateliers läßt sie sich schon jetzt nie mehr blicken. Zu viel Ehrgeiz hat sie darangelegt, sich

aus der Masse dieser armen Geschöpfe hervorzuheben. Jetzt sind sie die Untergebenen, und sie ist die Regentin.
Noch ist Boy Capel da, und Gabrielle kann ihm gegenüber auch ihre Zärtlichkeit ausdrücken. Sie liebt ihn über alles. Und im Frühjahr 1916 ist die Zeit gekommen, dem Geliebten alles vorgestreckte Geld zurückzuzahlen. Sie überlegt sich ein besonderes Zeremoniell für diesen Anlaß. Die 300 000 Francs gibt sie Capel hochfeierlich bar zurück. Der erkennt die Wichtigkeit, die dieser Akt für Coco hat. Er faßt sie bei den Schultern, blickt ihr tief in die Augen und sagt: »Ich habe gedacht, ich würde Dir ein Spielzeug schenken, dabei war es die Freiheit.«
Gabrielle triumphiert. Sie ist Boy nun nichts mehr schuldig. Sie hat sich befreit. Sie genießt auch die bissigen bis lobenden Kommentare ihres ehemaligen Konkurrenten. Paul Poiret staunt über Chanels Siegeszug und nennt ihre Mode den Luxus der Armut. Sie kann sich kein schöneres Kompliment vorstellen. Weil sie weiß, daß ihre Mode in ihrer ganzen Ehrlichkeit der objektivste Spiegel ihrer selbst ist. Ihre einfachen Kleider erzählen von der Strenge in Obazine, die exquisiten Stoffe sagen viel aus über ihr Lebensgefühl. Coco Chanel hat ihre Mode für sich erfunden. Und sie hat sich so einen Platz in der Gesellschaft erobert.
Nicht nur, daß alle großen Couturiers bis dahin ausnahmslos Männer waren. Die bisher geltende Eleganz war ihr nicht zugänglich. Jetzt hat sie ihre eigene geschaffen. Sie kann genüßlich auf die Etikette spucken, denn wie der Sonnenkönig sagte »Der Staat bin ich«, darf Coco mit ihrer sehr tiefen Stimme nun proklamieren: »Le style, c'est moi« – der Chic bin ich. Via Presse nehmen die beiden ein verbales Duell auf. Einmal kontert Paul Poiret: »Man hätte wohl besser früher mißtrauisch gegenüber diesem Bubenköpfchen sein sollen, das uns aus seinem Zylinder Kleider, Frisuren, Sweater, Schmuck und Boutiquen hervorgezaubert hat.«
Sie ist selbst betört von ihrer Wirkung. Auch aus Amerika, dem

Traumland ihres Vaters, kommt Applaus. Die New Yorker Modebibel *Harper's Bazaar* schreibt im Jahre 1915: »Eine Frau, die nicht mindestens ein Chanel-Stück hat, ist hoffnungslos aus der Mode.« Gabrielle nimmt all das Gute, was ihr geschieht, nicht etwa verklärt auf, wie ein Märchen, sondern glaubt, das alles auch verdient zu haben. Sie wundert sich nicht über den zurückgelegten Weg. Ganz im Gegenteil, sie hat das Gefühl, daß ihr nun endlich Gerechtigkeit geschieht. Sie ist im Grunde mehr noch als die anderen davon überzeugt, jemand ganz Besonderes zu sein.

Diesem überdimensionalen Selbstbewußtsein ist es zu verdanken, daß sie ein großes Talent zur eigenen Vermarktung entwikkelt, das es schwer macht, Wahrheiten von Lügen zu trennen. Nicht alle modischen Erfindungen, die man ihr zuschreibt, sind nämlich von Coco Chanel.

So ist sie selber davon überzeugt, daß sie die erste Frau ist, die sich die Haare abschneidet. Von dem Tag im Jahr 1916, an dem sie sich zum ersten Mal mit dem kinnkurzen geraden Garçonne-Schnitt zeigt, wird sie später gerne erzählen. Demnach sei der Heißwasserkessel ihres Badezimmers in der rue Gabriel explodiert und habe ihre hüftlangen, dichten Haare sowie ihre weiße Robe verbrannt. Die Frisur habe sie dann mit Hilfe ihres Zimmermädchens geradegeschnitten und noch am selben Abend in der Oper damit für einen Begeisterungssturm gesorgt. In Wahrheit ist sie nicht die erste Frau mit einem Garçonne-Schnitt. Schon drei Jahre vorher konnte sie diese Frisur an ihrer Tanzlehrerin Caryathis bewundern. Auch Paul Poiret zeigte 1908 zum ersten Mal Mannequins mit Pagenschnitt auf dem Laufsteg.

Boy Capel veröffentlicht im Jahr 1916 in London das politische Essay »Gedanken zum Sieg und ein Plan für den Bund der Staat«, das in der Literaturbeilage der *Times* wohlwollend beurteilt wird. Für sein Engagement für die Allgemeinheit wird er ein Jahr später belohnt. Boy wird Sekretär der britischen

Sektion beim Großen Interalliiertenrat von Versailles. Ein Posten, der seine fast permanente Anwesenheit in Frankreich erfordert. Coco glaubt natürlich, daß das eine gute Neuigkeit sei. Doch Capels neue, höchst offizielle Rolle wird ihn von ihr entfernen. Seine Verantwortung im Rat von Versailles veranlaßt ihn aber auch dazu, über sein Privatleben nachzudenken. Im Millieu der Politiker ist Respektabilität eine wichtige Tugend. Ein geregeltes Familienleben würde ihm also sicherlich noch mehr Gunst einbringen.

Boy Capel, der unter den Geheimnissen seiner Kindheit noch immer leidet, will sich mit derselben Methode, mit der er seine berufliche Karriere gemacht hat, auch privat eine Zukunft schaffen. Solche Gedanken haben ganz bestimmt ihren Ursprung in der getragenen Atmosphäre von Versailles. Capel will heiraten, wohl auch, weil er so systematisch, wie er sein Imperium aufgebaut hat, auch erben will.

»Noch bevor er den Mund aufgemacht hat, wußte ich Bescheid.« Als Capel Gabrielle von seiner Hochzeit erzählt, läßt sie ihr Stolz nicht im Stich. Sie weint nicht, macht keine Szene, nimmt den Schlag hin. Die beiden ungleichen Liebhaber haben diese Aussprache in der avenue Gabriel. Boy rechtfertigt seine Entscheidung: Diana Wyndham sei die jüngste Tochter des Barons Ribblesdale. Kennengelernt hatte Capel sie an der Front, wo sie Krankenschwester war. Lady Diana ist so sanftmütig wie Gabrielle hart ist. Eine junge, blonde Kriegswitwe, die die konsequente Erziehung des britischen Adels genossen hat und sich im Krieg trotz ihres eigenen Kummers ohne Klagen für die Krone eingesetzt hat. In Boy hat sie gleich den Beschützerinstinkt geweckt. Sie ist die Richtige für ihn.

Capel erklärt sich seiner Gabrielle. Sie hört ihm zu, wie sie ihm auch zuhört, wenn es um einen Geschäftsabschluß geht. Wahrscheinlich macht sich Boy aber schon jetzt über seine Treue keine Illusionen und sagt ihr: »Meine kleine Coco soll nicht traurig sein. Zwischen uns wird sich nichts ändern.«

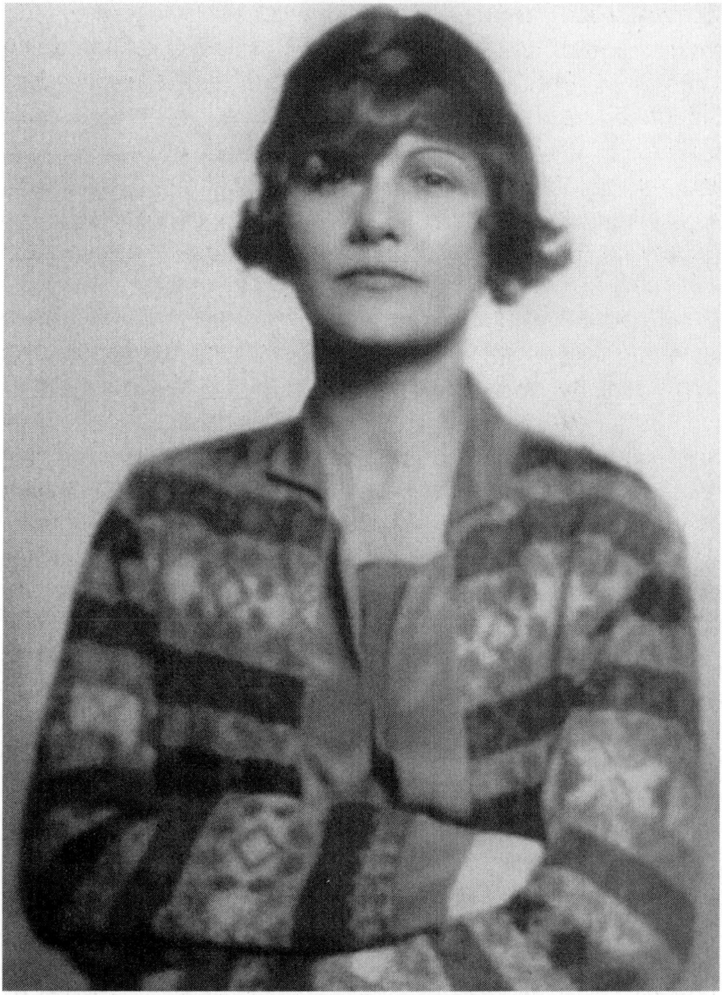

Unbeständig und wandelbar: Die neue Chanel ist geboren. Die alten Zöpfe sind weg. Der Weg ist frei für eine neue Zeit. (Foto: Keystone, Hamburg)

Boy Capel wartet mit der Heirat, bis endlich Frieden ist. Am 11. November 1918 unterzeichnen Vertreter des Deutschen Reichs und der Entente-Mächte den Waffenstillstand im Wald von Compiègne, der Gabrielle so gut bekannt ist. Noch im selben Monat, und unter Ausschluß all seiner französischen Freunde, heiratet Capel seine Lady Diana. Die Trauung findet in der Privatkapelle des Familienschlosses derer von Ribblesdale statt: Beaufort Castle in der Grafschaft Inverness. Auch wenn Diana, wie alle anderen Frauen, die ihn je getroffen haben, bewundernd zu Capel aufblickt, dürfte die Trauungszeremonie so kurz nach diesem entsetzlichen Krieg einen schalen Beigeschmack gehabt haben. Denn auch Dianas Bruder, der zukünftige 15. Lord Ribblesdale, war nicht aus dem Krieg zurückgekehrt.

In Versailles wird der Friedensvertrag unterschrieben. Capel kommt schnell nach Frankreich zurück. Die schlimmste Konsequenz seiner Heirat wird Coco schon wenige Tage danach klar: Es ist die öffentliche Demütigung seiner Frau. Denn eigentlich hat sich zwischen den beiden nichts geändert. Die neue Situation, mit einem Hauch von Sünde, gibt ihrer Beziehung eine neue, noch leidenschaftlichere Wendung.

Gabrielle bleibt aber nicht in der gemeinsamen Pariser Wohnung, die nun seit neun Jahren ihr Zuhause ist. Sie kauft in einer ruhigen Pariser Vorstadt eine weiße Villa: »La Milanaise«. Sie richtet sich dort mit ihren drei Angestellten, einem Zimmermädchen, einem Butler und einer Köchin sowie zwei Wolfshunden, die sie »Sonne« und »Mond« getauft hat, ein. Ihr Haus liegt am Rande des Waldes. Sie wählt es wohl auch, weil es ihr hier erlaubt ist, Capel, fern von den Tratschmäulern in Paris, ungestört zu empfangen. Für ihn nimmt sie Abgeschiedenheit und Einsamkeit in Kauf. Und sie zahlt den vollen Preis für ihre Leidenschaft. Meistens ist sie alleine, nur um so oft wie möglich ihre Zweisamkeit genießen zu können, wenn er überraschend kommt.

Coco Chanel lebt jetzt schon ganz das Leben der einsamen Modediva. Man muß sie sich vorstellen, wie sie sich an jedem

Wochentag, meistens um die Mittagszeit, von ihrem Chauffeur im Fond ihres dunkelblauen Rolls-Royce von »La Milanaise« auf dem Hügel von St. Cloud zur rue Cambon fahren läßt. Ihren Chauffeur nennt sie zeit ihres Lebens: »Monsieur le Mechanicien«. Herr Mechaniker, eine typische selbstgefällige Wortschöpfung von Coco, die ein Heidenvergnügen dabei empfindet, daß alle ihre Ideen – und seien es nur Namen – stets zu Trends werden. Selbst ihr dunkler Rolls-Royce hatte ja gleich Bewunderer gefunden. Als sie ihn in Dunkelblau bestellte, hatte der Verkäufer noch vorsichtig gefragt, ob diese Farbe nicht zu sehr an einen Leichenwagen erinnern würde. Doch sie war fest entschlossen. Helle Farben, ja sogar mit Spitze bezogene Sitze, waren zu dieser Zeit angesagt. Nachdem die Chanel ein dunkles Modell ausgesucht hatte, verlangte alle Welt nur noch nach marineblau.

Ihr Couture-Haus ist inzwischen in der rue Cambon Nummer 31, dem traditionsreichen Hauptsitz des Imperiums bis heute. Hier bereitet Gabrielle mit großem persönlichen Einsatz und echter Begeisterung die Hochzeit ihrer kleinen Schwester Antoinette vor. Diese hatte sich gerade in den kanadischen Jagdpiloten und Kriegshelden Oscar Fleming verliebt. Es war die große Liebe. Um die andere Hochzeit zu vergessen, stürzt sich Gabrielle in die Arbeit. Sie entwirft das weiße Hochzeitskleid aus Mousseline sowie Cocktailkleider für die vorgesehene Schiffsreise über New York nach Ontario. Die Kleider bildeten auch eine Grundausstattung für ihr zukünftiges gesellschaftliches Leben in Kanada.

Capel ist inzwischen Vater eines kleinen Mädchens geworden, und als er im November zur Hochzeit von Antoinette und Oscar nach Frankreich kommt, ist Diana schon wieder schwanger. Die Hochzeit wird das letzte glückliche Treffen der Clique sein, die sich einst in »Royallieu« zusammengefunden hatte. Der treue Léon de Laborde ist da. Adrienne hält weiterhin wie ein Schulmädchen die Hand von Maurice de Nexon, den sie nun schon seit elf Jahren liebt. »Nur über unsere Leiche darfst Du diese Bürgerliche heiraten«, hatten seine Eltern ihm in Vichy gesagt. Was ihre Hochzeit dann auch erst im Jahre 1927 möglich machen wird.

Die Brüder Chanel sind nicht anwesend. Alphonse und Lucien waren nach einigen Umwegen, die die Wirren der Epoche mit sich brachten, in die Fußstapfen ihrer Vorfahren getreten. Sie waren fliegende Händler geworden. Gabrielle zahlt dafür, sie auf erträglicher Distanz zu halten. Alphonse bekommt einen monatlichen Scheck über dreitausend Francs. Also gleich dreißigmal mehr als eines ihrer Mannequins. Soviel ist es ihr wert, daß der Bruder sich darauf beschränkt, im Dorf damit anzugeben, daß er in Paris eine reiche, berühmte Schwester hat. Daß er aus Dank seine uneheliche Tochter Gabrielle nennt, quittiert die große Schwester mit einem ironischen Lächeln. Das Schweigen von Lucien ist ihr ein bißchen weniger wert. Er bekommt unregelmäßige Postanweisungen, die seinen Lebensstandard trotzdem auf angenehme Art und Weise anheben.

An diesem 11. November 1919 sind also nur die Chanel-Frauen anwesend. Allen gemeinsam ist diese mysteriöse herbe Schönheit. Sie führen, begünstigt durch Gabrielle, ein reges Gesellschaftsleben. Nexon ist Antoinettes Trauzeuge. Der von Oscar Fleming ist, da niemand aus der eigenen Familie anwesend ist, ein gewisser Arthur Boy Capel. Es ist also weiterhin kein Zweifel an der alles dominierenden, leidenschaftlichen Liebe zwischen ihm und Coco angebracht.

Die kann an diesem glücklichen Tag nicht wissen, daß – wenn ein Jahrzehnt zu Ende geht – für sie auch immer ein neuer Lebensabschnitt beginnen wird. 1900 hatte sie ihrem Gefängnis Obazine den Rücken kehren können. 1910 »Royallieu« für Boy und ihre Karriere hinter sich gelassen. Als sie am 11. November 1919 mit Boy über das Parkett walzt, weiß sie also noch nicht, daß es ihr letzter gemeinsamer Tanz sein wird.

5. KAPITEL

Venedig

»Kaum war Frieden, kam Capel bei einem Autounfall ums Leben. Ich möchte die Erinnerung daran nicht weiter ausschmücken ... Dieser Tod war für mich entsetzlich. Als ich Capel verlor, habe ich alles verloren.« So ihre Worte.

Es ist der 23. Dezember 1919. Früher Abend in St. Cloud. Gabrielle muß den Geliebten gehen lassen. Weihnachten wird sie alleine sein. Boy liegt viel daran, den Schein seiner Ehe zu wahren. Die schwangere Diana und seine kleine Tochter erwarten ihn zum Fest in Cannes an der Côte d'Azur. Man verspricht sich, sich so schnell wie möglich wiederzusehen. Weihnachten ist ein Familienfest, aber vielleicht kann sich Boy ja für eine Silvesterfeier in Monaco aus seiner geheuchelten Idylle freimachen. Auf dem Portal der »Milanaise« wickelt Coco ihm den Kaschmirschal – ihr Weihnachtsgeschenk – um den Hals: »Und gute Fahrt, mon amour.«

Im Morgengrauen öffnet Chanels Butler die Tür. Léon de Laborde ist von den gemeinsamen Freunden beauftragt worden, Gabrielle die schreckliche Nachricht zu übermitteln. Er bittet Joseph, Gabrielle zu wecken. Doch die steht schon im Treppenhaus. Blaß und schmal wirkt sie in ihrem Pyjama: »Die Silhouette eines Teenagers, wie ein junger Mann in Satin«, so beschreibt Léon de Laborde die Frau, die ihm an diesem Morgen gegenübersteht.
Léon erzählt ihr zunächst einen Teil der Wahrheit. Daß Boy sich kurz vor seiner Ankunft in Cannes überschlagen habe, daß er aber nur schwer verletzt sei. Der Butler, für den Loyalität Ehrensache ist, mischt sich in das Gespräch ein: »Geben Sie sich keine Mühe, Monsieur! Mademoiselle hat schon verstanden.« – »Das Schlimmste an der Szene war der Anblick dieser Frau, die mit trockenen Augen weinte«, erinnert sich Laborde.
Sie bleibt nicht lange wie versteinert auf der Treppe stehen. Sie will sofort nach Cannes. In 18 Stunden legt sie die 900 Kilometer mit Léon und ihrem Chauffeur Raoul zurück. Es gilt, keine Zeit zu verlieren. Denn sie will ihren Boy noch einmal sehen.
Doch bei seiner Beisetzung ist kein Platz für eine Geliebte. Am Heiligabend, um 14.30 Uhr, wird für Arthur Capel, auf dessen Sarg der Union Jack flattert, in der Hafenstadt Frejus eine Trauerzeremonie mit allen militärischen Ehren veranstaltet. Nur Diana ist befugt, offiziell über ihn zu weinen. Dann zieht der Konvoi eilig gen Norden. Boy soll in England beigesetzt werden. Diana Capel verläßt das Land, das ihr im doppelten Sinne ihren Mann genommen hatte.
Der Geliebte, nun ein toter Mann, wird zum Phantom für Gabrielle. Der einzige Ort, an dem sie ihrer Trauer endlich freien Lauf lassen kann, ist die Unfallstelle. Sie verweigert Léon de Laborde und auch Bertha, Capels Schwester, die immer auf seiten der Couturière ist, sie zu begleiten. Sie will sie nicht dabei haben. Nur ihr »Mechaniker« begleitet sie. Das bis zur Unkenntlichkeit zertrümmerte Autowrack ist bisher lediglich ein bißchen von

der Straße weggeschoben worden. Raoul, der Mechaniker, nimmt den Hut ab, macht ein Kreuzzeichen und läßt Gabrielle allein.

Sie kniet nieder vor dem Autowrack, stützt ihr Gesicht in die Hände und weint. Sie weint nach Aussage ihres Fahrers mehrere Stunden lang. Regungslos wimmert sie, um dann wieder furchtbare Schmerzensschreie auszustoßen. Ihr Held ist tot. Sie gibt sich ganz ihrer Trauer hin, merkt weder die eisige Kälte noch, wie die Zeit vergeht. Vielleicht stimmt es sogar, daß sie ihre Fäuste ballt, um gegenüber dem toten Boy einen Schwur abzulegen. »Ich verspreche Dir, daß ich alle Frauen schwarz anziehen werde.« Nicht nur die Nummern 414, 415 und 416 aus dem Notizbuch von Lewis. Sämtliche Frauen werden bald die Farbe der Trauer tragen. Gabrielle ist von ihrem Schicksal wieder in die Pflicht genommen. »Als meine Mutter starb, bin auch ich zum ersten Mal gestorben. Als ich aber Boy verlor, habe ich alles verloren.«

Überall wird schon gefeiert. Das erste Weihnachtsfest im Frieden. Gabrielle kauert am Rande einer Nationalstraße an der Côte d'Azur und weint um ihre letzte große Chance, der Einsamkeit zu entkommen. Ja, die Nacht ist still, die Nacht ist heilig, weil Gabrielle sich verspricht, daß sie niemanden mehr so lieben wird wie Boy Capel.

Die Villa »La Milanaise« wird zum Mausoleum ihrer Einsamkeit. Nach dem Tod von Boy bricht Gabrielle zusammen. Die, die als kleines Mädchen davon geträumt hatte, ein weißes Zimmer zu besitzen, läßt die cremefarbenen Wände ihres Schlafzimmers schwarz streichen. Apathisch verbringt sie in den ersten Monaten des Jahres ganze Tage in ihrem Bett, ohne jemanden an sich heranzulassen. Sie klammert sich an die kleinste Sache, die ihr von Boy geblieben ist. So stürzt sie sich auf hinduistische Literatur, um eine Verbindung zu ihm zu halten.

Noch an ihrem Lebensabend werden sie die tröstenden Worte, die sie im Bhagavad-Gíta findet, begleiten. So liest sie ihrer

Freundin Claude Delay vor: »Nichts stirbt wirklich. Nicht mal das kleinste Sandkörnchen. Nichts ist für immer verloren.«
Gegenüber Paul Morand will sie sich an ein merkwürdiges, zufälliges Treffen in Paris erinnern: »Eines Tages bekam ich Besuch von einem mir unbekannten Hindu. ›Ich habe eine Nachricht für Sie, Mademoiselle ... Sie wissen schon, von wem. Diese Person lebt in Freude in einer Welt, wo ihr nichts etwas anhaben kann. Nehmen Sie diese Nachricht, die ich Ihnen übermitteln soll und deren Sinn Sie sicherlich verstehen!‹ Der Hindu gab mir seine mysteriöse Nachricht, es war ein Geheimnis, das nur Capel und ich teilten.«
In ihrer Kindheit hieß sie Gabrielle, später dann Coco. Jetzt schon, im Jahre 1920, wird sie von allen »Mademoiselle« gerufen. »Fräulein« nennen sie ihre Angestellten mit einer Mischung aus Furcht und Respekt. In ihrer ganz großen Zeit, in den zwanziger Jahren, wird sie bis zu 3 000 Mitarbeiter haben. »Mademoiselle« steht auch auf der Tür ihres Büros in der rue Cambon. Dieses berühmte Wort »Mademoiselle« wird für Coco Chanel aber ein Paßwort in die Einsamkeit werden.
Doch »Mademoiselle« hat in den ersten Monaten des Jahres 1920 schon ihren festen Platz unter den Legenden des Jahrhunderts sicher. Der, der sie daran hindert, zu leben und zu genießen, verliert post mortem viel von seiner Größe. Was sicherlich aus Respekt für die Modediva in Frankreich lieber übersehen wird: Im Februar veröffentlicht die Londoner *Times*, lakonisch und ohne weitere Kommentare, das Testament von Arthur Capel. Daraus geht hervor, daß neben seiner Frau und den beiden Töchtern – ein zweites Mädchen war kurz nach seinem Tod zur Welt gekommen – Gabrielle und eine weitere Geliebte erben. Eine Italienerin, deren Name unbekannt geblieben ist. Das Märchen von Boy und Coco, von Irène und Lewis ist ausgeträumt.
Vom Liebesleben des Toten bleibt also eine kalte, mathematische Rechnung übrig: 620 000 Pfund für den Schein, also für Diana und die Kinder. 40 000 Pfund für Gabrielle Chanel und

derselbe Anteil für die schöne Unbekannte aus Italien. Wer ist die Frau, die im Herzen des Busineßmannes Capel den gleichen Stellenwert hatte? Gabrielle wird sich diese Frage offiziell nie stellen. Ihre Rache, wenn man denn nun die Liebe zu ihrem Mr. Higgins so beschreiben kann, wird ganz anderer Natur sein. Der Name »Boy Capel« wird nur dank Coco weiterleben, und so wird er ewig an sie gebunden sein. Außerdem, so stellt Coco fest, war er nicht reich, sondern gerade mal wohlhabend gewesen. Sie wird es besser machen als er. Ihn auch in dieser Beziehung übertrumpfen, das ist nun ihr Ziel.

Nichts kann Gabrielle Chanel mehr daran hindern, bitter zu sein. Im Schweizer Exil der fünfziger Jahre wird sie Paul Morand anvertrauen: »Ich bin alleine. Ich werde weitermachen, ohne Mann, ohne Kinder, ohne Enkelkinder, ohne all diese hübschen Illusionen, die uns glauben lassen, daß es auf der Welt noch andere Ichs gibt.«

Die zwanziger Jahre sind dann auch der Wendepunkt ihrer Karriere. »Plötzlich wachte ich auf und war eine Berühmtheit«, gesteht sie. Denn erstens hat Gabrielle nur noch ihre Arbeit, zweitens ist es die ideale Zeit für Neuerungen. Die Phase zwischen den zwei Kriegen ist eine Zeit der Dekadenz, wo alles Neue ohne Zögern aufgesogen wird, so wie sich ein trockener Schwamm im Kontakt mit Wasser füllt.

Es ist aber auch das Jahrzehnt der Frauen, weil allein in Frankreich 1,5 Millionen Männer nicht aus dem Krieg zurückgekommen sind. Insgesamt hat der Krieg 8,5 Millionen Soldatenleben gefordert, was eine handfeste und einfache Erklärung dafür ist, daß die weibliche Gesellschaft auf dem Vormarsch ist. Coco Chanel zu Paul Morand: »Ich arbeitete nun für die Frauen einer neuen Zeit. Bis dato hatten wir Frauen angezogen, denen die Zofen alles, sogar die Seidenstrümpfe, angelegt haben. Ich hatte nun aber eine Klientel aus aktiven Frauen, und aktive Frauen müssen sich wohl fühlen in ihren Kleidern. Sie müssen die Ärmel hochkrempeln können.«

Ganz spontan nehmen die Frauen in Frankreich sofort den Garçonne-Look an. Das heißt, die neue, extrem schlanke Silhouette trägt noch nicht diesen Namen. Erst 1922 wird der französische Romancier Victor Margueritte die Geschichte einer emanzipierten jungen Frau schreiben: »Garçonne« heißt sie. Dafür muß er postwendend seinen Orden, den er für seine anderen Werke bekommen hatte, im Élysée-Palast zurückgeben. Man ist empört.

Die Politik hinkt der Gesellschaft hinterher. Coco Chanel hat recht, wenn sie sagt, daß sie in Dingen der Mode ein Talent besitzt, das den Staatsmännern und Diplomaten tragischerweise fehlt: die Gabe, die Gesellschaft von morgen vorzufühlen.

Coco offeriert den Frauen also das, was die zwanziger Jahre auch heute noch charakterisiert: kurze Haare, extrem schlanke Silhouetten. Die Gürtel liegen locker auf der Hüfte. Das jahrhundertealte Korsett ist endlich gesprengt. Die Frauen wollen nicht mehr ihre Taille zeigen. Chanel wird von der amerikanischen *Vogue* »The Jersey-House« genannt, ihre Jerseyensembles, die langen Sweater und die geraden oder plissierten Röcke gehören nun zur weiblichen Grundausstattung. Es gibt sie auch als Imitation für kleinere Geldbeutel, was Chanel diebisch freut, denn für sie ist die Kopie ein sicheres Zeichen für ihr Talent und den richtigen Riecher.

Mutige Frauen nehmen jetzt auch Sonnenbäder. Allen voran Coco Chanel, die sich am besten gefällt, wenn sie einen Teint so dunkel wie eine Zigeunerin hat. Vornehme Blässe ist für sie nur ein Attribut inaktiver, unnützer Frauen.

Frauen wie Coco rauchen auch. Sie stecken ihre Zigaretten mit herausfordernden Blicken in Hornspitzen und tanzen Charleston, Foxtrott und bald auch zu amerikanischer Jazzmusik. Die Schriftstellerin Colette schreibt in dieser Zeit über eine Frau, die sich beim Tango totgetanzt hat: sieben Stunden am Tag, einen Monat lang, bis sie auf dem Parkett zusammenbricht.

Zucker, Brot und Elektrizität sind rationalisiert. Aber wenn nichts mehr geht, kann man auch bei Kerzenschein weiter zur Musik einer Jazzband tanzen. Mit ihrem neuen androgynen Charme buhlen die Frauen um die wenigen unversehrten Männer, die nach Paris zurückgekehrt sind. Moral ist das letzte, wonach man in dieser Nachkriegszeit strebt. Jedes dritte Kind, das in den zwanziger Jahren in Frankreich geboren wird, ist unehelich. Der erste Mann im Staat, Präsident Paul Deschanel, lebt dank einer tragikomischen Anekdote, über die das ganze Land lacht, das Leben der verrückten Jahre vor. Am 24. Mai fällt er bei einer Verrenkung, die sicherlich direkt vom Kamasutra verursacht wurde, aus dem Fenster seines Zuges und irrt stundenlang im Schlafanzug über die Felder von Montargis.

Gabrielle verläßt »La Milanaise«, das Gefängnis ihrer Erinnerungen, im Frühjahr. Sie zieht von einer Einsamkeit in die nächste, macht einen großen Bogen um Paris. Denn wieder wählt sie eine abgelegene Villa in der Vorstadt Garches. »Bel Respiro« ist ein großes Haus, von imposanten Bäumen umgeben. Die Nachbarschaft beschwert sich zwar über den extravaganten Anstrich der Villa an der Kreuzung zwischen der rue Alphonse-de-Neuville und der rue Édouard Detaille, aber das kümmert sie wenig. Das Haus wirkt wie eines der späteren Chanel-Kostüme. Der Putz ist beige, Fenster und Fensterläden sind schwarz lackiert, wie Paspeln an Taschen und Kragen der Nachkriegs-Chanels. Beige ist auch die dominierende Farbe in allen Räumen. Allgemein gilt die Farbe als schmuddelige Nichtfarbe, doch Coco möchte, daß sie der Beigeton ihrer Teppiche an einen Tennissandplatz oder Strand erinnert. Eine Art Sportswear à la Coco so auch für ihr Haus.

Der Dramaturg Henri Bernstein ist ihr Nachbar, seine Kinder dürfen zum Spielen kommen. Im Garten tummeln sich Cocos Wolfshunde – »Sonne« und »Mond« –, die inzwischen fünf Welpen haben. Denen hat Gabrielle einen einzigen gemeinschaftlichen Namen gegeben: »Der große Wagen«.

Aber auch »Bel Respiro« wird kein Ort des reinen Glücks für

Gabrielle Chanel werden, denn hier erreicht sie die Nachricht von einer neuen Tragödie. Ihre kleine Schwester Antoinette hat sich umgebracht. Ihr Held, dem sie mit so viel Überzeugung nach Kanada gefolgt war, hatte seine Versprechen nicht halten können. Als Oscar Fleming seine imposante Fliegeruniform ausgezogen hatte und im Schoß seiner kleinbürgerlichen, provinziellen Familie wieder ganz er selber war, merkte Antoinette, daß sie ihn eigentlich nicht liebte. Schon nach ein paar Wochen war sie sich über diese Tatsache im klaren. Sie verliebte sich in einen feurigen Argentinier, dem sie Hals über Kopf nach Buenos Aires folgte, wo sie sich 1920 das Leben nimmt.

Gabrielles Kummer ist groß, aber sie sieht die Verzweiflungstat der kleinen Antoinette, die zeit ihres Lebens der großen Coco widerstandslos gefolgt war, auch als einen Akt von Bravour. Ihr Tod sowie der frühe Tod von Julia verfestigen in ihr nur die Überzeugung, daß es besser ist, ihre familiäre Vergangenheit endgültig zu vergessen, die Chanels aus der Auvergne, aus Moulins und Vichy zu begraben. Sie will aus ihrer Kindheit nur noch das Beste in Erinnerung behalten. Und nur noch »stolz sein wie ein Vulkan der Auvergne, der darauf wartet, zu explodieren«.

Der tragische Tod von Antoinette wird aber eine weitere Konsequenz haben: Die fröhlichen Bilder von ihrer Hochzeit, die Visionen der damaligen Clique, der jungen Naiven, werden in ihr zum Alptraum. Sie sieht Antoinette, die tanzt und ihren Oscar anhimmelt. Boy, der Coco entschlossen bei der Hand nimmt und sie mit seinem jadegrünen Blick hypnotisiert... Die letzten verschwommenen Bilder eines großen Glücks müssen aus ihrem Kopf verschwinden.

Sie verbannt das Hochzeitskleid endgültig aus ihren Kollektionen. Nie wieder wird eine Hochzeitsrobe, so wie bei allen anderen Couturiers üblich, den Abschluß einer Modenschau von Coco Chanel bilden. Der Traum in Weiß war schließlich Antoinettes Verhängnis. Und das Hochzeitskleid von Diana Capel bedeutete für Coco die schlimmste Erniedrigung ihres Lebens. Außerdem erscheint es ihr als heuchlerisch, der Institution Hochzeit zu dienen. Sie kennt schließlich mehr Mätressen als glückliche Ehefrauen.

***

Nur ein Mensch hat wirklich Zugang zu Coco Chanel in der Zeit nach Boy und nach Antoinette. Misia Sert, ihre Freundin. Sie hatte sie im Mai 1917 bei einem Abendessen, das die Schauspielerin Cécile Sorel gegeben hatte, kennengelernt. Es war ein Zufall, daß Boy sie an jenem Abend nicht begleiten konnte. Und so waren Misia Sert und ihr Mann, der katalanische Maler José-Maria Sert, ihr richtiggehend aufgedrückt worden. Die Sorel erinnert sich: »Zwei Geier stürzten sich auf ein kleines Täubchen, um es nie wieder loszulassen.« Die Chanel selbst erinnert sich an Misia bei ihrer ersten Begegnung als eine kleine Dame mit einem Knoten auf dem Oberkopf, der aussah wie eine Mandarine.
Zur allgemeinen Erheiterung wurden bei der Sorel an diesem Abend Totenmärsche gespielt. Das fand die Chanel sehr amüsant. Nicht tolerieren konnte sie aber den »schlechten Geschmack«, der bei ihr vorherrschte und für den die Chanel überhaupt kein Verständnis zeigte. Ihre Beschreibung der Dekoration der Wohnung zeigt Coco Chanel als eine sarkastische Gesellschaftskarikaturistin, die ihrem zeichnenden Freund Sem in nichts nachsteht: »... die goldene Tischdecke war nicht mal aus Gold und außerdem noch dreckig. Auf jedem Fettfleck lag Obst, das Thema der Tischdekoration war sicherlich ›Garten Eden‹ oder so etwas.«
Misia war von der rassigen Unbekannten mit den kurzen schwarzen Haaren, die wie ein Helm wirkten, fasziniert. Und deshalb wollte sie sie unbedingt für sich gewinnen. Misia ist schließlich die Muse von »Tout Paris«, ständig auf der Suche nach einer neuen Inspiration. Sie lechzt förmlich nach neuen

Möglichkeiten, ihren Einfluß zu testen, um sich dann am Resultat zu laben wie der Löwe am rohen Fleisch.

Ja, Gabrielle erschien ihr schon damals, im Jahr 1917, eine ideale Bereicherung für ihre Inspiration zu sein. Faszinierend, wenn auch noch weitgehend schweigsam, diese Chanel, weil sie von ihrem Unwissen, was die Kultur angeht, überzeugt war. Aber schon eine Figur der Gesellschaft.

Sicherlich hatte ihr Boy Capel schon vorher die Künstlereingänge der Theater geöffnet. Aber es waren immer nur die Logen der Schauspielerinnen gewesen, für die Charme und Schönheit die größte Rolle spielte. Kurzum: Für Gabrielle war es bis jetzt im weitesten Sinne immer nur um die Dinge der Mode gegangen. Und um die Liebe. Denn wer weiß, welcher der Schauspielerinnen Boy unter den Rock griff, wenn er ohne Coco kam.

Die Serts leben intensiv. Kunst ist für sie »Sein oder Nichtsein«. Wie die Chanel erzählt: »Misia trat in mein Leben, als ich den größten Kummer hatte. Die Traurigkeit der anderen zieht sie an, wie manche Düfte die Bienen anziehen.« Der Nektar dieser außergewöhnlichen Gabe hat die Maler ihrer Zeit, denen sie begegnete, gefangengenommen. Sie ist eine schöne, üppige Spinne, die viele Künstler in ihrem Netz gefangen hatte.

Misia wurde 1872 geboren und wuchs in Brüssel auf, wo sie auf dem Schloß von Gabriel Fauré, dem Komponisten und Freund des Vaters, schon als Baby Musik hörte. Ihre Karriere hatte sozusagen auf den Männerschößen der Impressionisten, ungefähr1895, angefangen. Vuillard malte sie so intensiv, wie er sie liebte: »Misia auf dem Feld«, »Misia mit der gepunkteten Korsage«. Misia hier, Misia da, Misia bei Bonnard. Misia auf den Plakaten der *Revue Blanche*, bei Toulouse-Lautrec als »Belle Patineuse« im rot-blau karierten Mantel. Misia hatte sogar den greisen Fauvisten Auguste Renoir so verrückt gemacht, daß der seine zitternden Hände vom Hausmädchen an der Farbpalette festbinden ließ, um das üppige Décolleté von Misia noch einmal zu malen.

Wie der Derwisch sich dreht, um sich selber in Trance zu bringen, ergötzt sich Misia Sert an ihrem eigenen Tanz durch die Epochen der Kunst. Der Surrealismus als brutaler Bruch mit der Ordnung und der Moral kündigt sich kurz nach dem großen Krieg schon an, aber Misia hält an ihrem Thron fest.

José-Maria Sert ist ihr dritter Ehemann. Der erste war ihr polnischer Landsmann Thadeus Natanson, Begründer der *Revue Blanche*. Nummer zwei war Edwards, der reiche Besitzer der Pariser Tageszeitung *Le Matin*, den sie wiederum für Sert verlassen hatte. Wie sie selber in ihrer Autobiographie »Misia über Misia« schreibt: »Natanson war ein Freund aus Kindertagen, Edwards hätte auch mein Vater sein können und hat aus mir das verwöhnteste kleine Mädchen der Welt gemacht. Mit Sert dagegen bildete ich ein harmonisches Paar.«

Dieser glänzt weniger durch seine anerkannte Kunst. Seine monumentalen Fresken im Waldorf-Astoria von New York, in zahlreichen Wohnungen zwischen Mailand und Buenos Aires oder etwa einer Kapelle bei Barcelona haben ihm keinen ruhmreichen Eintrag im Lexikon der Kunstgeschichte beschert. »Er ist«, wie die Sorel so treffend sagt, »ein Geier, der einen scharfen Sinn besitzt, über ein unglaubliches kunsthistorisches Wissen verfügt, der intensiv lebt, Geld zum Fenster hinausschmeißt, trinkt und frißt, was ihm eine unvorteilhafte Figur verschafft, aber mehr nicht.« Und Coco Chanel über José-Maria Sert: »Dieser fette behaarte Affe mit seinem gefärbten Bart, mit seinem Buckel und seinen enormen Hornbrillen liebte das Kolossale in allen Bereichen ... Er war nicht mal nur unaufdringlich.« José-Maria Sert hat von allem Negativen zuviel vorzuweisen.

Er hatte Misia zum Beispiel in den Kreis seiner besten Freunde eingeführt. Allen voran der Meister des revolutionären russischen Balletts: Serge Diaghilew, für den Misia trotz seiner Homosexualität bald unentbehrlich werden würde. Doch dazu später, denn das Abenteuer der »Ballets Russes« wird auch für Coco Chanel noch von großer Wichtigkeit sein. Für Misia

jedenfalls ist die geniale Seilschaft, die ihren José-Maria mit den großen Männern des Moments verbindet, die Art von Erotik, die sie anzieht. Sie liebt ihn für seine inspirierenden Freunde und für sein aufregendes Leben.
In Misia hatte Gabrielle also – nach eigenem Bekunden – die einzige Freundin ihres Lebens gefunden »Das heißt, mehr als eine Freundschaft verband uns das gegenseitige Gefallen, das wir aneinander fanden. Wir lieben die Menschen nur für ihre Fehler: Misia hat mir also viele Gründe gegeben, sie zu lieben. Misia hängt nur an dem, was sie nicht versteht, dabei versteht sie fast alles. Ich aber bin für sie ein Geheimnis geblieben... Misia ist ein herausragender Mensch, der nur Frauen und Künstlern gefallen kann. Denn Misia ist für Paris das, was die Göttin Kâli für den Hinduismus ist: Sie ist gleichzeitig die Göttin des Entstehens und der Zerstörung.«
Nicht verwunderlich also, daß Misia im Frühsommer 1920 die einzige Person ist, die Coco Chanel nach dem Tod von Capel zu trösten vermag. Doch die Angestellten von Coco Chanel hassen Misia. Sie hassen sie dafür, daß sie morgens um 9 Uhr schon in Garches eintrifft und in herrischem Ton fordert, Coco zu sehen. Und der Butler haßt sie dafür, daß sie die einzige ist, für die seine Mademoiselle ohne Zornausbrüche dann auch wirklich aufsteht. Wo doch normalerweise bis 12 Uhr in »Bel Respiro« absolute Ruhe herrschen soll, weil Mademoiselle bis mittags im Bett liegt, liest und telefoniert. Sie steht erst auf, um dann auf dem direkten Wege in die rue Cambon zu fahren.
Misia ist die einzige, die autoritär mit Coco Chanel umgehen darf. Die einzige, der Coco keinen Widerspruch leistet. So entscheidet Misia im Sommer 1920, daß es an der Zeit ist, Boy zu vergessen und endlich ein neues Leben zu beginnen. Sie reißt ihr die Bettdecke weg: »Genug getrauert, arme kleine Coco. Pack die Koffer, wir fahren nach Venedig.« Die Serts nehmen Gabrielle mit zu ihrer jährlichen Sommerfrische in Italien. Und wie Misia das Gegengift zu Coco Chanels immer wieder aufbrechender

Egozentrik ist, entpuppt sich Venedig schon bald als geeignetes Gegengift, ihrer lethargischen Trauer ein Ende zu machen. »Die Serts haben mich gerettet«, wird sie später sagen.
In Venedig wird tatsächlich eine neue Chanel geboren. Bei der Vorbereitung der Reise war sie noch störrisch und negativ allem gegenüber gewesen. Misia hatte ihr befohlen, Pastellfarben und Pinsel ins Gepäck zu stecken: »Damit Du dich entspannst.« Aber als sie erst einmal dort sind, entdeckt Gabrielle, daß all diese geistigen Anregungen, die die pulsierende Stadt bietet, kein schlechter Ausgleich für die persönlichen Verluste sind, die sie so niedergestreckt haben. José-Maria schleppt sie von einem Museum ins andere, erklärt und erzählt ohne Unterlaß. Sie erfährt im Schlepptau der beiden intensiv lebenden Serts, daß künstlerische Inspiration mehr nähren kann als erotische Befriedigung.
Coco Chanel beschreibt ihre Venedigreise auch gegenüber Paul Morand: »Sert war prächtig und unmoralisch wie ein Mann der Renaissance. Er führte mich feierlich durch die Museen – so wie eine Wildkatze einen durch einen nur ihr bekannten Wald leiten kann. Jojo wußte alles. Er kannte den Katalog der Gemälde von Boltraffion auswendig, das Leben der Heiligen; er wußte, was Dürer mit 14 Jahren graviert hatte, was das Gemälde »Die hundert Gulden« bei der letzten Auktion eingebracht hatte, welche Farben Hannibal Carrache benutzt hatte.« Sobald er das Museum verläßt, ist er hungrig. Dann kann es schon mal vorkommen, daß er auf der Stelle eine 100 Kilometer entfernte Osteria wiederfinden muß, wo er mal exzellente Singvögel gegessen hat. Die Chanel: »Sert bestellte mit dieser natürlichen Feierlichkeit nur große Weine und seltene Speisen. Unsere Tische sahen jedesmal aus wie auf einem Gemälde von Veronese.« Mit seinem starken spanischen Akzent schimpft er die beiden Frauen aus, wenn sie einfachen Orvieto-Wein bestellen: »Ma que, meine Damen, der kostet doch nur drei Lire. Bleiben wir beim Château Yquem.« Kaum hat sich Sert seinen fettigen

Mund abgeputzt, geht die Reise durch Venedig weiter: »Meine Damen, die Architektur ist das Skelett der Städte, denn von einem Gesicht ohne Knochen bleibt nichts übrig. Apropos Skelett, Mademoiselle: Sie würden eine hervorragende Tote abgeben.«

Coco Chanel entdeckt in Venedig ihre Leidenschaft für Antiquitäten. Sie beginnt, Löwen zu sammeln, das Wahrzeichen der Stadt und auch ihr Sternzeichen. Doch, wo immer sie auch hinkommt, wo immer sie sich auch für ein Objekt interessiert, ist José-Maria Sert schneller als sie: »Wenn ich zu einem Antiquitätenhändler kam und mich nach einem Preis erkundigte, hatte Sert immer gerade eine Anzahlung hinterlassen.«

Es ist nicht übertrieben: Ihre Genesung in Venedig verläuft explosionsartig. Denn nur so erklärt sich die absolute Neuorientierung im Leben und in der Karriere der Modemacherin Coco Chanel. Sie wird in Zukunft eng mit Künstlern zusammenarbeiten, ihre Kleider werden so wie Gemälde unterschiedlichen Inspirationsquellen unterliegen und verschiedene Perioden aufweisen. Sie wird wie ein Geigerzähler alle Erschütterungen der Gesellschaft wahrnehmen. Kurzum: Sie wird in ihrem Bereich zur Künstlerin werden, da wo sie bisher vorrangig die Perfektionistin war, wird sie mit enormer Kreativität Neues entstehen lassen. Der Kontakt zu den Künstlern und ihre in Venedig beginnende Integration in das Milieu werden zur Folge haben, daß die Chanel aus ihrem Handwerk eine Kunst machen kann.

In Venedig trifft das Trio auch gute Freunde. Und anderem Sergei Diaghilew, der von der russischen Großherzogin Maria Pawlowna begleitet wird. Maria ist die Tante des letzten russischen Zaren. Zwei Jahre ist es nun her, daß Nikolaus II., seine Alexandra und die vier Kinder in Jekaterinenburg von den Bolschewiken grausam niedergemetzelt wurden. Maria ist eine geborene von Mecklenburg, die von den Romanows zärtlich Tante Miechen genannt wurde und die in Venedig ihren letzten unbeschwerten Sommer erlebt. Aus Rom schwappt das Gerücht hinüber, daß der Zar noch lebe und sich im Vatikan versteckt halte. Die Pawlowna hört nicht hin, sie weiß, daß Mütterchen Rußland verloren ist. Die Monarchie ist tot. Die alte Dame läßt sich in Venedig traurig von einem Landsmann spazierenführen …

Sergei Diaghilew nennt sich inzwischen Serge. Er kennt die Pawlowna aus guten Tagen in St. Petersburg, wo sie seine erste begeisterte Mäzenin war. Während die Zarin Alexandra aufgrund der Bluterkrankheit des Zarewitsch Alexis und des diabolischen Einflusses von Rasputin schon den Kopf verloren hatte, war Tante Miechen, die Frau von Großherzog Wladimir, nicht nur zu ihrer Feindin geworden, sondern mehr noch als schon vorher zur heimlichen Königin von St. Petersburg. Die elegante, gescheite Frau empfing in ihrem Stadtpalais am Ufer der Newa die Kulturelite der ganzen Welt, während die Zarin lieber spiritistische Sitzungen mit dem Moujik Rasputin organisierte. Tante Miechen war am Hofe auch tonangebend, was neue Moden und angesagte Künstler betraf.

Diaghilew wurde schnell zu einem ihrer liebsten Protegés. Als junger Mann war der Neffe von Peter Tschaikowsky nichts als ein frustrierter Musiker gewesen, weil er weder ein Instrument richtig beherrschte noch zum Komponieren Talent hatte. Der erste Akt seiner künstlerischen Karriere: Im Jahr 1900 organisiert er in Paris eine Ausstellung der Maler des russischen Symbolismus. Mit ihnen sowie mit Maria Pawlowna teilt er die Auffassung, daß Kunst nicht unbedingt Ausdruck einer sozialkritischen Haltung sein müsse. Diaghilew spürt eine romantische Vision der Kunst in sich – die genauso romantisch ist wie seine Liebe zum Vaterland. Aber welches Vaterland ist seins? Das alte Rußland ist inzwischen nicht mehr als eine traurige Erinnerung. So wird er im Tanz, im Ballett seine Ausdrucksform finden. »Ich werde für immer versuchen, die überholte Legende von einem barbarischen Rußland aus der Welt zu schaffen«, ist das Motto von Serge Diaghilew.

Seine Truppe, die Ballets Russes, hat er 1908 gegründet. Für deren schnellen Erfolg war sein Geliebter und Tänzer Vaclav Nijinski mitverantwortlich. Der war es seit seiner Kindheit gewohnt gewesen, mit dem Stock geschlagen zu werden, wenn er beim Tanzen nicht alles gab. Diaghilew machte es auch so. Er ließ Nijinski tanzen, bis ihm die Füße bluteten. Er machte es möglich, daß aus dem kleinen Halbmongolen auf der Bühne ein unglaublich anmutiger und graziler Schmetterling wurde. Der Dichter und Weggefährte der beiden, Jean Cocteau, in seinen Erinnerungen: »Diesen mit Schminke verschmierten jungen Mann werde ich nie vergessen. Wie er schimpfte, wie er schwitzte, wie er sein ratterndes Herz mit der einen Hand festdrückte und sich mit der anderen am Dekor festhielt. Wie er manchmal ohnmächtig auf einem Stuhl zusammengebrochen war. Und dann ging er geohrfeigt und durchgerüttelt auf die Bühne und verbeugte sich mit einem Lächeln. Nijinski ist ein echter Moujik, der in sich das Blut hat, das die Massen bewegt, er spuckt auf dieses Publikum, dem er so gefällt.«

Nijinski war also der erste geniale Schüler von Diaghilew. Jeder Schlag, jeder Tritt wurde nach dem Auftritt mit einem riesigen Blumenbouquet vom großen Meister entschuldigt. Das ist die Maßlosigkeit, die das Ballett von Diaghilew auszeichnete. Und so tyrannisch, wie er seinen Liebhaber gängelt, so behandelt Diaghilew auch die Libretti, die Opern und Tänze, die er bearbeitet. Er holt aus allem das Äußerste, das Beste raus. In einem der berühmten Aussprüche von Coco Chanel beschreibt sie ihn als einen »der die Genies sucht, so verbissen, wie der Clochard auf der Straße seine Zigarettenstummel sucht.«

Diaghilews großer Triumph war bisher »Le Sacre du Printemps«. Diese »Bilder des heidnischen Rußlands« – wie er sie nannte – gerieten 1913 zu einem Kulturschock in zwei Akten für die Gesellschaft. Coco Chanel war dabeigewesen im Théâtre du Châtelet an diesem Abend und hatte sich an den Protesten der Adeligen und Konservativen gelabt, für die das ansonsten so

gediegen brave Ballett jetzt nur noch Provokation war. Die beißende Satire auf der Bühne war zu einem Spiegel, der ihrem eigenen Snobismus vorgehalten wurde, geworden. Ein Spiegel, in dem sich ihre schönen Gesichter zu Fratzen verwandelt hatten. Diaghilew hatte mit diesem Infragestellen des Konventionellen eine wahre Kunstrevolution angezettelt.
Ob abstrakt, kubistisch oder surrealistisch – er hatte inzwischen das ganze avantgardistische Paris hinter sich vereint. Die Liste all derer, die von 1908, dem Jahr der Gründung der Ballets Russes, bis zu seinem Tod im Jahr 1929 für Diaghilew Bühnenbilder malen, ersetzt alle weiteren Erklärungen, wofür seine Arbeit stand. Georges Braque, Giorgio de Chirico, Jean Cocteau, Max Ernst, Juan Gris, Henri Matisse, Joan Miró, Pablo Picasso, Maurice Utrillo und viele andere gehören dazu.
Der Mann mit dem Monokel, der der Chanel gerade in Harry's Bar in Venedig gegenübersitzt, zieht all diese Talente an, um Gesamtkunstwerke zu schaffen, die über das traditionelle Tanztheater weit hinausgehen. Coco weiß um all das, sie hat seine Karriere, seine Skandale seit dem Erlebnis mit »Sacre du Printemps« in der Presse begeistert verfolgt. Sie weiß aber auch, daß Diaghilew es seit diesem denkwürdigen Mai 1913 im Théâtre du Châtelet ebenfalls geschafft hat, Nijinski zunächst in die Psychiatrie und dann in die Arme einer Frau zu treiben. Daß er bei einem New Yorker Gastspiel von »Scheherazade« die schönen Seidenkissen auf dem Boden eines Harems durch merkwürdige amerikanische Schaukelstühle ersetzen mußte, ist ihr ebenfalls bekannt. Und daß der Tyrann den von ihm selbst kreierten Amethystring für den weltbesten Tänzer inzwischen längst an seinen neuen Liebhaber, Leonid Massine, weitergereicht hat, weiß sie auch. Die Chanel sagt über den Mann, der mit seiner schöpferischen Kraft auch ihr Leben verändern wird: »Diaghilew war der erste, der verstanden hat, daß man nicht nur nach Beethoven, sondern auch nach einem Gemälde von Picasso und nach einem Gedicht

von Claudel tanzen kann.« Diaghilew wird auch in der Chanel alles tanzen lassen.
Venedig, die magische Stadt, von der Marcel Proust gesagt hatte, daß sie die Pilgerstätte der Religion »Schönheit« sei. Eine Stadt zum Ausrutschen, meinte D. H. Laurence. Venedig, die auf Wasser gebaute Stadt, gehört den Poeten. Zum Cappuccino morgens trifft man sich im Accademia, in der Mittagshitze im Schatten der Arkaden der Piazza San Zanipolo und abends im Restaurant des Fenice. »Venedig sehen und sterben« von J. H. Chase ist in aller Gedanken. Coco Chanel ist auch hier eine stumme und faszinierte Zuhörerin.
Diaghilew darf zum hundertsten Mal erzählen, wie er während des Kriegs in einer Genfer Lagerhalle probte, während Igor Strawinsky nebenan komponierte und die Genossen Lenin und Trotzki ein paar hundert Meter weiter in einem versiegelten Eisenbahnwaggon darauf warteten, heimlich über Deutschland nach Rußland zurückzukehren. Unter die russischen Impressionen mischen sich auch die Erinnerungen von Maria Pawlowna. Sie darf auch noch ein letztes Mal erklären, wie sie bei der Mutter des Zaren für das Vorhaben der Ermordung Rasputins plädierte: »Wenn wir nichts tun, ist die Monarchie verloren.«
Ihr Rußland ist bereits verloren, das Vermögen der Pawlowna auch. Und so ist Hauptgesprächsthema in Venedig diese neue fixe Idee von Diaghilew: Er möchte mit Massine den »Sacre« unbedingt noch einmal neu inszenieren. Doch er leidet unter chronischem Geldmangel, weil er von seiner Manie angetrieben drei Balletts im Jahr kreiert und nie darauf wartet, daß sich eines seiner Spektakel auch einmal rentiert. Er ist ein ganz besessener Grandseigneur, einer, der täglich Champagner trinkt, sich aber nicht darum schert, daß seine Hosen nur noch von Sicherheitsnadeln gehalten werden, daß das Pelzcape, das er nie ablegt, verlaust ist.
Der Herbst kommt, die Gondeln tragen Trauer – die Exzentriker verlassen den Canale Grande. Traurig begibt sich auch Coco

Chanel vor der Abreise in die Kirche Santa Maria della Salute. Dort betet sie zu ihrem Lieblingsheiligen. Der Hl. Antonius ist der einzige, den sie in den Jahren in Obazine liebgewonnen hat. Antonius, der in die Wüste gezogen war. Der dem Fegefeuer der Versuchung und des Teufels widerstanden hatte. Die Chanel ist zwar nicht etwa im eigentlichen, strengen Sinne religiös, aber sie hängt an ihrem Hl. Antonius mit demselben Instinkt, mit dem sie an ihren familiären Wurzeln hängt. »Ich sehe mich noch in der Kirche vor der Statue des Heiligen. Ein Mann vor mir lag mit der Stirn auf dem Steinboden. Er war so schön und so traurig, in ihm schien so viel Verzweiflung und so viel Trauer zu sein, daß ich mich für meine eigene Niedergeschlagenheit schämte.« Ein Wunder sei an diesem Tage geschehen. Sie vergleicht ihren eigenen Kummer nur noch mit dem eines verwöhnten Kindes.

Die Rückkehr nach Paris naht: »Ich nahm mein Leben als Diktator wieder auf: das des Erfolges und der Einsamkeit. Ich war von meinem Urlaub völlig erschöpft. Nichts entspannt mich mehr als meine Arbeit, nichts erschöpft mich mehr als der Müßiggang.« Sie bildet sich ein, daß die Angestellten über die sommerliche Abwesenheit ihrer Mademoiselle geweint hätten. Was sicherlich ein stark übertriebenes Wunschdenken ist.

Coco Chanel ist nach ihrer Venedigreise voller neuer schöpferischer Energie. Sie hat es eilig, all ihre russischen Impressionen umzusetzen. Doch bevor sie sich an die Arbeit macht, bevor die slawische Periode in der rue Cambon beginnen kann, hat sie noch etwas zu regeln.

Ein paar Tage nach ihrer Rückkehr begibt sich Coco Chanel heimlich in die Pariser Villa von Serge Diaghilew. Sie läßt sich vom Butler melden. Diaghilew sagt ihm, daß ihm ein gewisses Fräulein Chanel, das da unten im Salon auf ihn wartet, absolut kein Begriff sei. Er hat sich doch tatsächlich den Namen von Misias stummer Freundin nicht gemerkt. Trotzdem empfängt Diaghilew die Chanel. Sein Privatsekretär und späterer Biograph Boris Kochno wird die Details dieser Episode erst in den siebziger Jahren enthüllen: »Sie reichte ihm einen Scheck, der all seine Hoffnungen übertraf.« 300 000 Francs übergibt sie ihm. Ein beachtlicher Betrag, der die Wiederaufnahme des »Sacre du Printemps« mehr als möglich macht. Diaghilew, der Tyrann, ist sprachlos, sammelt sich erst, als er Coco versprechen muß, sich an ihre einzige Bedingung zu halten: nämlich über seine überraschende Mäzenin zu schweigen.

Coco Chanel ist 37 Jahre alt und bereits in der Lage, die Avantgarde zu stützen. Wer bietet mehr? Niemand. Nicht mal eine Muse.

6. KAPITEL

Die slawische Periode

»Die Prinzen blauen Blutes habe ich immer sehr bedauert. Ihr Beruf – wenn sie ihn denn nun ausüben dürfen – ist der traurigste, den man sich vorstellen kann. Wenn sie ihn nicht ausüben dürfen, ist es noch schlimmer«, sagt die Chanel. Aber die Faszination des Adels, dieser ganz anderen Welt, bleibt.

Im Jahr 1920 wird Großherzog Dimitri Pawlovitsch so der Liebhaber von Coco Chanel. Wo genau sie ihn kennengelernt hat, bleibt unklar. Vielleicht war er mit Tante Miechen in Venedig, oder aber Coco traf ihn bei einem kurzen Wochenende in Biarritz. Das ist die Version der Schauspielerin Gabrielle Dorziat, die behauptet, daß sie, die Chanel und Marthe Davelli – Cocos singendes Pendant – in Biarritz zusammen waren.

Dimitri war damals der Geliebte von Marthe. Laut der Dorziat sprachen die drei Frauen über den knabenhaften Zarenneffen,

und die Davelli flüsterte der Chanel zu: »Wenn Du ihn willst, kannst Du ihn haben. Er ist mir zu teuer im Unterhalt.« Gabrielle nimmt ihn, und er zieht noch im Herbst 1920 in »Bel Respiro« ein.
Dimitri ist 29 Jahre alt. Er hat das traurige Gesicht aller Romanowmänner. Dunkel umschattete Augen, deren melancholischer Blick von einer fast krankhaft wirkenden Blässe noch unterstrichen wird. Dimitri ist eine Mischung aus Grandezza und Tragödie, die Coco Chanel rührt. Sie nimmt ihn in ihre Obhut, hilft ihm, so wie sie das herzzerreißende Heimweh seines Landsmanns Diaghilew mit ihrer Finanzspritze lindern konnte.
Coco ist elf Jahre älter als Dimitri. Sie ist die Dominierende bei diesem Paar. Der Großherzog besitzt nichts außer der Treue seines Kammerdieners Poitr, der ebenfalls bei der Chanel einzieht. Seit zwei Jahren ist er nun schon in Paris, und nur die Mutterinstinkte einiger reicher Damen – auf der Suche nach einem exzentrischen Amüsement – haben ihn bisher über Wasser gehalten. Es heißt, Coco Chanel sei seit ihrer Kindheit traurig. Dimitri ist es noch mehr als sie, denn seine persönliche Tragödie ist auch die Tragödie seines Landes, aber die Tochter des Marktschreiers aus der Auvergne hat die Kraft, den Lieblingsneffen des Zaren Nikolaus II. aufzufangen.
Dimitris Mutter Olga, die aus der griechischen Königsfamilie stammte, war bei seiner Geburt gestorben. Anläßlich seiner Taufe wurde er zusammen mit seiner Urgroßmutter und Großmutter fotografiert. Das Bild zeigt ihn schon unendlich traurig, in seinen kleinen Fäustchen hält er das Medaillon mit dem Konterfei seiner Mutter. Dimitri ist wie eine traurige kleine Marionette, fest eingebunden in seine Familie. Er hat schon früh diesen geheimnisvoll melancholischen Blick, der Gabrielle so reizt.
Er lebte mit seiner Schwester Maria so isoliert, daß er als Kind kein Wort Russisch sprach. Englische Nannies waren in seinen ersten Jahren die einzigen Ansprechpartner. Sein Vater Paul

hatte in zweiter Ehe die Bürgerliche und noch dazu geschiedene Olga Karnovic geheiratet, wofür er mit einem langen Exil in Sibirien bestraft wurde. So verbrachten Maria und Dimitri ihre Jugendjahre hinter den hohen Mauern des Kremls bei Onkel Sergei. Dieser wurde als Gouverneur von Moskau vor den Augen seines Neffen ermordet. Mit vierzehn Jahren lastete auf den schmalen Schultern Dimitris schon ein ganzes Regiment an Sorgen. Später sollte aus ihm sogar so etwas wie ein Nationalheld werden. Der hagere junge Mann, der nun in Chanels Armen liegt, ist einer derer, die dafür gesorgt haben, daß Rasputin ermordet wurde. Sein Freund, Prinz Felix Jussupow, war der Kopf und der Ausführer des Komplotts gegen den Feind der Monarchie. Rasputin hatte es von der sibirischen Steppe bis an den Hof in Moskau geschafft. Die neurotische, vielleicht auch schizophrene Zarin Alexandra war dem Scharlatan hörig. Für sie hingen die Heilung ihres bluterkranken Sohnes Alexis und die Rettung des Reichs von den Gebeten und Orakeln des »heiligen Mannes« ab. Zahlreiche Verschwörungen gegen den Teufel aus Sibirien hatte es schon gegeben. Die von Jussupow gelang. Mit Hilfe seiner Kameraden, dem Abgeordneten Puritchkevitch, dem Doktor Lazovert; Soukhotine und eben mit Hilfe von Großherzog Dimitri lockte Felix Rasputin in der Nacht vom 16. auf den 17. Dezember 1916 unter dem Vorwand, eine Orgie mit schönen Frauen feiern zu wollen, in sein Stadtpalais und erschoß ihn eigenhändig.

Dimitri, der neue Mann im Bett von Coco Chanel, war einer der drei Komplizen, die das Paket mit den sterblichen Überresten von Rasputin im Morgengrauen des 17. Dezember in der Kleinen Newa versenkt haben.

Nach dem Attentat wurde Dimitri vom Zaren, der ihm immer noch wohlgesonnen war, ins persische Exil geschickt, welches er mit dem Sturz der Monarchie aber verlassen konnte.

Der Kammerdiener Piotr hat seinen Herren Dimitri durch all diese Abenteuer begleitet. Wie alle Diener hoffnungslos treu, ist er in Garches sicher derjenige, dem die Extravaganz der neuen Situation am meisten auffällt. Wenn sein Herr mit Mademoiselle alleine ist, setzt er sich manchmal unter eine alte Eiche im Park von »Bel Respiro« und spielt auf der Balalaika. Was gibt es Melancholischeres als diese weinende russische Gitarre. Die sehnsüchtige Musik schallt durch die Baumalleen einer eleganten Pariser Vorstadt. Die Atmosphäre in »Bel Respiro« könnte kaum bizarrer sein.

Coco Chanel berauscht sich an ihren zwei neuen russischen Leidenschaften: an Dimitri und den Ballets Russes: »Man muß dem slawischen Charme erlegen gewesen sein, um zu wissen, was er bedeutet. Ich war fasziniert. Ihr Alles-was-mir-gehört-gehört-auch-Dir hat mich verzückt. Alle Slawen sind vornehm, natürlich, und selbst die Bescheidensten unter ihnen sind niemals ordinär.«

Unter die schönen traurigen Klänge von Piotrs Balalaika mischen sich bald die Töne eines Pianos. Es ist der Flügel des großen Komponisten Igor Strawinsky. Der war bislang auch nur durch Europa gejagt. Aus Liebe zu seiner immer kränkelnden Frau hatte er in den letzten Kriegsjahren seine Arbeit vernachlässigt und in der Schweiz auf das Ende des Terrorregimes gewartet. Nach dem Krieg war er zunächst mit Frau und Kindern in einer schäbigen kleinen Wohnung am boulevard Rochechouard von Montmartre untergekommen.

Eine furchtbare Situation, aus der ihn Coco Chanel noch vor Weihnachten 1920 befreit, indem sie ihm, seiner Katerine und den Kindern Mylène und Mirka ohne zu zögern vorschlägt, zu ihr nach »Bel Respiro« zu ziehen: »Als ich ihn kennenlernte, war er noch kein Kosmopolit, sehr russisch in seiner Art. Er hatte einen kleinen Schnauzbart unter einer großen, roten Nase. Er hatte etwas von dem Beamten in einer Erzählung von Tschechow.«

Ihre russische Periode, zu deren modischen Ausdrucksmitteln an anderer Stelle noch viel zu sagen sein wird, macht Coco

Chanel zu einem geselligen Menschen. Die Warmherzigkeit, das Temperament und das Beseeltsein ihrer neuen Begleiter lassen Coco aus sich herausgehen. Sie ist eine begeisterte Gastgeberin. Sie liebt das turbulente Leben in ihrem Haus. Sie entdeckt auch die einfache Freude, den Strawinsky-Kindern Mirka und Mylène beim Spielen zuzuschauen. Sie begeistert sich für die Teezeremonie mit dem Samowar. Coco Chanel wird russischer als die russischen Flüchtlinge, die sie umgeben. Das liegt wohl auch daran, daß sie in den vergangenen Jahren gelernt hat, die Heuchelei hinter dem Verhaltenskodex der Pariser Gesellschaft zu enttarnen.

Coco ist die starke, ungewöhnlich liebenswürdige Herrin des Hauses mit all seinen Waisen aus Mütterchen Rußland. Ihr Glück in dieser Zeit in »Bel Respiro« hat sie niemals verschwiegen. Von Strawinsky wird sie so später immer gerne erzählen, nicht aber von Dimitri. Es sind nur wenige Details über ihre Romanze bekannt. Der junge schöne Mann ist für sie eine Art Ikone, mit der sie wahrscheinlich so vorsichtig umgeht wie der Zar mit seinen wertvollen Fabergé-Eiern. Ein Großherzog darf nicht mit einem ordinären Gigolo verwechselt werden. Darauf legt Coco Wert, auch wenn sie nie in ihrem Leben leugnet, daß Sexualität für sie eine wichtige Rolle spielt.

Coco erweist sich in ihrer Romanze als formvollendete Mäzenin. So lädt sie Dimitri für ein Wochenende nach Monaco, dem neuen Eldorado der Reichen und Schönen, ein. Dem Concièrge des Hôtel de Paris gibt sie die Anweisung, er solle Dimitri doch bitte für den Aufenthalt eine kleine Rechnung präsentieren, sie würde den wesentlichen Teil der Kosten dann später heimlich zahlen. Die Chanel, für die Stolz eine der größten Tugenden ist, weiß, was zu tun ist, damit ihr kleiner Prinz ohne Krone seine Würde nicht verliert.

Misia Sert lästert vor Tout Paris über den neuen Liebhaber ihrer Freundin: »Mein Gott, unsere Coco ist romantisch wie ein Schulmädchen. Jetzt liebt sie auch noch einen Großherzog.«

Misia ist eifersüchtig und spinnt Intrigen. Und Strawinsky ist sicherlich in seine Wohltäterin hoffnungslos verliebt. Die Spinne Misia quält ihn gefühllos mit Details aus dem Liebesleben von Coco und Dimitri.

Die Chanel erzählt Morand später: »Strawinsky machte mir den Hof. Ich sagte ihm: ›Igor, wenn Deine Frau das wüßte.‹ Er antwortete mir etwas typisch Russisches: ›Natürlich weiß sie, daß ich Dich liebe. Wem anderes als meiner Frau könnte ich ein so großes Geheimnis anvertrauen?‹« Laut Coco Chanel beschränkt sich Strawinsky darauf, sie in die Geheimnisse der großen Musik einzuweihen. Auf dem Flügel, der mitten im beigen Salon thront, spielt er ihr Wagner vor. Sie lernt, seine Leidenschaft für die dramatischen Opern des deutschen Komponisten zu teilen.

In Cocos Augen geht Strawinsky aus seinem Liebesdrama, von dem der ganze Freundeskreis um Diaghilew, Jean Cocteau und Pablo Picasso weiß, als reifer Mann hervor: »Dieses Abenteuer, über das ich heute lache, hat den schüchternen Igor gehärtet. Aus einem Eroberten ist ein Eroberer geworden.« Nach seinen für Diaghilews Ballets Russes geschriebenen, schmerzvollzerrissenen Kompositionen »Feuervogel« im Jahr 1910, später »Petruschka« und »Le Sacre du Printemps« komponiert er in den zwei Jahren, die er mit seiner Familie unter Chanels Dach verbringt, sanfte russische Folklore: »Pulcinella« und »Die Hochzeit«.

Nicht zuletzt durch den Einfluß der Kreativen, die sie umgeben, ist Coco Chanel auf dem Höhepunkt ihrer Schönheit. Bilder aus den Jahren 1920 – 1921 zeigen eine gebräunte, immer natürlich lachende Chanel, die für ihre Fotografen meist nur posiert, um Fratzen zu schneiden. Die zierliche, schlanke Coco trägt jetzt oft einen weißen Leinenanzug und ihren Pagenschnitt, der ihr herbes Gesicht umspielt. Zur Perlenkette eine weiße Bluse, eine beige lange Jacke, einen weiten Rock und flache Schuhe. Die Chanel dieser Jahre ist eine schöne, sportlich frische Frau.

Auf allen Bildern findet man das, zu sehen, was man dank ihrer heute noch den ›zeitlosen Chic‹ nennen kann. Perfekt sind Modernität und Stilempfinden vereint.
Der Sommer 1921 bildet eine erwähnenswerte Ausnahme im Leben von Coco Chanel. Ihren langen Urlaub verbringt sie nicht etwa, wie sonst üblich, an den mondänen Orten, wo man gesehen werden muß. Nicht in Venedig, dem Literatursalon der Intellektuellen, nicht in Cannes, wo sie inzwischen eine Boutique eröffnet hat, und nicht in Monte Carlo, dem Vergnügungspark der reichen Snobs. Sie verbringt mit Dimitri einen Monat in den Pinienwäldern bei Arcachon. Ihr Schlafzimmer in der Villa »Ama Tikia« verlassen die beiden nur, um am späten Nachmittag mit einem kleinen Boot zum Schwimmen raus auf den Atlantik zu rudern. Diese traute Zweisamkeit, das anspruchslose, intime Leben ist eines der letzten Geschenke an ihren jungen Liebhaber.
Doch auch Dimitri kann sich auf seine Art bei seiner großzügigen Geliebten revanchieren. Bevor er leise und ohne Aufhebens aus ihrem Leben und Bett entlassen wird, arrangiert er für Coco Chanel ein Treffen, das ihre Existenz von Grund auf verändern wird. Er stellt ihr in Grasse den Parfumeur Ernest Beaux vor. Er ist der Sohn eines Chemikers, der am russischen Hof gelebt hat und in St. Petersburg aufgewachsen ist, wo er auch schon mit Dimitri Bekanntschaft gemacht hatte.
Das große Verdienst von Dimitri ist es, daß er Beaux und die Chanel zum richtigen Zeitpunkt zusammenführt. Das macht ihn eigentlich zu einem wichtigen Geburtshelfer bei Chanel N° 5.
Alles weist darauf hin, daß die Formel des Parfums schon längst steht, als sich die Chanel und Beaux treffen. Der revolutionäre Duft hätte also auch genauso gut unter einem anderen Namen Karriere machen können, wenn da nicht der Neffe des Zaren gewesen wäre.
N°5 – das Parfum, das über die Jahrzehnte hinweg das Nacht-

hemd der schönsten Frauen ersetzt, ist auch die Quintessenz einer ebenso kurzen wie sinnlichen Beziehung zwischen einem russischen Großherzog und einer französischen Couturière. Nie zuvor hatte es einen so facettenreichen Duft gegeben. Denn bis zur Entwicklung der Zauberformel von Beaux und Chanel wurden Parfums noch aus einer dominanten Duftnote hergestellt. Frauen rochen nach Rosen, nach Flieder oder Lavendel. Die Chanel schimpft: »Entsetzlich, das ist eine typische Männeridee, aus den Frauen Blumentöpfe zu machen.«

Chanels Konkurrent Paul Poiret hatte zwar schon zehn Jahre vorher festgestellt, daß der Verkauf von Parfums das Prestige eines Couture-Hauses maßgeblich unterstützen könne, aber er benutzte für seine Düfte nur die natürlichen Blumenessenzen, was eine Produktion in großem Umfang unmöglich machte. Außerdem kreierte er für sein Parfum und seine Kosmetik eine eigene Marke: »Rosine« – wie der Vorname seiner Tochter. Seine Düfte heißen »Mea Culpa«, »Minaret«, »Verbotene Frucht« oder »Chinesische Nacht«. Sie sind sinnesschwer und für einen kleinen elitären Kundinnenkreis reserviert.

N° 5 – das ist eine bisher unbekannte Explosion der Sinne, die das Geheimnisvolle der Frauen voll unterstreicht, weil sein Duft nicht definierbar ist. Hinter der dominierenden Jasminkopfnote verstecken sich 80 weitere Komponenten. Sie sind teilweise synthetisch hergestellt oder tierischer Herkunft. Die Zibetkatze muß herhalten, auch Amber und Moschus sind tierische Sekretionen. Die Eitelkeit der Frauen fordert ihre Opferlämmer. Das erste moderne Aldehyd-Parfum trägt so den Namen »Chanel«. Ein Geniestreich, denn der neue Duft ist ebenso vielschichtig und widersprüchlich wie seine Macherin: warm und kalt, süß und herb.

Chanel beschreibt ihr Parfum, dem sie den Namen N° 5 gibt, weil sie die graphische Form dieser Zahl sehr mag: »Sie bringt meine Persönlichkeit zum Ausdruck. Der Name ist abstrakt und einzigartig. Ein Parfum muß von königlicher Zurückhaltung sein, meine Kleidung wie ein Lichtschein umgeben.« Das Flakon, das Coco für das Parfum, das ihren Namen trägt, entwirft, ist so bestechend schlicht, daß es als die Einfachheit in reinster Form angesehen wird. Die Flasche ist quadratisch und mit einem weißen Etikett versehen. Sie bringt erneut auf phantastische Weise den längst überholten, höhnischen Vorwurf von Paul Poiret zum Ausdruck: »Die Chanel hat die Luxusarmut erfunden.« Das typische Chanel-Flakon ist in seiner Gestaltung weit entfernt von den runden, mit Ornamenten verzierten, gravierten Kristallfläschchen ihrer Konkurrenten.

Mit ersten Probeflakons des N° 5 bewaffnet, kehrt die Chanel nach Paris zurück. In der rue Cambon entwickelt sie das, was man nur mit einem rohen modernen Wort bezeichnen kann: eine Marketingstrategie. In ihren Verkaufsräumen läßt sie das Parfum versprühen. Sie weiß, daß ihre treuen Kundinnen ihrem modischen Gebot so bedingungslos folgen wie die Abhängigen einem Sektenführer. Damit spielt sie. Die Damen fragen, was es mit dem angenehmen Geruch in ihren Anprobekabinen auf sich habe. Die Chanel erklärt, daß sie das Parfum für ihren Privatgebrauch hat entwickeln lassen, und gibt sich betont gelangweilt: »Ah, bon? Sie glauben, daß mein Parfum sich verkaufen ließe?«

Auch das ist typisch für die Chanel. Sie erfüllt die Wünsche ihrer Kundinnen nicht ohne Zynismus. Denn da sie in ihrer Jugend zwar von den Bürgerlichen und Reichen beeindruckt war, sie dann aber beschnuppert hat, um schneller als alle anderen die Überholspur zu nehmen, wird ihr nun mehr und mehr klar, daß sie Bedürfnisse aus dem Nichts hervorlocken kann. Nach der geschickten Produktplazierung von N° 5, das mit einem von Sem gemalten Werbeplakat lanciert wird, ist Paris voll von reichen Damen, die das sichere Gefühl haben, am großen Erfolg des Parfums beteiligt zu sein. Für drei Jahre wird N° 5 exklusiv in den Chanel-Boutiquen in Paris, Cannes, Deauville und Biarritz verkauft, um ab 1924 eine internationale Karriere anzutreten.

Dimitri ist zu diesem Zeitpunkt schon im gelobten Land aller Emigranten: Er heiratet die reiche Amerikanerin Audrey Emery, der er nichts schenken kann außer einem Titel, der keinen Rubel mehr wert ist: Prinzessin Romanowski-Illinska heißt sie dann. Bis zu seinem Tod im Jahr 1942 wird er immer verklärt und bereitwillig von der wunderbarsten Episode seines Lebens sprechen: »Ich hatte eine Geliebte in Frankreich …«

Auch Coco Chanel wird ihm stets eine loyale und herzliche Freundin sein. Als die Beziehung zwischen den beiden im Frühjahr 1921 schon bröckelt, stellt sie noch seine Schwester in der rue Cambon ein. Die Großherzogin Maria Pawlowna wird Direktorin des neu gegründeten Stickereiateliers. So launisch ist die Geschichte: Eine, die noch vor zehn Jahren eine ideale Kundin gewesen wäre, übersetzt nun ihre intimen Kenntnisse der russischen Folklore in Handarbeit. Es ist das Aschenputtelmärchen rückwärts. Das Haus Chanel ist in dieser »slawischen Periode« voll von Prinzen, die sich in Frösche verwandelt haben, von Prinzessinnen, die nicht mehr in ihre Glaspantoffeln passen.

So engagiert Coco neben zahlreichen anderen Russen auch zum Beispiel den Grafen Kutusow. Er war einst Gouverneur auf der Krim und wird nun Empfangschef der Haute Couture bei Chanel. Nichts scheint in den verrückten zwanziger Jahren so überholt wie die Monarchie. Es ist die Zeit der Künstler und Diven, von denen Chanel die größte ist. Auch die Rolle der Couturière erfindet sie. Hofschneider werden nicht mehr gebraucht, es lebe der Hof der Schneiderin. Wie sollte es auch anders sein, denn Mademoiselle ist sich schon jetzt sicher: »Der Stil bin ich.« Die Ähnlichkeit mit dem berühmten Satz: »Der Staat bin ich« des Sonnenkönigs Ludwig XIV. ist kein Zufall.

Coco Chanels oberstes Gebot ist es, sich ihren Kundinnen so wenig wie möglich zu zeigen: »Es ist gut, um sich herum eine Aura des Mysteriösen zu schaffen.« Sie schickt so immer ihr Personal vor. Die Mannequins sind allesamt wie die Chanel:

schlank und schwarzhaarig. Keine einzige Blonde ist im Taubenschlag der Mademoisellekopien zu finden. Außerdem sind die kleinen Chanels alle aus gutem Hause, tragen neben ihren Kleidern eine ganze Ansammlung von Adelstiteln mit sich herum.

Diese von der Chanel erfundene Strategie, Haute-Couture zu verkaufen, ist noch heute gültig. Für viele wohlgeborene junge Frauen bedeutet der Gipfel des Glücks noch heute, in den berühmten Couture-Häusern zu arbeiten. Es ist also nach wie vor sinnvoll, sich dem Jetset und der Aristokratie zu nähern, indem man sich einige seiner Mitglieder zu seinen Verbündeten macht.

Coco Chanel erklärt gegenüber Paul Morand, was zu ihrer Überlegung geführt hat: »Ich hatte nicht etwa solche Leute von Welt beschäftigt, um meiner Eitelkeit zu schmeicheln oder gar um sie zu erniedrigen, sondern weil sie mir sehr nützlich waren. Sie gingen in meinem Auftrag zu den wichtigsten Pariser Ereignissen gesellschaftlicher Art. Währenddessen konnte ich beruhigt schlafen. Dank ihrer Hilfe war ich immer auf dem laufenden. So wie Marcel Proust, der unter seiner Bettdecke genau wußte, was man abends vorher bei den Dinnerparties erzählt hatte... Ich habe niemals Faulpelze für etwas bezahlt.«

Unter dem Einfluß ihres sinnlichen Zusammenstoßes mit dem ewigen, unergründlichen Rußland entwickelt die Chanel eine neue Mode. Ihre »Slawische Periode« ist aber nur scheinbar ein Widerspruch zu der absoluten Schlichtheit, die sie in ihren ersten zehn Jahren in Formen, Farben und Stoffen propagiert hat.

Ihre klassischen geraden Linien bleiben bestehen. Die Tunika, die geraden Dreiviertelröcke, die U-Bootkragen, die langen Blusen und die auf die Hüfte verschobenen Taillen.

Nur werden jetzt die geraden, meist faltenlosen Flächen ihrer Kleider zu Leinwänden für ihre russischen Impressionen. Das drückt sich besonders in ihrer Abendmode aus. Sie macht Klei-

der bevorzugt aus Crêpe de Chine und in gedeckten Farben wie anthrazit, braun oder grau. Diese sind mit naiven slawischen Motiven aus bunten Perlen, Goldfäden und Straß sehr reich bestickt. Das ganze Paris lebt unter dem Einfluß der Ballets Russes, und durch ihre Freundschaft mit Diaghilew besitzt Chanel so eine Art Patent für die Umsetzung seiner Werke in Mode.
Die russischen Kollektionen sind ein voller Erfolg. Es gibt viele Kundinnen, die die Chanel in allem, was sie tut, imitieren. So läßt die amerikanische Milliardärin Barbara Hutton genau wie Coco jedes Zimmer, das sie betritt, mit N° 5 parfümieren.
Die Herzogin von York, später Königin und Mutter der heutigen Queen Elisabeth, trägt begeistert Cocos russische Folklorekleider. Merkt sie überhaupt, daß ihre Tracht den russischen Vertriebenen eine schmerzliche Erinnerung daran ist, daß der englische König seinem Cousin, dem letzten Zaren, das Exil verweigert hat?
Übrigens: 1936 wird ihr Schwager, der Duke of Windsor, aus Liebe zur geschiedenen Wallis Simpson abdanken, und Wallis wird eine der besten Freundinnen von Coco werden. Wallis und Coco – die Psychologen werden sich auf diese Freundinnen stürzen und komplizierte Theorien entwickeln, was die beiden verbindet. Es ist sicher kein Zufall, daß ausgerechnet die beiden dünnen, kinderlosen Damen aus den unteren Gesellschaftsschichten zu den Modeikonen des emanzipierten, alle alten Schönheitsideale in Frage stellenden Jahrhunderts wurden.
Es wird gerne behauptet, daß Coco Chanel in diesen frühen zwanziger Jahren die einzige Frau ist, die sich mutig in einem Männerberuf behauptet. Das ist aber nicht richtig. Nach dem Ersten Weltkrieg boomt die Modestadt Paris. Zwanzig neue Couturehäuser werden gegründet. Eine von Chanels größten Konkurrentinnen ist die acht Jahre ältere Madeleine Vionnet. Im selben Jahr, 1921, entwickelt sie Kleider, die so sanftmütig wirken wie sie selbst. Die stark drapierten griechischen Gewänder der Vionnet sind aus weichen Stoffen. Erstmals werden sie

auch »en biais«, also asymmetrisch drapiert. Von Madeleine Vionnet ist bekannt, daß sie eine extrem sozial denkende Frau ist, die ihren Näherinnen schon in den zwanziger Jahren bezahlten Urlaub gewährt und kostenloses Essen, was in der hauseigenen Kantine ausgegeben wird.

Auch Jeanne Lanvin hat 1921 schon eine lange, solide Karriere hinter sich. Die Tochter eines französischen Journalisten besitzt bereits seit ihrem achtzehnten Lebensjahr, also seit 1885, ein eigenes Modeatelier. Bevor sie sich 1925 dem geometrischen Art-Deco-Stil verschreiben wird, kreiert sie eine sehr weibliche, duftige Mode. Die Margerite ist ihr Symbol, weil ihre heißgeliebte Tochter mit dem Namen Marguerite, »das Feenkind«, wie sie zärtlich sagt, ihre größte Inspirationsquelle ist. Aus Liebe zu Marguerite entwirft sie von ihren Kleidern meist auch kleine Ausführungen für Mädchen. Die Schriftstellerin Louise de Vilmorin schrieb über die allen bekannte Mutterliebe von Jeanne Lanvin: »Weil sie die Kleine verzaubern wollte, hat sie die ganze Welt verzaubert.«

Eine andere Große dieses Jahrhunderts, die italienische Adelige Elsa Schiaparelli, wird erst im Jahr 1925 auf die Modebühne treten, weil sie nach der Scheidung von dem englischen Grafen William Wendt of Kerlor den Lebensunterhalt für sich und ihre Tochter Yvonne verdienen muß.

Die Chanel zieht es aber vor, die weibliche Konkurrenz zu ignorieren. Meist verachteter Gegner ist Paul Poiret, der von ihr nur als P. bezeichnet wird. Er hatte vor dem Ersten Weltkrieg auf seine Art eine neue Mode als Gesamtkonzept entwickelt. 1911 war er der erste gewesen, der seine Mannequins auf eine werbewirksame Europatournee geschickt hatte. Er hatte Künstler für den Stoffentwurf engagiert und eine Kosmetiklinie auf den Markt gebracht. Später hat er sich jedoch vom Prunk seiner orientalistischen Mode nie mehr befreien können. Während die Chanel mit den Ballets Russes Freundschaft schloß, organisierte Paul Poiret im Garten seiner Pariser

Privatvilla Feste, die kaum einer mehr besuchen wollte, weil er nicht mehr en vogue war.
1921 sitzt Paul Poiret auf einem beachtlichen Schuldenberg.
Coco Chanel triumphiert: »Die sogenannte Schneiderpoesie hat uns Cocktails, Bälle und schicke Dinnerpartys beschert. Der Schaumwein floß, die Treibhausblumen wurden in Massen geliefert. Man spazierte auf Orchideenblüten. P. seufzte: ›Na, wenn wir jetzt nichts verkaufen.‹ Wenn man jetzt nichts verkaufte, dann war halt die Kollektion mißlungen. Je mehr Korken knallten, desto weniger wurde verkauft. Der vermeindliche Triumph von Poiret endete mit einem bösen Erwachen: sechzehn Millionen Francs Defizit.« Aber die Höhe der Summe ist stark übertrieben.
Die neue Pariser Intelligenzia pfeift nun auf die großen Bälle. Die Clique um Diaghilew trifft sich im Restaurant »Le Bœuf sur le Toit«, nach einem surrealistischen Pantomimenballett vom jungen Tausendsassa Jean Cocteau so bezeichnet. In der rue du Colisée ist die Sechserbande aus den Komponisten Satie, Poulenc, Honegger, Milhaud, Lagut und Strawinsky, sowie die Poeten Pierre Reverdy und Raymond Radiguet, die Maler Picasso, Leger und Gris wie zu Hause. Misia und Coco sind die Musen dieser Szene. Eine bereicherndere, kreativere Zeit kann man sich kaum vorstellen. Jean Cocteau verschlingt seinen achtzehnjährigen Geliebten Raymond Raduiget mit Blicken. Der beginnt in diesem Jahr, sein Meisterwerk »Le Diable au Corps« zu vollenden. Francis Poulenc hat die Noten seines »Concert champêtre« in den Ohren, Eric Satie die von der »Schönen Exzentrikerin«.
Zu dem in einen Salon Litteraire umfunktionierten Restaurant schlägt Coco Chanel schon bald eine Alternative vor. Und zwar entscheidet sie sich, ihre kokonartige Bleibe in der beschaulichen Vorstadt Garches aufzugeben und in die Hektik des pulsierenden Paris zurückzukehren. Sie bezieht das Erdgeschoß und den ersten Stock der Villa Pillet-Will an der 29, rue du Fau-

bourg St. Honoré. In den oberen Etagen dieses Herrenhauses aus dem 18. Jahrhundert lebt der überaus konservative Graf Pillet-Will, der es bald noch bedauern wird, mit der berühmten Couturière einen Mietvertrag unterzeichnet zu haben. Denn Cocos neues Domizil ist nur einen Steinwurf vom »Bœuf sur le Toit« entfernt. Und wenn das gegen vier Uhr morgens schließt, wird bei Coco weitergefeiert. Pablo Picasso, den Coco anläßlich der Proben zu Diaghilews »Cuadro Flamenco«, im Mai 1921 uraufgeführt, näher kennenlernt, ist einer ihrer regelmäßigen Gäste. Oft übernachtet er bei ihr, wenn er nach langen Feiern und viel Palaver keine Lust mehr hat, seiner Frau Olga und dem kleinen Paulo aufs Land nach Fontainebleau zu folgen.

Coco, »der kleine schwarze Stier« – wie er sagt – hat in Pablo Picasso ihr männliches Pendant gefunden. Der mächtige andalusische Torero beeindruckt sie. Die Chanel und Picasso beschnuppern sich mit einer Mischung aus Respekt und Zurückhaltung. Ihre Beziehung bleibt aber rein platonisch. Die Chanel bewundert seine Arbeit über alles. Zu der Zeit, als er die »Demoiselles von Avignon« malt, ist er noch ein armer junger Mann. Erst mit dem Kubismus kommt für ihn die Zeit der ersten großen Erfolge. Als er sich mit Coco anfreundet, ist er bereits ein wohlhabender Mann, der statt der Straßenbahn nun seine eigene Limousine nimmt und der den Reiz der eleganten Chanel-Kostüme entdeckt hat. Seine Freunde, die Maler, lästern. So Juan Gris: »Picasso macht immer noch schöne Sachen ... wenn er denn mal Zeit hat, zwischen ein paar Ballets Russes und den mondänen Auftragsportraits.«

In einem Kreis aus Avantgardisten und gar Anarchisten sind Coco Chanel und Picasso die beiden, die den Luxus des Bürgerlichen am meisten mögen. Die Chanel hat ihren festen Platz in der Clique, die sich im »Bœuf sur le Toit« trifft, sicherlich nicht einer zufälligen Verwandtschaft zwischen ihrer Mode und dem Surrealismus zu verdanken. Es gibt eigentlich in dieser Beziehung keine Gemeinsamkeiten. Viel mehr wird sie wegen ihrer

messerscharfen Zunge und dem für die Kunst stets großzügig geöffneten Scheckheft geschätzt.
Serge de Diaghilew bettelt erneut und jammert, daß der Vorhang heute abend nicht aufgehen könne, weil sich der Gerichtsvollzieher angemeldet habe. Er sagt zu Coco: »Ich war bei der Prinzessin. Sie hat mir 75 000 Francs gegeben.« Die Chanel antwortet: »Sie ist ja auch eine große Dame aus Amerika. Ich bin nur eine französische Couturière. Hier hast du 200 000 Francs.« Die Künstler werden großzügig versorgt von Coco. Ihre Liebe zu ihnen ist irgendwie instinktiv. Sie hängt an ihnen mehr als an ihren Werken. So überläßt sie es jetzt schon und dann auch bis zu ihrem Tod – den Snobs und Neureichen, die Gemälde von Picasso, von Gris, Modigliani, Braques und anderen Freunden an die Wand zu nageln.
Für die Chanel gehören die Werke ihrer Freunde in die Museen: »Wenn Picasso im Louvre sein wird, werden seine Gitarren dem Feuerwehrmann vom Dienst nachts angst machen. Seine Statuen werden, wenn es dunkel wird, durch die ägyptische Etage spuken.«
Die Chanel hat die großartige Vision, daß die Kunst auch einmal der Allgemeinheit gehören soll. Genauso demokratisch sieht sie schon jetzt die Karriere ihrer Kleider. Während sich ihr Berufszweig in den zwanziger Jahren bereits mit allerhand juristischen Mitteln gegen eine neue Welle von Kopien, die überall auftauchen, wappnet, zeigt sich Mademoiselle entzückt über alle Nachahmungen ihres Stils: »Ist es wirklich nötig, daß ganze 20 sowieso privilegierte Couturiers 45 000 anderen das Leben schwermachen? Was können die Kleinen schon machen, außer die Großen zu imitieren. Ein Patent für ein Kleid oder gar eine Zeichnung zu fordern, als ginge es hier um ein Rezept für die Zusammensetzung der Atombombe, das ist wirklich antimodern, antipoetisch und antifranzösisch.«
Diesen Standpunkt verteidigt Chanel mit viel Energie. Natürlich hat sie unter ihren Kollegen, die sich zu einer Lobby gegen

die Kopisten zusammengetan haben, keine Freunde. Sie verachtet all die, die ihre Arbeit zu ernst nehmen: »Von der Mode sollte man begeistert, aber ohne Übertreibungen und ohne Schnörkel sprechen. Ein Kleid ist weder eine Tragödie noch ein Gemälde; es ist eine charmante, vergängliche Kreation und kein Kunstwerk. Moden müssen sterben, und zwar schnell, damit der Handel leben kann.«

Hier zeigt sich eine überaus sympathische Seite von Coco Chanel. Sie geht mit sich selber um wie mit den andern. Nämlich entweder sarkastisch oder wenigstens kritisch. Wenn sie gerade einen Modejournalisten von *Harper's Bazaar* ausschimpft, der ihre Kleider verrissen hat und der dann blaß vor Angst wird, tätschelt sie anschließend seine Wange und sagt: »Warum sollte ich mit ihnen großzügig sein, wenn ich es mit mir selber nicht bin?«

In der rue du Faubourg-St. Honoré 29 schafft sich Chanel eine Welt nach ihrem Geschmack. Die Innenausstattung ihrer Wohnung stellt einen seltsamen Kontrast zu ihrer Modephilosophie dar. Die Tatsache, daß sie sich ab 1921 mit einem luxuriösen Sammelsurium aus Objekten umgibt, die mehr barock sind als pur und geradlinig, beschäftigt seither die Kenner ihrer Stilentwicklung.

Ihr Haus ist voller dicker beigefarbener Teppiche, voller Gold und Kristall, die Möbel im verschnörkelten Louis-XIV-Stil gehalten. Die Wände sind mit Seidenstoffen bezogen. Dazu gesellt sich eine asiatische Sammlung, die sie sehr an Boy Capel erinnert. Ein Goldbuddha thront auf dem Kamin neben einem christlichen Kreuz. Sie hat eine beachtliche Kollektion von chinesischen Lackparavents und von Löwen, ihrem Sternzeichen, überall verteilt. Kristallkugeln sind in den Räumen der abergläubischen Coco Chanel ebenfalls überall zu finden. Die Dekoration der rue du Faubourg St. Honoré wirkt schon irgendwie wie ein Museum ihrer Einsamkeit. Die widersprüchliche Diva schafft sich einen Tempel für ihre Erinnerungen, da sie sich im

Labyrinth ihrer Legende und ihrer Lügen nicht selten verliert. Ihre Innenausstattung bringt auch ein bißchen ihre intimste Wahrheit ans Licht. Wie sie selber sagt: »Unsere Häuser sind unsere Gefängnisse. Wenn wir sie nach unserem Geschmack ausstatten, haben wir eine gute Chance, ein bißchen Freiheit zu gewinnen.«

In der rue du Faubourg St. Honoré hat Coco Chanel eine alte Nachbarin, die sie irgendwie besonders gern hat. Madame de Chévigné wird sie in den Erinnerungen, die sie Paul Morand mitteilt, einen großen Platz einräumen, weil sie es liebt, der bitterbösen alten Dame beim Tee stundenlang zuzuhören. Gehen wir davon aus, daß diese Erzählung richtig ist, und Madame de Chévigné nicht etwa in Wahrheit die alte Coco Chanel aus der Zeit nach dem Zweiten Weltkrieg ist, die mit ihr sicher große Ähnlichkeit hat und hören wir, was sie so sagt: »Meine Kleine... Misia liebt die Juden! Übrigens, Misia führt selbst schon ein Ghetto. Was sie so alles aus dem sogenannten erwählten Volk mit sich rumschleppt: Natanson, Bernstein, Edwards, Alfred Savoir... Wir sind Franzosen. Diese Ausländer glauben, daß sie uns was zu lehren haben! Ich kann die Russen nicht ertragen!... Alles was ich weiß, habe ich beim Sex erfahren. Liebhaber bringen dir alles bei, bestimmt nicht die Ehemänner.«

Die Chanel findet Madame de Chévigné amüsant, auch weil sie »die erste Frau von Welt« war, die ihr gegenüber ›Scheiße‹ gesagt hat.

Die Welt der Coco Chanel ist eine Welt voller Widersprüche. Die Anarchisten trifft sie im »Bœuf sur le Toit«, eine Reaktionärin lädt sie zu sich aufs Sofa ein. Sie lebt in einer barocken Umgebung und hat soeben ihren Reichtum mit einem bestechend einfachen Parfumflakon besiegelt, von dem Roland Barthes sagt, daß er alles andere plötzlich beschämend altmodisch mache. Großherzog Dimitri aber wird in ihrem Herzen schon bald von einem mittellosen Poeten abgelöst...

7. KAPITEL

... der reichste Mann der Welt

Das Herz von Coco Chanel ist selten ganz frei. Sie wählt ihre Liebhaber mit der Neugier einer Schülerin aus, die sehr darauf bedacht ist, zu lernen. Keiner gleicht dem nächsten, Coco entfacht einen Reigen der Gegensätze. Sie benutzt die Männer wie Lehrbücher. Und so wird aus der Freundschaft, die sie seit 1918 mit Pierre Reverdy verbindet, eine seltsame Liebesgeschichte, welche übrigens erst nach Cocos Tod in ihrer ganzen Tragweite bekannt werden sollte. Ihre umfangreiche Bibliothek wird das Schweigen über das ungleiche Paar zu brechen helfen. Die zärtlichen Widmungen in seinen Gedichtbänden werden enthüllen, daß die Chanel für Reverdy nicht einfach nur eine Mäzenin ist.

Natürlich hatte Coco auch ihn dank ihrer Freundin Misia kennengelernt. Doch der melancholische Dichter war zunächst nur ein Freund gewesen. Jemand, der ständig Trost und Ermutigung

brauchte. Immer auf der Suche nach Perfektion, was ihn davon abhielt, manchmal locker zu sein oder gar zu lachen. 1919 hatte er eine Zeitschrift mit dem Namen *Nord-Sud* gegründet. *Nord-Sud*, der Titel spielt auf den Weg an, den viele Künstler in den Nachkriegsjahren wählten – vom Montmartre im Norden zogen sie nach Montparnasse im Süden von Paris. Die Karriere von *Nord-Sud* dauerte nur 16 Ausgaben lang – alles Hefte, in denen die Besten der Kunst-Avantgarde das Wort hatten. Die Gedichte und Texte waren von Reverdy selbst oder von Appolinaire, Aragon und Breton. Die Illustrationen der surrealistischen Schriften wurden von Juan Gris, von Fernand Léger und von Georges Braque geliefert. Reverdy mußte, um sein Heft zu finanzieren, nachts in einer Druckerei arbeiten, die Heftseiten nähte er eigenhändig in der schäbigen Wohnung in der rue de la Cortot Nummer 12 am Montmartre zusammen. Er war verheiratet mit einer wunderbaren Frau; Henriette war der Meinung, daß ihr Mann, das verkannte Genie, ein Recht auf alle erdenklichen Freiheiten habe, wenn es nur seiner Inspiration dienen könne. Auch die Freiheit, sie zu betrügen, gehörte dazu. Henriette arbeitete sogar als Näherin, um Pierre den Kopf freizuhalten für seine Poesie.
Reverdy ist klein, schmal, alles in allem eine blasse Erscheinung. Die einzige irdische Sache, die ihn wirklich in Rage versetzen kann, sind Künstler, die unbedingt berühmt und reich werden wollen. Juan Gris ist ihm verhaßt, wenn er ausgerechnet in Monaco Auftragsmalereien annimmt. Auch Picasso mit seinen neuen großbürgerlichen Marotten gehört dazu. Coco ist fasziniert von ihm, so wie man etwa fasziniert sein kann von einem Gewitter. Sie gefällt sich in der Rolle der Stärkeren. Dem Pessimismus von Reverdy trotzt sie mit einer fast mütterlichen Hingabe. Denn ihre eigentliche gemeinsame Zeit ist die, in der Pierre Reverdy endgültig von der Gesellschaft Abschied nimmt. Er, der Sohn eines atheistischen Winzers aus der Provinz, nähert sich mehr und mehr der Religion an, die letztendlich sein letzter Anker sein wird.

In seinen Gedichten und Texten stellt er immer wieder fest, daß es unmöglich ist, glücklich zu sein. »Glück ist ein leeres Wort, daß sich in den Gedanken der Leute festgebohrt hat wie ein hartnäckiger Krebs«. Oder: »Was würde aus den Träumen, wenn man wirklich glücklich wäre.« Solche Sätze stammen von ihm. Coco Chanel glaubt an sein Genie. Sie liebt sicherlich auch den Gedanken, zum ersten Mal einem Künstler nicht nur finanziell unter die Arme greifen zu können, sondern ihn wirklich auch auffangen zu dürfen. Am 2. Mai 1921 läßt sich Pierre Reverdy im Beisein seiner Künstlerfreunde, die in der Auseinandersetzung mit der Religion nur eine weitere Extravaganz sehen, taufen. Sein guter Freund, der surrealistische Dichter Max Jacob, hatte ihm sechs Jahre vorher den Weg dorthin gezeigt. Jacob wechselte damals von der jüdischen Religion zum Katholizismus über. Er wird sich schon bald darauf aus dem Pariser Leben zurückziehen. Was nichts daran ändern wird, daß ihn die Nazis später in der kleinen Provinzstadt Saint-Benoît-sur-Loire als Juden identifizieren und festnehmen werden.

Auch das ist eine Seite der dekadenten, künstlerisch aber so furchtbaren Zeit zwischen den beiden Weltkriegen. Unter den Künstlern der neuen, unglaublich kreativen Generation gibt es aber welche, die den Drahtseilakt der neuen provokanten Moderne nicht bis zum Ende durchstehen: Pierre Reverdy gehört wie sein Freund Jacob zu ihnen.

Anderen, wie Jean Cocteau, gelingt es, gleichzeitig auf dem Gipfel ihrer Inspiration und Mittelpunkt des regen gesellschaftlichen Lebens zu sein. Aber zu welchem Preis? Coco Chanel sorgt mindestens dreimal dafür, daß Jean Cocteau sich in eine Klinik zum Opiumentzug begibt. Die Rauchwolken der Opiumpfeifen sind in den Künstlerkreisen, zu denen die Chanel gehört, so normal wie die Friedenspfeifen in einem Indianerlager. Die Maler, Musiker und Dichter müssen mit ihrem aufgewühlten Inneren Frieden schließen. In seinen Memoiren »Von der Schwierigkeit des Seins« beschreibt Jean Cocteau seinen

Kampf mit dem Opium sehr anschaulich: »Opium ist eine lebendige Substanz. Es läßt sich nicht gerne überrumpeln. Es machte mich krank. Erst nach vielen Versuchen kam es mir zur Hilfe. Aber es brachte meine Fabrik zum Stillstand, und ich hatte Angst vor ihm.«

Zwischen seinen Drogendelirien hat sich Jean Cocteau in ein Kind verliebt: Raymond Radiguet. Kennengelernt hatte er den damals 15jährigen bei Eric Satie und Max Jacob im Jahr 1918. Die ganze Clique ist von dem kleinen Genie fasziniert. Für ihn ist die Literatur etwas Leichtes, Unschuldiges. Das macht ihn für Cocteau zu einer sündigen Inspirationsquelle, zu einem perversen Jungbrunnen, was aber niemanden in seinen Kreisen zu stören scheint. »Mit seiner Ruhe hat er mich beruhigt. Er hat mir Methode beigebracht. Gezeigt, daß man vergessen soll, daß man ein Poet ist und die chemische Reaktion ohne ein Zutun geschehen lassen soll.«

Der Knabe Raymond hatte sich während des Ersten Weltkriegs, den er gerne »die großen Ferien« nennt, viel mit der Literatur auseinandergesetzt, und 1920, mit siebzehn Jahren, hat er das erotische Meisterwerk »Le Diable au Corps« geschrieben, was ihm in gewisser Weise seine Unschuld wiedergeben konnte. Denn wer so etwas schreibt, wird nicht als das Opfer eines vulgären Pädophilen gesehen.

Betrachtet man die Exzesse dieser Zeit, so ist auch die Anziehungskraft, die der blasse Pierre Reverdy auf die Chanel ausübt, verständlich. Sie will ihn vor etwas retten, was in ihren Augen wegen der düsteren Erinnerungen an Obazine nur die Hölle sein kann: die Religion.

Obwohl Max Jacob sie am meisten amüsiert, hält er Coco auch nicht davon ab, Reverdy die Treue zu halten. Max Jacob schmeichelt mit seiner aufgekratzten Art der Dame, die aus der Chanel mittlerweile geworden ist. Er läßt sie seine Krawatten aussuchen, er liest ihr aus der Hand, erfindet Horoskope und beschreibt ihr die Frisur, die Jesus trug, als er ihm erschienen war. Er wettet mit Coco, daß sie bestimmt aus dem Haarschnitt, den der liebe Gott bei seiner Begegnung mit ihm trug, eine Mode machen könne.

Coco Chanel wurde im Winter 1922 die Möglichkeit geboten, ihre Mode mit der Kunst zu verbinden. Jean Cocteau bereitet für das Pariser Théâtre de l'Atelier eine moderne Fassung von Sophokles' Antigone vor. Jean Cocteau sagt in einem Interview: »Ich habe Mademoiselle Chanel darum gebeten, die Kostüme zu machen, weil sie die größte Couturière unserer Zeit ist und ich mir nicht vorstellen kann, daß die Töchter von Ödipus schlecht gekleidet waren.«

Der 41jährige Picasso macht das Bühnenbild, Honegger schreibt die Musik. Coco Chanel stürzt sich mit Begeisterung in ihre Arbeit. Als Kostümbildnerin einer Truppe, deren Durchschnittsalter 35 ist, findet sie ihr Können im Handwerk wieder. In der Rue Cambon ist sie ungekrönte Königin eines gut organisierten Hofstaats von Mitarbeitern. Im Théâtre de l'Atelier, das nur dank eines mickrigen Kohleöfchens beheizt wird, arbeitet sie alleine. Sie geht vor Säumen in die Knie, hantiert mit Nadel und Faden. Sie ist Teil einer Truppe und kann das Dasein der Diva, das sie immer wieder isoliert, vergessen.

»Antigone« wird im Dezember 1922 uraufgeführt. Die Bühnenbilder von Picasso stoßen bei der Kritik auf Unverständnis. Seine mit Fratzen bemalten Masken, die den griechischen Chor ersetzen sollen, sowie die mit antiken griechischen Details bemalten Schutzschilder der Soldaten werden als »Karnevalsmotive« von der Presse verrissen. Coco Chanels neue Kostüme hingegen, die sehr an griechische Togen erinnern, werden von der französischen Vogue sehr gelobt: »Diese Wollkleider in neutralen Tönen sehen aus, als seien es tatsächlich griechische Kleidungsstücke, die nach Jahrhunderten wiedergefunden wurden.« Ein schöneres Lob als das, authentisch zu wirken, hätte man Chanel nicht machen können. Andere Erfahrungen im Theater werden folgen.

Doch kurz ein kleiner Vorgriff auf die bemerkenswerten Kostüme für die Ballets Russes im Jahre 1924: Diaghilew hat inzwischen an Leichtigkeit gewonnen. Seine Gedanken machen nicht mehr zwangsläufig Umwege über das geliebte ewige Rußland. Außerdem sprengt er die Grenzen seines Ballets, indem er darüber hinaus Gesang, Pantomime und allerhand Akrobatik einführt. Er bestellt bei Jean Cocteau einen aktuellen, satirischen Text. »Le Train Bleu« heißt er, benannt nach dem sogenannten blauen Zug, der mit luxuriösem und teurem Lalique-Glas ausgestattet wurde und der betuchte Urlauber seit dem vorangegangenen Jahr auf dem direkten Wege von Paris an die französische Riviera transportiert. Auf der Bühne tummeln sich die Sportler – Tennis- und Golfspieler –, Ausdruck einer neuen Generation von Freizeitmenschen. Wie Paul Morand so treffend sagt: »Die neuen Snobs tragen Strickjacken.« Die männlichen Figuren heißen allesamt »Gigolos«, die weiblichen Darsteller »Hühnchen«. Coco hat die Gelegenheit, mit Bravour zu zeigen, daß ihre Welt mit der von Diaghilew deckungsgleich ist. Denn die Kostüme, nach denen man für den »Train Bleu« verlangt, sind genau die, die sie in Deauville für sich erfunden hat. Sportoutfits wie Tennisröcke, Bade- und Gymnastikanzüge, die unisex sind und nur ein Drittel des Oberschenkels bedecken, gehören dazu. Englische Knickerbocker, wie sie Boy Capel beim Polospielen trug, auch.
Der neue Tänzer in Diaghilews Herz heißt Serge Lifar. Er berichtet Pierre Galante von der Kritik, die er nach der ersten Präsentation der neuen von Coco Chanel entwickelten Kostüme geäußert hatte: »Bei manchen Bewegungen wirken sie zu lang oder zu kurz. Das sind keine richtigen Kostüme zum Tanzen.« Die Chanel akzeptiert seinen Einwand gerne und arbeitet weiter – so wie es alle in Diaghilews Truppe tun: in einem Chaos, das alle bis zur letzten Minute daran zweifeln läßt, daß es zur Premiere überhaupt jemals kommt.
Das Stück »Train Bleu« wird ein Triumph. Im Publikum tost der

Applaus von Tout Paris. Jeder hat wohl das sichere Gefühl, weder mit »Gigolo« noch mit »Hühnchen« gemeint zu sein. Coco Chanel wird an diesem Abend, dem 13. Juni 1924, einmal mehr mit ihren beiden Welten konfrontiert. Im Publikum sitzen die, die man grosso modo als ihre Kundinnen bezeichnen kann: die Rothschilds, die de Noailles, die d'Arembergs. Hinter der Bühne sind ihre Freunde, die Künstler. So wie sie sich in der rue Cambon gerne versteckt, nimmt sie auch an diesem Tag an keinem der großartigen Abendessen teil, die der Uraufführung des »Train Bleu« folgen. Statt dessen verbringt sie den Abend bei Misia. Mit den Künstlern.

Fast zeitgleich liefert die Chanel die Kostüme für ein anderes Tanzspektakel. »Les Soirées de Paris« im Théâtre de la Cigale. Ein Gemeinschaftswerk von Hugo, Cocteau, Picasso, Satie und Massine. Auch ihre nächste Arbeit fürs Theater – im Jahr 1926 – wird wieder für Cocteau sein. Für dessen neues Experiment mit der griechischen Mythologie, dieses Mal geht es um »Orpheus«, kopiert sie nicht etwa die historischen Vorlagen griechischer Togas, sondern entwirft brandaktuelle Mode, ohne auch nur einen Blick in die Vergangenheit zu werfen.

Ihre vorerst letzte Bühnenarbeit wird sie im Jahr 1930 für Diaghilews Ballets Russes leisten. »Apollon Musagètes« – ein Ballett, für das Strawinsky die Musik schreibt. Eigentlich war ihre Mitarbeit ursprünglich nicht vorgesehen, doch der Kostümbildner Bauchant eckt so oft mit Diaghilew an, daß er schließlich kurz vor der Premiere aus der Truppe entlassen wird und Coco Chanel für das ihr gut bekannte Thema aus der griechischen Sagenwelt einspringt und neue Ausführungen der Togas für Antigone kreiert.

Ihr Engagement für die Theaterwelt wird Coco Chanel später als alte Dame nie schillernd ausmalen. »Was gibt es auch zu sagen? Ich habe nur die Kostüme gemacht.« Die Ehrfurcht vor ihren Freunden, die sich nach dem Zweiten Weltkrieg ihren Platz in der Kultur- und Kunstgeschichte erobern konnten, wird sie verunsichern. So wie sie keine Gemälde sammelt, will sie auch in all den Picassos, Strawinskys, Modiglianis und vielen anderen nicht mehr sehen als Wegbegleiter ihrer jungen Jahre. So wie sie ihre Jugend mit Bitterkeit schwinden sieht, wird sie es hassen, über die Künstler wie über Ikonen zu sprechen. Verständlich also, daß sie über ihre eigene Arbeit beim Theater hartnäkkig schweigen wird.

Doch zurück ins Jahr 1923. Am 15. Dezember zieht ein makaberer Trauerzug durch Paris: Zwei Schimmel ziehen einen ebenso weißen Sarg hinter sich her. Der Weg führt am »Bœuf sur le Toit«, dem Stammrestaurant der Clique, auch an der Wohnung von Picasso und der Cocos vorbei zur Faubourg Saint Honoré und bis zur Kirche Saint-Honoré-d'Eylau. Nur Cocteau ist nicht dabei, denn er ist krank vor Schmerz. Im Sarg liegt sein Geliebter Raymond Radiguet. Er ist mit 20 Jahren an Typhus gestorben. »Sein Tod hat mich orientierungslos gemacht. Ich war nicht mehr in der Lage, mein kleines Boot voranzutreiben oder gar mein Lebenswerk weiterzuführen.« Es ist, als würde ein Kind begraben werden. Die ganze Kirche ist ein Meer aus weißen Blumen. Die Trauernden haben Gelegenheit, zu meditieren, denn alle haben das Gefühl, daß der Beste von ihnen gegangen ist: das Kind. Wie sollte man sich da nicht plötzlich ganz alt fühlen? In der Kirche spielt das Orchester einen melancholischen Blues aus dem »Bœuf sur le Toit«.

Die Chanel ist die, die für die ganze Inszenierung des Begräbnisses verantwortlich ist. Nicht nur, daß sie nach Cocteaus verzweifelten Bitten die Krankenhauskosten für den sterbenden Radiguet bezahlt hat, auch für die Trauerzeremonie übernimmt sie gerne alles. Vielleicht verbindet sie – in diesem Moment – mit den Künstlern der zwanziger Jahre zum ersten und zum letzten Mal ein besonderes Band, das weit über die Befriedigung, Mäzenin zu sein, hinausging. Sie ist die am meisten Verstandesorientierte in der Clique und somit ein Rettungsring für all die komplizierten Charaktere. Diese Situation hilft ihr,

ihre eigene Arbeit eine Zeitlang mit gelassener Distanz zu sehen.
»Mode muß einen bestimmten Ort, einen speziellen Moment widerspiegeln. Der bekannte geschäftstüchtige Ausspruch, daß der Kunde immer recht hat, hat einen ganz bestimmten Sinn; er bedeutet, es muß der Mode gelingen, dem Kunden zu dienen. Mit der Mode ist es genauso wie mit einem Augenblick: Man muß beide festhalten.« Nein, keine Angst, die Chanel macht keine Verluste, wenn sie in die Bohemiens investiert. Sie bekommt sehr viel zurück, weil sie mehr als andere Modeschöpfer am Puls der Zeit ist.
Das Jahr 1923 bringt der Chanel noch eine weitere traurige Gelegenheit, einem Toten das letzte Geleit zu geben. Misia stürzt sich geradezu auf die Möglichkeit, eine aufgebahrte Leiche zu sehen, wie ein Geier sich aufs Aas stürzt. Sarah Bernhard ist tot. Die von der Chanel und Misia gehaßte Schauspielerin ist 79jährig in Paris gestorben.
»Eines Morgens schneit Misia bei mir rein«, erzählt die Chanel, »›Komm schnell, Cherie, wir schauen uns Sarah Bernhard an.‹
›Aber die habe ich doch schon gesehen, mit 13. Damals habe ich Rotz und Wasser geheult.‹ –
›Aber nicht doch, ich meine, wir schauen sie uns auf ihrem Totenbett an, schnell!‹ – Entsetzlich. Wir standen in einer Schlange. Sarah Bernhard war tot. Ich sah ein kleines, zusammengefallenes regungsloses Etwas mit einem Stück Tüll und einem Veilchenstrauß in der Hand. Louise Abéma stand da in einem Cape und mit einem Dreieckshut, sie weinte leise vor sich hin. Ich wußte nicht mehr, wer Sarah Bernhard war, sie oder das kleine Etwas. Der Sohn von Sarah befand sich im Eßzimmer, es war kleinbürgerlich und häßlich, Modern Style sozusagen, mit einer Hängelampe. ›Aber was hast du denn?‹ fragte mich Misia. Ich war blaß wie eine Tote. Die Anmut dieser Situation … Ich mußte so viel erleben, um zu erkennen, daß auch das Leben in der Provinz ganz besonders sein konnte.«

Die kleine Coco Chanel aus der Auvergne hat überlebt. Es gibt sie noch, die Frau, die mit bäuerlichen Traditionen und Bräuchen verwurzelt ist, wie ihre Reaktion über die Szene am Totenbett von Sarah Bernhard zeigt. Das Sterben in engen Wänden, umgeben von der ganz normalen Geräuschkulisse einer Stadt, die auch vor einer Toten nicht schweigen kann. Coco Chanel haßt in manchen Situationen die anonyme laute Metropole.
Doch das Leben geht weiter. Sie kann Pierre Reverdy nicht mehr widerstehen und kauft ihm alle seine Manuskripte zu einem großzügigen Preis ab. Sie liebt ihn über alles. Sie geht sogar soweit, einen Pariser Verleger heimlich dafür zu bezahlen, die Werke von Reverdy zu veröffentlichen. Doch ihr Dichter zieht sich zurück. Hat Angst vor ihr. Fast feige. Er geht mit seiner Henriette in die Nähe der Abtei von Solesmes, wo er für den Rest seines Lebens ganz einsam leben wird. Doch die Chanel bedauert nichts, das Wesentliche ist ihr geblieben: die gesammelten Werke von Reverdy, die vollständigste Sammlung, die es in Frankreich von und über den Dichter gibt. Und noch dazu die Fähigkeit, einen Menschen ohne Bitterkeit bewundern zu können: »Cocteau ist ein Macher. Reverdy dagegen war ein Poet, also ein Hellseher.«
Im Jahre 1924 macht Coco Chanel zwei weitere wichtige Bekanntschaften in den Kreisen der High Society. Sind die slawischen Jahre etwa schon vorbei? Die schöne Engländerin Vera Bate wird eine von Gabrielle Coco Chanels engsten Vertrauten. Eine Gesellschaftsdame, über die man munkelt, daß sie durch eine heimliche Mesalliance eine Verwandte des britischen Königshauses ist. Sie gehört zu den engen Vertrauten des Duke of Windsor und ist mit einem amerikanischen Offizier, Fred Bate, verheiratet. Vera ist charmant, optimistisch, sie hat Humor und ist fünf Jahre jünger als Coco Chanel.
Diese neue Freundschaft, außerhalb des engen Zirkels der Pariser Intelligenzia, wirkt wie eine frische Brise in Coco Chanels Leben. Deshalb erfindet sie neue Dinge. Und zwar eine andere

Form von Arbeit, für die Vera Bate wie geschaffen scheint. Sie wird dafür bezahlt, daß sie bei allen Gelegenheiten Chanel trägt: Vera beim Five o'clock-Tea in einem roten Seidenkleid von Chanel, Vera in der Oper mit einem silberbestickten Charlestonkleid von Chanel. Die Bate ist die erste offizielle Promoterin im Hause Chanel. Ein Mannequin der besonderen Art. Wieder ist der Chanel eine Marketingerfindung zuzuschreiben, die noch weite Kreise ziehen wird.

Etwa zur selben Zeit macht die Chanel auf dem Rennplatz von Deauville Bekanntschaft mit den Gebrüdern Pierre und Paul Wertheimer. Das heißt, sie hat dieses Treffen geschickt arrangiert. Denn in den letzten Monaten war ihr Parfum, das N° 5, immer mehr nachgefragt worden. Ein unglaublicher Erfolg. Die Kundenwünsche konnten schon lange nicht mehr befriedigt werden. Die Chanel hatte deshalb Kontakt mit Theophile Bader, dem Besitzer des großen Pariser Kaufhauses Galéries Lafayette, aufgenommen. Sie wollte ihr Parfum auch bei ihm anbieten, damit es für die Kundinnen eine Alternative zur rue Cambon gäbe. Man könne dann in größerem Umfang produzieren, so ihr Argument. Bader verneinte zunächst im Hinblick auf die handwerkliche Fabrikationsmethode des Parfumeurs Ernest Beaux, riet ihr aber, sich an die Wertheimers zu wenden.

Sie sind die Besitzer der größten Kosmetik- und Parfumfabrik in ganz Frankreich: Bourgois. Coco Chanel und die Wertheimers werden sich schnell einig. Man gründet die »Société de Parfums Chanel«. Parfum Chanel ist eine neue Marke, die der Chanel aber nicht gehört. Sie tritt nur die Formel des N° 5 ab. Die Wertheimers dagegen wollen die Herstellung rationalisieren und den Duft weltweit vertreiben. Weitere Parfums unter dem Namen der Couturière sind geplant. Gabrielle handelt für sich einen 10-Prozent-Anteil an der Aktiengesellschaft Parfums Chanel aus. Eine Lösung, die sich schon bald als äußerst gewinnbringend erweisen wird und die Cocos Reichtum im Schlaf vermehren wird.

Richtig gefeiert wird der Geschäftsabschluß dann mit der Kreation eines zweiten Duftes. Schon im Jahre 1924 kommt »Cuir de Russie« auf den Markt. »Russisches Leder« ist ihr ganz besonderes Abschiedsgeschenk an die slawische Periode, an die traditionelle russische Babuschka-Bluse, die drei Jahre lang im Mittelpunkt ihrer Kollektionen gestanden hatte. Ein Au revoir an ihren letzten offiziellen Liebhaber: Dimitri. Denn dieser Großherzog muß in Cocos Herz und in den Gesellschaftsspalten der Zeitungen bald einem Herzog Platz machen.
Coco ist jetzt 41 Jahre alt. Nach den Maßstäben, die zu dieser Zeit galten, ist sie nun keine junge Frau mehr. Einige Türen sind schon für immer zugeschlagen worden. Es gibt keine Hoffnung mehr, jemals noch Kinder zu kriegen. Wer sich damit abfinden will, muß auch in seinem tiefen Inneren damit abschließen. Eine Hochzeit im ganz traditionellen Sinne ist ebenso nicht mehr möglich. Sie hat ja schließlich schon ihre Jungfräulichkeit verloren. Sie wird in dieser Zeit viel an Boy Capel denken, weil er sie an ihre schon weit entfernte Jugend erinnert. Das Bild verklärt sich immer mehr zu seinen Gunsten. Nichts kann Coco daran hindern, Boy – ihren Entdecker – immer mehr zu lieben. Für alles, was mal war und nicht mehr sein wird.
Es sieht so aus, als würde die Chanel in diesem Bewußtsein jetzt nur noch von Mann zu Mann hetzen. Doch zumindest nimmt sie sich die Zeit – jetzt mit 41, nicht mehr jung und noch nicht alt –, in den Spiegel zu schauen, um sich mit Selbstironie zu betrachten: »Ich sehe mich mit den bedrohlich wirkenden doppelten Bögen meiner Augenbrauen, meinen Nasenlöchern so offen wie die Nüstern von Pferden, meinen Haaren schwärzer als die Haare des Teufels, ein Mund wie der Spalt einer cholerischen und großzügigen Seele ... Mein Körper so trocken wie die Rebe eines Weinstocks ohne Trauben, meine Arbeitshände mit Kampfringen aus Edelsteinen. Die Härte des Spiegels zeigt mir meine eigene Härte; der Kampf zwischen ihm und mir ist unbarmherzig. Gut, daß es meine braun-goldenen Augen gibt,

die der Eingang zu meinem Herzen sind. In den Augen sieht man, daß ich eine Frau bin.«
Die Chanel mit Einundvierzig. Eine gefürchtete Chefin, von der sicherlich niemand ahnt, mit wieviel Aufrichtigkeit sie mit sich selber abrechnet. Ja, sie ist sicherlich mit sich noch strenger als mit den anderen. Wie der Clown zum Lachen verdammt ist, ist Coco Chanel dazu verdammt, die Gesetze des Luxus, der Eleganz und der Schönheit immer wieder neu selber festzustecken. Und da sie es mit Verstand und Intensität tut, ist ihr der Blick in den Spiegel so schmerzvoll. Wie sollte sie nicht unglücklich sein über ihr eigenes Gefängnis? Die dahinrinnende Zeit und die dahinrinnende Möglichkeit, Glück wirklich in zwei Teile zu teilen, das ist es, was sie quält. »Ah, mein Boy«, mag sie immer wieder seufzen. Selbst ihr scharfer Blick ist ja sein Geschenk ... Die erste Brille. »Mein Gott, ich wußte ja gar nicht, wie häßlich die Leute alle sind«, sagt sie damals.
Einundvierzig Jahre, ein Vergleich zwischen den Fotos der 30jährigen Gabrielle und der zehn Jahre älteren Coco zeigen die Veränderungen. Sie erlaubt es sich nicht mehr, auf Fotos Grimassen zu schneiden, komplizierte Verrenkungen zu machen. Jetzt ist sie eine respektable Dame, posiert statisch, um ihre Kleider zur Geltung zu bringen. Natürlich ist sie verwegen schön, alles an ihr scheint zu sagen: »Der Chic, das bin ich«. Und die majestätisch wirkende Aura, die die Bilder der Chanel um die 40 wiedergeben, gibt ihr Recht. Sie ist die Verkörperung der Eleganz à la français. »Die Natur gibt uns das Gesicht, das wir mit 20 Jahren haben, das Leben modelliert die Gesichter, die wir mit 30 haben, aber das Gesicht unserer 50 Jahre müssen wir uns verdienen.« Coco Chanel weiß, wovon sie spricht.
Zu ihrem modischen Gesamtkonzept gesellt sich in diesem Jahr, 1924, ein weiteres Element: die Schmuckkollektion. Was wird das sein, Schmuck à la Coco? Natürlich etwas ganz Neues. Der genervt dahingesagte Satz von Paul Poiret, sie habe die Luxusarmut erfunden, hatte ihr ja – zu dessen Ärgernis –

sehr gefallen. Der Luxus der Armut, die Exzellenz des Bescheidenen, findet auch im Schmuck ein passendes Anwendungsfeld. Mit ihrem eigenen Reichtum hat sie auch über das, was die Frau schmücken kann, einige wichtige neue Erkenntnisse erlangt. Diese setzt sie nun in Preziosen um.

Sie hat sich schon immer verboten, die Grenzen des Respektablen zu beachten, sich an die Regeln der Gesellschaft zu halten. Sie pfeift auch jetzt darauf, vor der Einzigartigkeit der großen Edelsteine respektvoll in die Knie zu gehen: »Warum sollte man sich von einem Diamanten hypnotisieren lassen? Da kann man sich ja gleich einen Scheck um den Hals binden ...« Coco Chanel läutet das Zeitalter des prächtigen Modeschmucks ein. Sie macht sich einen Heidenspaß daraus, den Snobs beizubringen, das Falsche zu begehren. Perlenketten, so üppig wie Wasserfälle. Oder wie sie sagt, »so unschuldig schimmernd wie die Wangen junger Mädchen.«

Gemanagt und teilweise gezeichnet wird die Schmuckkollektion vom Grafen Etienne de Beaumont, ein kreatives Talent und auch ein bekannter Pariser Partylöwe. Aus seiner Feder stammen viele Chanel-Klassiker – über die Jahre hinweg. Es sind lange Perlenketten mit farbigen Steinen, manchmal auch mit einem byzantischen Kreuz verziert. Als wolle das Haus Chanel die Damen, die sich dank des geschmacklichen Einflusses von Mademoiselle zum ersten Mal für Modeschmuck entscheiden, in Verlegenheit bringen, sind die Perlen und Steine auf den Broschen, Ketten und Medaillons dicker als alles, was die Natur so produzieren kann. Einfach üppig. Der schnelle Erfolg ihres Modeschmucks soll Coco aber nicht daran hindern, in Zukunft Katz' und Maus zu spielen, hochkarätige Diamanten respektlos mit Emaille zu kombinieren sowie ganz selbstverständlich Smaragde und Glas beispielsweise zu einer Brosche zu verarbeiten. Eine Form von Anarchie, die den Karikaturisten Sem begeistert: »Er sagte mir: ›Endlich jemand, der den Mut hat, das Falsche zu imitieren‹. Wie recht er hatte. Es ist unmöglich, viel echten Schmuck zu tragen, wenn nicht alle anderen auch falschen Schmuck tragen.«

Szenenwechsel. Es geschieht in der Silvesternacht 1924. Coco Chanel ist mit Vera Bate zum Jahreswechsel im Hôtel de Paris in Monaco abgestiegen. Auch der Herzog von Westminster hat im Hafen von Monte Carlo den Anker seines Viermasters »Flying Eagel« auswerfen lassen. Er gibt so eine Dinnerparty, zu der auch Coco und Vera gebeten sind. Und ... Hugh Richard Arthur, der zweite Herzog von Westminster, verliebt sich an diesem Abend in die Chanel. Doch Coco läßt ihn noch nicht an sich heran. Der Herzog, von allen »Bend'Or« genannt, wird nach allen Regeln der alten viktorianischen Kavalierschule um sie buhlen müssen.

Bend'Or – das ist seit seiner Kindheit sein Kosename. Exzentrischer und englischer könnte es kaum sein, denn Bend'Or ist der Name des Lieblingspferdes seines verstorbenen Großvaters, dem legendären ersten Duke of Westminster. Der war »Master of the Horse« der Queen Victoria, und wie man in der englischen Gesellschaft scherzt, hatte er genug Stil, genau dreizehn Monate vor seiner Regentin zu sterben. Victoria hatte seiner Familie, den reichen Flottenbesitzern Grosvenor, im Jahre 1831 den Adelstitel verliehen.

Um in den Kreisen der britischen Gentry auch über seinen Tod hinaus eine Berühmtheit zu bleiben, muß man schon Exzentriker sein. Der Großvater von Bend'Or war es ohne Zweifel. Er hatte sich im Oberhaus einen Namen gemacht, weil er mit einer verdächtigen Hartnäckigkeit ein Gesetz durchgeboxt hatte, das es Verkäuferinnen erlaubte, sich hinter ihrer Theke zu setzen. Einem reichen Amerikaner, der das Pferd Bend'Or kaufen wollte, gab er mal einen Tritt in den Allerwertesten und sagte ihm: »Es gibt in ganz Amerika nicht genügend Geld, um dieses Pferd zu bezahlen.«

Der Großvater, der selber 15 Kinder hatte, hatte auch noch den kleinen Jungen, Bend'Or, in seinem monumentalen Schloß Eaton Hall großgezogen. Sein Sohn, von Queen Victoria wiederum wegen seiner schwachen Gesundheit mit dem Kosenamen Poor Boy beglückt, starb, als der Kleine vier Jahre alt war. Kurz darauf starb auch Bend'Ors Mutter.

Man kann sich ein ermutigenderes Rüstzeug vorstellen als das, seit seiner Geburt mit einem Pferd verwechselt zu werden – auch, wenn das bei den Westminsters, bei denen auch die Pferdegemälde von Reynolds in der Ahnengalerie einen wichtigen Platz einnehmen, eigentlich ein Lob ist.

Bend'Or, der, als er Coco kennenlernt, 45 Jahre alt ist, hat in Coco Chanels Augen bestimmt eine Qualität: die, gutmütig und großzügig zu sein. In ihrer Erinnerung wird die Zeit, in der Westminster ihr den Hof macht, später nie ganz genau festzulegen sein, was er ihr bedeutete, denn wie sie selbst sagt: »Jeder hat seine Geschichten.« Und: »Zwischen meinen drei Männern, dem Prince of Wales, Dimitri von Rußland und dem Duke of Westminster habe ich mir denjenigen ausgesucht, der mich am besten beschützte.« Doch sie wagt mit ihm nicht den letzten Schritt, ihn zu heiraten. Warum sie sich wohl so lange bitten läßt und sich dann doch dagegen entscheidet? Niemand weiß es wirklich. Vielleicht: »Weil ich mit dem Herzen schon nicht mehr ganz bei der Sache war.«

Nach dem Emotionengewitter, das sie mit Pierre Reverdy überstanden hatte, herrschte nun aber wenigstens eine Zeitlang eitler Sonnenschein mit Bend'Or. Das heißt, nicht ganz. Denn wer mit dem Duke of Westminster befreundet ist, darf nicht seekrank sein. Mit seinen beiden Schiffen, der »Flying Cloud« und der »Cutty Sark« ist Bend'Or ständig auf den Meeren unterwegs. Und die Chanel kann nun wirklich nicht schwimmen. Soll sie dennoch mit ihm dann und wann an Bord gehen, langweilt sie sich und nimmt das Fernglas zur Hand. »Laßt mal sehen, ob irgendwas zu sehen ist«, sagt sie dann jedes Mal ketzerisch. Und erspäht natürlich nur die 45 Mann Besatzung der »Flying Cloud«, sonst ist ja niemand anwesend und in der Nähe. Was bleibt ist die Langeweile.

»Westminster ist der reichste Mann Englands, vielleicht sogar der reichste in ganz Europa. Niemand weiß es genau, er selbst schon gar nicht. Ich sage das nur, weil ab einem gewissen Grad der Reichtum nicht mal mehr obszön ist; wenn er alle Grenzen der Lust sprengt, wird er eine Art Katastrophe. Ich sage das nur, weil dieser Reichtum aus Westminster das letzte Produkt einer aussterbenden Rasse macht, eine Art archäologisches Phänomen.«

Bend'Or ist mehr als reich, das hindert ihn jedoch nicht daran, sein Leben als Unglück zu betrachten. Als er Coco kennenlernt, ist die Scheidung von seiner zweiten Frau, Violet Mary, noch nicht vollzogen. Aus beiden Ehen hat er zwei Kinder. Zwei Mädchen. Ein Sohn war an einem Blinddarmdurchbruch gestorben. Ein plötzlicher Tod, über den er niemals hinwegkommt, weil er leidet wie ein Hund, aber auch, weil es strenggenommen seine einzige wichtige Aufgabe als Sohn aus reichem Hause war, einen Erben zu produzieren.

Und dann trifft er noch die Chanel. Keine Frau aus seiner Gesellschaft. Und es liegt wohl an ihrer magischen Anziehungskraft, daß er alle Vernunft vergißt und eine Liebesaffäre mit ihr beginnt. Bis dahin hatte er immer Frauen gehabt, die wesentlich jünger waren als er. Coco ist viel älter und weiß, daß sie keine Kinder haben kann. Sicherlich ein Grund dafür, warum sie immer zögert, ihn zu erhören. Sie weiß ja, was für ihn der Lebenstraum wäre. Ein Sohn.

Die Liebesgeschichte zwischen Bend'Or und Coco sollte sechs Jahre dauern. »Der Mann muß ja Qualitäten haben, wenn er mich so lange bei Laune gehalten hat«, wird Coco allen antworten, die an seinen Fähigkeiten zweifeln. Denn ihre Pariser Clique findet ihn langweilig und einfältig.

Zur Romanze zwischen der Chanel und dem Duke of Westminster läßt sich ein ganzer Stapel von Zeitungsausschnitten auftürmen, die immer wieder die Hochzeit der beiden ankündigen, zu der es niemals kommen wird.

Coco und Bend'Or, eine Story, von der die Illustriertenleser träumen. Letztendlich sind nur die Geschichten über die extravaganten Geschenke des Herzogs und die langen, langen Luxusreisen durch Europa übriggeblieben.

Und dann dieser Frühlingsmorgen, an dem Cocos treuer Hausverwalter, Joseph, einen Gemüsekorb entgegennimmt, den der Herzog aus Eaton Hall liefern ließ. Unter den frischen Radieschen und den wunderbaren Artischocken aus seinen riesigen Treibhäusern liegt ein unglaublich großer ungeschliffener Smaragd. Auch sonst legt er ihr oft Diamanten unters Kopfkissen und schickt ihr täglich einen Brief aus England. Er wird persönlich von einem Boten überbracht. Er läßt ihr im Winter Erdbeeren liefern und im Sommer Orangen. Nur extravagant muß alles sein.

Bend'Or schenkt ihr auch wertvollen Familienschmuck, so ein Armband aus seltenen indischen Smaragden, Rubinen und Saphiren, zu denen sie im gleichen Atemzug »Danke« und auch »Ich lasse sie umarbeiten, das Armband ist nicht modern genug« sagt.

»Warum ich dem Herzog von Westminster so gefallen habe? Natürlich, weil ich ihn nicht unbedingt wollte. Die Engländerinnen sind entweder reine Seelen oder Hufschmiede. Aber auf jeden Fall sind sie Jägerinnen, sie jagen auf Pferden oder nach Herzen ... Wenn man einen großen Namen hat oder sehr reich ist, ist man kein Mann mehr, sondern ein Fuchs. Dann wird jeden Tag die Jagd eröffnet. Deshalb ist es ja wohl einfach, sich vorzustellen, wie erleichternd es ist, wenn man selber jagen darf. Und zwar jemanden, von dem man weiß, daß er schon bald ein Loch in seinen Käfig beißen wird, um zu flüchten.«

Mal gesellen sich Vera Bate, mal der Herzog von Windsor oder Bates guter Bekannter – Winston Churchill – zum Liebespaar. Man trifft sich zur Treibjagd in Schottland, zum Segeln auf dem Atlantik oder zur Wildschweinjagd in den rumänischen Kar-

paten. »Überall wo wir hinkamen, hatte Westminster ein gut vorgeheiztes Schloß, die Bediensteten warteten immer schon auf uns.« Die Seefahrer der Sippe Grosvenor-Westminster hatten in den letzten acht Jahrhunderten in der ganzen Welt Besitzungen zusammengetragen. Bend'Or gehörte fast jedes zweite Haus im Londoner Stadtteil Chelsea sowie viele Ländereien in Wales und Schottland, Schlösser in Rumänien, Italien und Frankreich sowie das Kronjuwel der Familie – das Stammschloß Eaton Hall, dessen unglaubliche Ausmaße die Chanel so treffend beschreibt. »Es ist mehr eine Kathedrale als ein Haus. Da es im neogotischen Stil erbaut ist, ist es gleichzeitig häßlich und phantastisch. Wenn man zur Decke aufschaut, erblickt man ein Gemälde von Goya. Man setzt sich auf den Hosenband-Orden, denn alle Stühle sind mit der königlichen Devise ›Honni soit qui mal y pense‹ bestickt, und hinter jedem Stuhl steht ein Diener.«
Die Chanel staunt nicht schlecht. Doch im Schlepptau von Bend'Or findet sie eine ihr vertraute Atmosphäre wieder. Wie zuletzt in »Royallieu«, hat sie erneut die Gelegenheit, zu reiten. Sie trägt wieder genau das, was sie einst erfunden hatte: Jodhpurhosen, weiße Hemden, Krawatten und Tweedjacken. Hinter all den Reichtümern, von denen sie sich nur im begrenzten Maße blenden läßt, findet sie den Charme des Landlebens wieder. Sie leiht sich für ihre Morgenspaziergänge im englischen Nebel Bend'Ors Mäntel aus, trägt dicke Wollsocken zum langen Rock und ein Woll-Twinset. Sie schimpft ihn regelmäßig aus, weil er die Marotte hat, immer nur seine alten durchlöcherten Schuhe zu tragen. Dabei läßt er die Schnürsenkel jeden Morgen aufbügeln.
In Cocos Augen ist Westminster die »Verkörperung des Schlichten«. »Er ist aber auch der eleganteste Mensch, den ich kenne. Er besitzt nichts Neues und trägt seit 25 Jahren dieselben Sakkos. Nichts auf der Welt könnte ihn dazu bewegen, zu einem Schneider zu gehen ...«

Bend'Or Westminster kauft für Coco Chanel eine Mühle in Schottland. Genauer gesagt eine Stoffmanufaktur am Flüßchen Tweed, das die natürliche Grenze zwischen England und Schottland bildet. Hier konnte sich im Mittelalter die Kunst des Tweedwebens entwickeln. Grobe, unregelmäßige, mehrschichtige Wollfäden wurden für diesen einfachen Stoff zusammengepreßt. Natürlich gab es überall in Europa in der Zwischenzeit Stoffabriken, die Tweed herstellen, doch Puristen wie die Chanel wollen ihn nur aus dem Tweedtal, seiner historischen Wiege. Denn nirgendwo anders soll das Wasser, das zum Waschen der Wollgarne benutzt wird, so weich sein. Tweed – ein wichtiges Element unter Coco Chanels Klassikern. Tageskostüme mit knielangen Röcken und einem Schnitt, der den Strickcardigans nachempfunden wurde, sind von nun an in ihren Kollektionen meist präsent. Sie liebt die lockeren Jacken selbst sehr.

Im April des Jahres 1925 findet in Paris ein Ereignis statt, das als kulturelle Revolution gesehen werden kann: die »Exposition Internationale des Arts Decoratifs«. Aus den sogenannten dekorativen Künsten, den Bereichen Mode, Objekt, Möbeldesign und Architektur, entsteht nach der Ausstellung der Begriff für eine neue Kunstepoche. Art Deco. Ob Coco Chanel bei der Einweihung der Ausstellung durch den französischen Staatspräsidenten dabei war oder gerade mit Bend'Or in Schottland Lachse fischte, ist nicht wichtig. Denn die geistige Trendwende, für die sogar als Startzeichen die französische Marseillaise gespielt wird, ist etwas, was sie schon lange vorher mitgestaltet hatte. Die Hochzeit zwischen der Kunst und dem Industriezeitalter war vollzogen. Die Gestaltung von Gegenständen des täglichen Lebens ist nun plötzlich auf eine ganz breite Basis gestellt. Der Art-Deco-Stil ist die Kunstrichtung, die sich der Massenfabrikation verschreiben kann, weil ihre Formen und Linien klar und nicht verschnörkelt sind. So wie die strengen Linien der Chanel-Kleider die Kopisten motiviert hatten, diesen

Stil zu imitieren, so konnte nun alles tausendfach auf den Markt geworfen werden.
Coco ist zu diesem Anlaß auch in der »Galérie des Élégances« mit einigen ihrer Kleider vertreten, die dort friedlich neben denen von Jeanne Lanvin und Paul Poiret hängen. Diese Art-Deco-Ausstellung steht aber ganz im Zeichen der Philosophie, für die die Chanel steht. Selbst das Kristallhaus Lalique stellt hier ein relativ geometrisches, schlichtes Parfumflakon vor – allerdings noch lange nicht so streng gestaltet wie die Flasche von Chanel N° 5.
Ein Jahr später liefert Coco Chanel eine andere Neuheit, die alle in Staunen versetzt. Eine weitere Konsequenz des Art-Deco-Fiebers. Die Welt will einfache, klare Linien? Soll sie sie doch haben! Das kleine Schwarze ist geboren.
Die amerikanische *Vogue* verkündet in ihrer Ausgabe vom 1. Oktober 1926 feierlich, daß das kleine Schwarze dieselbe Art Revolution bedeutet wie die Entwicklung des ersten Ford-Automobils: die Masse kam nun endlich am Fortschritt teilhaben. Die Demokratie hat gesiegt. Denn nicht zuletzt ist Schwarz auch die Farbe des Personals und der Dienerschaft. Eine Klassenzugehörigkeit drückt sich darin aus. Doch gerade das provoziert die Chanel zur Gegenreaktion. Vielleicht ist die neue Robe aber auch, so wie sie es an seinem Todesort geschworen haben will, eine Hommage an Boy Capel, wir wissen es nicht genau.
Schwarz, das war bis dahin die Farbe der Trauer. Coco wagt es, die unübersehbaren Vorteile dieser Farbe in den Vordergrund zu stellen und die schwarze Robe gesellschaftsfähig zu machen. Sie erkennt ihre besonderen Qualitäten, nämlich daß sie dem Körper und dem Teint schmeichelt: »Frauen denken an alle Farben, nur nicht an die sogenannten Unfarben. Schwarz kann alles ertragen. Weiß auch. Beide sind von einer reinen Schönheit. Perfekt und harmonisch. Frauen, die in Weiß oder Schwarz zu einem Ball gehen, sind immer die, die durch ihre Schönheit am meisten auffallen.«

Seit fünfhundert Jahren war sie in Westeuropa schon eine reine Trauerfarbe. Warum sollte aber die Chanel ausgerechnet diese Tradition respektieren, wo sie sich doch seit dem tragischen Tod von Antoinette strikt weigert, Hochzeitskleider zu kreieren. Die Chanel bricht wieder einmal die Regeln. Die Männer stöhnen auf vor Entsetzen. Die Presse fragt, wie man denn so formenlos, sprich so unweiblich aussehen könne. Doch der enorme Verkaufserfolg dieses Modehits gibt Mademoiselle recht. Die neue Farbe gefällt der neuen Frau. Coco Chanels schwarze Tageskleider sind aus Wolle. Abends trägt man dieselben Schnitte, als Cocktailkleider aus edlen Stoffen gefertigt – ohne Taillenband aus Seidencrêpe, Samt oder Satin.

»Die Frivolität ist ein Verbrechen, weil sie die Leichtigkeit nachäfft«, schreibt Chanels Freund Jean Cocteau. Das Leben an der Seite von Bend'Or ist immer leicht, und nur seine britische Kautzigkeit hindert Westminster daran, frivol zu ein, sein. Eine Qualität, die Gabrielle schätzt, so wie sie auch die Mentalität aller naturverbundenen Pferdeliebhaber mag. Und noch mehr mag sie die Engländer, weil sie nicht vergessen hat, daß die britische Gentry sie im Deauville der Vorkriegszeit vorbehaltslos empfing.

Bend'Or hat siebzehn Rolls-Royce in der Garage, benutzt aber nur einen, dessen Motor er gewissenhaft jedes Jahr auswechseln läßt: »Ich bin doch kein Argentinier«, erklärt er. Was heißen soll, daß er nicht neureich ist. Aber: »Westminster war sehr einsam auf dem Gipfel des Reichtums. Ich traute mich zum Beispiel nicht, ihm zu sagen, wenn es mir schlecht ging oder ich eine Migräne hatte. Denn das hatte immer zur Folge, daß die besten Fachärzte von der Harley Street sich auf den Weg machten. Zwanzig Stunden für nichts und wieder nichts, weil ich mich weigerte, sie zu empfangen. Ich verbot mir, Wünsche zu äußern, denn immer kam der fliegende Teppich, noch bevor ich überhaupt meinen Satz zu Ende gesprochen hatte.«

Bend'Or, der Beschützer, bringt ihr bei, exzentrisch zu sein, was für die alte Dame Chanel nach den Wirren des Zweiten Weltkriegs eine Art rettender Selbstschutz sein sollte. Und eine Eigenschaft, die für immer die bekannteste Facette der Mademoiselle bleiben wird.

Bend'Or ist der Mann, der sie sicherlich begehrt und verehrt, doch es ist wenig über die beiderseitigen Gefühle bekannt, die sie verbinden. Nichts als Details über extravagante Attitüden, die sich aus dem Zusammenleben zweier reicher Berühmtheiten ergeben! Daß er ihr seine Gemälde von Reynolds schenken wollte, was sie verweigert hat; daß sie in einer Laune zum Entsetzen der Gärtner alle Azaleen im Treibhaus abgeschnitten hat; daß er einen ganzen Zug mietet, um für sie Freunde nach Liverpool zum Derby einzuladen – solche und andere Geschichten machen die Runde. Und daß sie den starken Mann, der die Schwäche hat, eine Schwäche für sie zu haben, manchmal demütigt. Sie ist schnell übersättigt und hat bald genug von den Großzügigkeiten Bend'Ors. Als er ihr mal ein großes Juwelengeschmeide schenkt, sagt sie zu ihm: »Ein Decolleté ist doch kein Safe.« Sie spielt mit Bend'Or. Und er haßt ihre Freunde: »Er verstand Misia nicht, sie wiederum verstand ganz England nicht. Er hatte eine wahre Abneigung gegenüber den Serts, die in der Lage waren, Störchen die Schnäbel abzusägen, um zuzusehen, wie sie verhungern.« Coco spielt mit ihm – so wie mit keinem anderen Mann zuvor. Sie ist in der Lage, ihm zu sagen, daß sie ihn nicht liebe und es ja wohl kein Vergnügen sei, eine Frau, die ihn nicht liebe, im Bett zu haben.

Tatsächlich sind es nur die Künstler, die die liebenswerte Coco Chanel kennenlernen. Nur bei ihnen hat sie das Gefühl, mit denselben Waffen zu kämpfen. Die Freunde aus dem Pariser »Bœuf sur le Toit« respektiert sie wirklich. Wahrscheinlich braucht sie das Gefühl der Schwäche und Hilfsbedürftigkeit der anderen. Nur die existentiellen Ängste und Schwächen eines Mannes wie Pierre Reverdy können sie rühren.

Die Geschichte von Coco und Bend'Or wird ausschließlich dank der Erzählungen von Zeitgenossen um eine weitere Facette bereichert. Coco selbst schweigt darüber, denn dieses sind genau die Art von Realitäten, die Coco so gerne mit einer energischen Handbewegung wegfegt, die unangenehmen. Die Chanel wollte unbedingt ein Kind. Auch Bend'Or. Trotz allem. Sämtliche Fachärzte reisten zu ihrem Bett nach Eaton Hall. Auch, weil sich Bend'Or nichts sehnlicher wünscht, als einen dritten Duke of Westminster in seinen Armen zu halten. Coco Chanel wird nur einmal gestehen, daß sie, um endlich schwanger zu werden, »eine menschenunwürdige Gymnastik« machen mußte.

Die Trauer um die Kinderlosigkeit ist auch ein Zeichen dafür, daß sie an ihre Liebe zu Boy noch immer in Wehmut dachte. Er war der einzige Mann, von dem sie tatsächlich schwanger gewesen war. Dann, nach einer Fehlgeburt – und einem operativen Eingriff – war sie unfruchtbar geworden.

Ein Einschnitt in ihrem Leben, der das Ende ihrer bürgerlichen Träume bedeutete und gleichzeitig der Anfang ihrer Karriere war.

Nein, es kann keine Zukunft geben mit Bend'Or, ohne Kinder. Auch wenn sich ihre Liaison noch bis ins Jahr 1930 hinschleppen wird, wird die Sensationspresse nie recht bekommen mit ihren Vermutungen. Die beiden können nicht heiraten, weil sie keine Kinder miteinander haben können. Coco Chanel bedauert das zutiefst, doch sie wird die Beziehung zu Westminster später nur mit einem Satz kommentieren, der zu einem ihrer bekanntesten Aussprüche geworden ist: »Es wird noch viele Herzoginnen von Westminster geben, aber es gibt nur eine Mademoiselle Chanel.« So ist sie eben. Bloß keine Schwächen zeigen.

8. KAPITEL

Gewitterwolken

Die Maximen der Mademoiselle Chanel werden berühmt. Ein bekannter französischer Verleger sagt: »Mademoiselle Chanel redet so, wie Picasso malt.« Jede ihrer Bemerkungen ist jetzt schon – in den späten zwanziger Jahren – für die Presse wie etwas Heiliges, ein Sakrament. Sie diktiert ihre Modeideen in die Notizblöcke der ehrfürchtigen Journalisten, die sich auf ihrem großen beigen Samtsofa in den Privaträumen, die sie sich mittlerweile in der vierten Etage der Nummer 31 der rue Cambon eingerichtet hat, vor Respekt ganz klein machen. Mit ihrer Autorität und ihren bissigen Anordnungen macht die Chanel aus der Mode eine Religion.

»Eine elegante Frau muß auf den Markt gehen können, ohne daß die Hausfrauen über sie lachen. Wer lacht, hat immer recht.« Oder: »Die Mode ist gleichzeitig Raupe und Schmetterling. Seien Sie tagsüber Raupe und abends Schmetterling.

Nichts ist bequemer als ein Raupendasein, nichts ist mehr für die Liebe gemacht als ein Schmetterling. Man braucht Kleider zum Kriechen und Kleider zum Fliegen. Der Schmetterling geht nicht auf den Markt und die Raupe nicht zum Ball.« Eine Zeitlang findet Coco Chanel Gefallen daran, ihre Bonmots und Weisheiten in einer regelmäßigen Serie in der amerikanischen *Vogue* zu veröffentlichen: »Es ist eine monatliche Chronik, so nach dem Motto ›Mademoiselle Gs Sicht der Welt‹. Ich habe einige Artikel geschrieben, mich aber schnell gelangweilt.«
Die große Tänzerin Isadora Duncan tritt mit einer dramatischen, allerletzten Choreographie aus dem Leben: Am 14. September 1927 steigt sie an der Promenade des Anglais von Nizza in das Auto ihres Geliebten. Ihr langer Mousselineschal verfängt sich im Hinterrad. Isadora stirbt auf der Stelle. Die Duncan ist also nur 49 Jahre alt geworden.
Die Chanel ist in der Nähe, als dieses Drama ganz Europa erschüttert. Sie sucht in der Gegend von Nizza gerade ein Grundstück, weil sie plant, dort eine Ferienvilla zu bauen. Misia begleitet Coco. Wie so oft in letzter Zeit. Misia hat den Gefallen daran verloren, sich an anderleuts Schicksalen zu laben. Sie wird auch nie wieder genußvoll mit José-Maria Sert einer Katze beim Ertrinken im Canale Grande zuschauen. Denn er hat eine Neue: die junge russische Prinzessin Roussy Modivani. Er verfällt dieser leichtlebigen slawischen Schönheit ganz. Auch wenn die Faszination, die José-Maria und Misia verbunden hat, noch immer anhält. Schließlich heißt eines der Bindeglieder zwischen den beiden Kokain. Und das bedeutet eine doppelte Abhängigkeit für Misia, die sich selbstzerstörerisch auf eine Ménage à Trois mit der Roussy und José-Maria einläßt. Sie kümmert sich um Roussy, so als wäre sie »nur« eine Tochter, landet aber mit dem neuen Paar sogar im Bett, als José-Maria die Scheidung schon längst eingereicht hat. Paul Morand beschreibt in seinem Reiseroman »Venedig« treffend das Bild, das das Dreiergespann abgibt: »Ich erinnere mich an José-

Maria Sert, wie er in einem Sessel ohne Federn hing und seine beiden Frauen, Misia und Roussy, zu seinen Füßen lagen.«
Der Niedergang der Muse Misia Sert, für die bald Kokain, Opium und Morphium eins sind, hat begonnen. Die Hochzeit von José-Maria und Roussy im Jahr 1929 in Den Haag wird das letzte Kapitel der dekadenten Existenz dieser Freundin der Chanel werden. Alles, was für Misia danach noch kommt, wird nur noch Siechtum sein. Und nur Coco wird noch für Misia da sein.
Schon jetzt, in den Jahren 1927 bis 28, verhindert Chanel durch ihre Beschützerrolle die totale Erniedrigung von Misia. Sie nimmt sie mit zur Fasanenjagd nach Schottland, auch nach London und an die Riviera. Die willenlose Misia ist stets im Schlepptau von Coco Chanel. In Monte Carlo wird sie sogar mit Vera, die inzwischen Vera Lombardi heißt, weil sie einen italienischen Offizier geheiratet hat, im Kasino gesehen. Edward, Prince of Wales, ist oft mit von der Partie. Er ist ohne Zweifel auch in die Chanel verliebt. Auch Winston Churchill, der in Südfrankreich seine verfrühten Memoiren schreibt, hegt große Sympathien für sie. Daß Coco den britischen Staatsmann für einen ihrer besten Freunde hält, wird ihr während des Zweiten Weltkriegs noch zum Verhängnis werden. Aber davon später.
Ursprünglich war Churchill mit Cocos Freundin Vera, die ja ihr bestes Mannequin ist, befreundet. Dieser Freundschaft ist es zu verdanken, daß in Churchills Korrespondenzen auch der Name Coco Chanel vorkommt. So schreibt er seiner Frau Clementine, nachdem er in der rue Cambon im Jahr 1927 bei den Vorbereitungen einer Modenschau zuschauen konnte: »Sie ist heute sehr damit beschäftigt, zahllosen Mannequins Kleider anzuprobieren. Insgesamt müssen etwa 200 Modelle in nur drei Wochen angefertigt werden. Einige davon werden bis zu zehnmal umgeändert. Sie macht alles mit dem Geschick ihrer Finger. Abstecken, Schneiden, Säumen und so weiter...«
In der zweiten Hälfte der zwanziger Jahre, dem Ende der slawi-

schen Periode in der Mode, sind die Kreationen der Chanel fast alle schon zu Klassikern geworden und in einer Harmonie zu einem geschlossenen Gesamtkunstwerk vereint. Die von Bend'Or Westminster inspirierten Kleidungsstücke des britischen Adels – wie Tweedsakkos und Reiterhosen – gehören mittlerweile durchaus zur Damengarderobe. Andere sportliche Themen wie weit ausgestellte Hosen, Jerseypullover mit Blockstreifen, wie sie die Matrosen der »Flying Cloud« tragen, oder Baskenmützen aus Filz, die mit großen Broschen oder Hutnadeln versehen getragen werden, bereichern des weiteren die Mode von Coco Chanel.

Ihre beiden Lieblingsstoffarten, Jersey und Tweed, werden für schlichte Tageskostüme miteinander kombiniert. Ihre Abend- und Ballmode verliert an Strenge. Federleichte Mousselinekleider mit Volants in Schwarz, Beige oder Smaragdgrün, oft vorne kürzer als im Rücken, »um die Silhouette zu verlängern«, sind ihre Bestseller.

Auf den Hügeln von Roquebrune an der Riviera kauft Coco Chanel im Jahr 1928 ein Grundstück. Alle munkeln, daß der Olivenhain mit einem atemberaubenden Blick auf die Bucht von Nizza schon wieder ein Geschenk des Herzogs von Westminster sei. Das ist aber nicht der Fall. Im Kaufvertrag steht nur der Name von Gabrielle Chanel. Sie läßt auf dem Stück Land eine Villa ganz nach ihrem Geschmack bauen: »La Pausa«. Die Position jedes einzelnen Steins dieses Hauses, die Schaffung jedes künstlich angelegten Hügels im Garten werden von ihr peinlich genau überwacht. Zum ersten Mal hat die Chanel das Bedürfnis, auch im Privatleben etwas aufzubauen und etwas zu besitzen. Bisher wohnte sie überall immer nur zur Miete. Und es scheint auch so, als wäre der Bau von »La Pausa« der Beginn ihrer Trennung von Westminster, denn das Haus bedeutete einen wichtigen und entscheidenden Schritt zur Abnabelung.

Da endgültig klar ist, daß die beiden zusammen nichts aufbauen, also keine Familie gründen können, ist es Zeit für Coco, ihrem Leben einen neuen Sinn zu geben: eben »La Pausa«. Laut Edmonde Charles-Roux schickt die Chanel ihren Architekten nach Obazine, damit der verstehen kann, welchen Baustil sie wünscht. Vom romanischen Waisenhaus ihrer Kindheit soll er die elegante Schlichtheit abschauen. »Unsere Häuser sind unsere Gefängnisse«, dieses sollte das Gegenteil sein. Weit weg von Paris will die Chanel wieder Gabrielle sein. Eine Privatperson. Ihre Villa, die innerhalb von einem Jahr fertiggestellt wird, ist sehr geradlinig gebaut. Die Fassaden werden bestimmt durch große Fensterfronten, die durch romanische Bögen und Säulen unterbrochen werden und einen Blick auf die jahrhundertealten Olivenbäume und das Meer zulassen. Im Gegensatz zum barokken Stil ihrer Pariser Domizile ist die Gestaltung in »La Pausa« eher minimalistisch. Die Wände sind so weiß wie die, von denen sie schon als Erstkommunikantin träumte. Es gibt keine Ausstellung von antiken Möbeln. Coco konfrontiert sich mit Gabrielle. Der Herzog von Westminster spielt in ihrem Leben nur noch eine Nebenrolle.

* * *

Es ist so, als gäbe es die Privatperson »Mademoiselle Chanel« schon seit Deauville nicht mehr. Doch Gabrielle unterhält noch heimlich Kontakt zu ihrer Vergangenheit, zu ihrer Familie. Daß wir heute wissen, was sie mit ihren zwei Brüdern weiterhin verband, haben wir Edmonde Charles-Roux zu verdanken. Die Chanel, die nun Mondäne, ist durch ihre gesellschaftliche Rolle und ihr eisiges Schweigen über ihre Kindheit zu einer Art Pfand für Lucien und Alphonse geworden. Gabrielle kauft die Diskretion über ihre Vergangenheit mit Hilfe von großzügigen Schecks, die mit schöner Regelmäßigkeit bei den Brüder Alphonse eintreffen. Sie ist so konsequent, nicht mal so zu tun, als würde er arbeiten. Er lebt mit Frau und Kindern in Valleraugue in den Cevennen, der historischen Wiege der Chanels. Ab und an darf er Gabrielle heimlich in Paris besuchen. Seine

Töchter, die Alphonse in einer rührenden, aber plumpen Hommage Gabrielle und Antoinette getauft hat, werden später gegenüber Charles-Roux äußern: »Vater kam immer mit den verrücktesten Geschichten zurück. Wie seine Schwester lebte, daß ihre Wohnung wie ein hinduistischer Palast aussähe, daß die Diener livriert und mit weißen Handschuhen ausgestattet seien. Einmal erzählte er uns, wie er bei Tisch zu Gabrielle sagte: ›Schick diesen Clown, der hinter mir steht, zum Teufel. Der nimmt mir den Appetit.‹ Einmal gab Vater seiner Schwester gegenüber zu: ›Ich hab' kein Auto mehr, Gaby. Es liegt in einer Böschung, in tausend Stücke zerteilt!‹ Anstatt sich über sein indirektes Ansinnen zu ärgern, rief sie: ›Ich hab was für dich! Nimm das Auto vor der Tür und gleich auch den Chauffeur.‹ So kam es, daß Alphonse mit einem Sportwagen und einem stattlichen Typen mit einer Art Kapitänsmütze am Steuer nach Valleraugue zurückkehrte.«
Der redliche, rechtschaffene Lucien macht es Gabrielle da schon viel schwerer. Er ist ihr Alptraum, weil es für ihn Ehrensache ist, sein eigenes Geld zu verdienen. In diesen zwanziger Jahren baut er tagtäglich seelenruhig seinen Stand auf dem Markt von Clermont-Ferrand in der Auvergne auf – und verkauft Schuhe. Gabrielle hat Angstvisionen, daß die Presse ihren Bruder hinter seinem Marktstand entdeckt. Das wäre ein gefundenes Fressen: »Die Geliebte des Herzogs von Westminster und der Marktschreier.« Um das Schlimmste zu verhindern, erfindet Gabrielle eine List. Sie läßt den gutmütigen Lucien glauben, daß sie in Clermont-Ferrand einen Alterssitz braucht. Und läßt ihn am Rande der Stadt ein prächtiges Haus bauen und beziehen. Lucien ist jetzt standesgemäß untergebracht, und die Chanel hat eine Sorge weniger. Sie kann beruhigt tönen: »Diese Amerikaner glauben doch tatsächlich, daß ich mit nichts als meinen bäuerlichen Holzschuhen nach Paris gekommen bin.« Coco Chanel selbst glaubt nicht an Märchen, die Aschenputtelversion ihrer persönlichen Geschichte ist ihr zuwider. Obwohl ihr Leben eigentlich

ein Märchen ist. Ein unglaublicher Aufstieg, der seinesgleichen sucht.
Wie ist es aber möglich, daß es von ihrem Vater tatsächlich keine Spur gibt? Hat sie ihn nie ernsthaft gesucht? Die Wahrheit scheint so zu sein, als wüßte Gabrielle schon lange genug über ihren Vater, um ihn ohne Bedauern aus ihrem Leben streichen zu können. Es ist sehr wahrscheinlich, daß er nie den Schneid hatte, wirklich nach Amerika zu gehen. Die Wahrheit scheint, laut Edmonde Charles-Roux, alles andere als eine heroische Geschichte abzugeben. Und zwar, so schreibt sie, die Endstation seiner Reise sei schon Quimper in der Bretagne gewesen, und daß Albert Chanel nie auch nur Anstalten gemacht habe, einen Überseedampfer zu besteigen. Im Jahr 1909 habe Lucien seinen Vater, dessen Aufenthaltsort wohl allen in der Familie bekannt war, in Quimper besucht. Der war dort so tief gesunken, daß sein Name sogar für den Rest der Familie Chanel zum Tabu wurde. Mit einer jungen Frau teilte er dort eine schäbige Behausung und den Hang zum Alkohol. Zu der Zeit, als Gabrielle Chanel unter anderem Geschichten erzählte, daß ihr Vater Winzer sei, verband ihn mit der Weinflasche nichts als eine entwürdigende Abhängigkeit, die ihn sogar zeitweise ins Gefängnis brachte. Er machte also eine Karriere, die es Gabrielle erleichterte, ihn so schnell wie möglich zu vergessen.
Inzwischen war Albert Chanel tot – zu Gabrielles Erleichterung. Er hatte also keine Gelegenheit mehr, beim Anblick der Fotos in den Illustrierten, die mit schöner Regelmäßigkeit über Bend'Or und Coco berichteten, auf dumme Gedanken zu kommen.

***

1929. Das verrückte Jahrzehnt geht für Coco in Venedig zu Ende. Im August unternehmen der Herzog von Westminster und die Chanel auf der »Flying Cloud« eine Kreuzfahrt entlang der dalmatinischen Küste. Misia ist als eine Art Hofdame von

Coco mit von der Partie. Aber nicht nur deshalb ist die Stimmung schlecht an Bord. Westminster hat sich in den letzten Monaten mehr und mehr von Coco abgewandt. Ganz London flüstert, daß er wohl eine neue Geliebte habe. Die beiden Damen, die sich an Bord entsetzlich langweilen, überreden Bend'Or, einen Abstecher nach Venedig zu machen. Die »Flying Cloud« legt dort am 17. August an. Venedig ist ein Dorf, und kaum haben Misia und Coco das Schiff verlassen, erfahren sie, daß Diaghilew ebenfalls in der Stadt anwesend ist. Der Ballettmeister liegt in Fieberträumen in einer Suite des Hotels Lido. Den ganzen Sommer lang war er durch Europa gehetzt, in Baden-Baden hatte er sich aufgehalten und auch in Salzburg gekurt. In Venedig wollte er nun sterben. Diabetes im Endstadium. Sein Zustand war sehr schlecht. Misia und Coco besuchen ihn. Er kann kaum sprechen, wird aber gegenüber seinem Privatsekretär Boris Kochno noch stundenlang über den Anblick der beiden Musen murmeln: »Sie sahen so jung aus. Sie waren ganz in Weiß. Sie waren so weiß.« In seiner Todesstunde hat er Gelegenheit, Bilanz zu ziehen. Nur wenige Freunde sind da, um ihm die Hand zu halten. Der treue Kochno, der geliebte Tänzer Serge Lifar, die Baronin Erlanger, Misia und eben Coco. Er weint und flüstert: »Meine Freunde… meine einzigen Freunde! Ich glaube, ich bin volltrunken!«
Am 19. August, im Morgengrauen, stirbt Diaghilew in den Armen seiner zwei Lieblingsmänner. Die streiten sich schon vor dem hastig herbeigeschafften Sarg um einen Ring, den sie in einem hysterischen Kampf dem toten Diaghilew vom Finger reißen. Misia erzählt in ihrer Autobiographie von dieser Szene, die so ganz nach ihrem Geschmack war: »Das Ende von Serge brachte auch den Funken zum Sprühen der im Haß der beiden Jungen, die mit ihm gelebt hatten, begründet war. Es folgte die Explosion. Mitten im Schweigen, der Trauer um den geliebten Diaghilew hörten wir plötzlich ein Getöse: Kochno stürzte sich auf Lifar, der am anderen Ende des Bettes niederkniete. Sie

kämpften am Boden, rissen sich die Kleider vom Leib, bissen sich wie Tiere. Sie waren wie von der Tollwut besessen. Zwei wütende Hunde kämpften um den Kadaver ihres Meisters. Nach einem ersten Moment der Verwunderung haben wir es schließlich geschafft, die beiden auseinanderzureißen und sie rauszuschicken, um den Toten waschen zu können.«

Die Hoteldirektion gibt zu verstehen, daß die Beerdigung jetzt, mitten in der Hochsaison, doch so diskret wie möglich durchzuführen sei. Am Abend wird dann ein Sturm die Trauergemeinde daran hindern, mit Gondeln zur orthodoxen Kirche nach San Michele überzusetzen. Erst am frühen Morgen des nächsten Tages wird die Beerdigung möglich. Drei Gondeln begleiten den Leichnam. Lifar und Kochno schweigen sich an. Coco und Misia sind voller Trauer – ganz in Weiß.

Dieser Tod in Venedig ist für die Chanel das dramaturgisch perfekte Finale ihrer zwanziger Jahre, die ganz im Zeichen der »Ballets Russes« standen. Die »Flying Cloud« besteigt sie nicht mehr. Die Beerdigung von Diaghilew bringt auch das Ende ihrer Beziehung zu Westminster, dessen Belanglosigkeit sie nun nicht mehr ertragen will. Die, wie sie sagt, »entsetzliche Langeweile der Reichen und Faulen« sei für sie nach der dramatischen Episode von Venedig nicht mehr zu ertragen. »Ich habe immer gewußt, wann ich gehen mußte. Ein Abschied kann sich zwar über Wochen oder Monate hinziehen, aber ich entscheide, wann es Zeit ist, adieu zu sagen.« Und dieser Zeitpunkt ist nun gekommen. Coco meint nur noch abschließend, daß man nicht sein ganzes Leben Lachs fischen und auf den Meeren schippern könne. Westminster gibt sie damit aber die Gelegenheit, »vernünftig« zu werden und sich standesgemäß zu verehelichen. So wird er im Jahr 1930 die ehrenwerte Loelia Mary Ponsonsby, Tochter eines englischen Barons, heiraten.

Unter die »Années Folles«, das Jahrzehnt der Exzesse, wird am 24. Oktober 1929 in New York schon vorzeitig ein Schlußstrich gezogen. Der »Schwarze Donnerstag«, an dem die New Yorker

Börse zusammenbricht und in einer nie gekannten Panik 13 Millionen Aktien in kürzester Zeit verscherbelt werden, ist der Anfang vom Ende. Eine schrille Alarmglocke, die die Welt auf direktem Wege in den Zweiten Weltkrieg führen wird. Langsam, aber sicher. Die Depression wütet in Amerika, wo 12 Millionen Menschen mittellos und ohne Job sind, ganz besonders heftig. Aber auch überall in Europa wird nach dem ersten Kollaps des Industriejahrhunderts der Ruf nach mehr sozialer Gerechtigkeit immer lauter.

Das Wort »Arbeitslosigkeit« ist neu im Vokabular der Leute aus der Modebranche. Bis ins Jahr 1925 gab es in Paris keine Näherin ohne Arbeit. Doch die Rezession erfaßt die Pariser Haute Couture mit voller Wucht. Plötzlich stehen 10 000 Arbeiterinnen auf der Straße. Coco Chanel sieht keinen Grund zur Panik. Von sozialen Leistungen will sie gar nichts wissen. Sie findet weiterhin, daß es ein Privileg ist, für sie zu arbeiten – wenn auch für einen Hungerlohn. 2 400 Menschen beschäftigt sie in ihren 26 Ateliers.

Das alte Klischee, eine »Suppenküchenmode« und »Luxusarmut« zu produzieren, kommt ihr nun zugute. Wenigstens brauchen sich die Reichen, wenn sie die rue Cambon betreten, nicht mehr zu verstecken.

Coco Chanel ist einer der wenigen wohlhabenden Menschen, denen die Krise direkt nichts anhaben kann. Ganz im Gegenteil. Der Höhepunkt des Busineß »Chanel« sollte ja erst noch kommen. So werden im Jahr 1935 schon 4 000 Personen auf ihrer Gehaltsliste stehen.

Eine beachtliche Expansion, auch wenn der Grund dafür sicherlich in einem äußerst radikalen Schnitt bei den Preisen ihrer Kleider zu suchen ist. Einige namhafte Modehistoriker behaupten sogar, daß Coco Chanel nach dem Schwarzen Donnerstag an der Wall Street die Verkaufspreise ihrer Roben halbiert habe.

Auch ihre persönliche Situation ist alles andere als besorgniserregend. Chanel N° 5 ist mittlerweile das berühmteste, meistverkaufte Parfum der Welt. Sie bekommt jedes Jahr siebenstellige Dividenden in US-Dollar. Was Coco nicht daran hindert, gegenüber ihren Partnern extrem mißtrauisch zu sein, jede Bilanz in Frage zu stellen und schon bald anzufangen, sich in langatmigen Prozessen mit den Brüdern Wertheimer auseinanderzusetzen.

Coco Chanel, die tüchtige Geschäftsfrau, hat sich eine schöne Philosophie zusammengereimt: »Geld ist ein guter Diener und ein schlechter Meister.« Und nach diesem Wahlspruch lebt sie auch. Sie nimmt einen verbissenen Kampf mit den Wertheimers auf – nicht etwa, weil sie gierig ist nach Geld, sondern weil sie an der Macht interessiert ist und ihre Überlegenheit immer unter Beweis stellen will.

»Das Geld, das man verdient, ist nichts als ein konkreter Beweis dafür, daß man recht hat: Wenn ein Geschäft oder ein Kleid nichts einbringen, sind sie eben mißraten. Das Gute am Reichtum ist nicht die Anhäufung, sondern das Gegenteil. Geld ist da, um uns zu befreien ... Daß die Frauen das Geld lieben, weil es ihnen hilft, verstehe ich ja, aber wenn sie es um seiner selbst willen lieben, ist das entsetzlich. Das Gesicht eines hübschen Mädchens, das plötzlich von Lebensversicherungen, Aktien und Renditen spricht, wird ja so häßlich.« Geld ist nicht schön, Geld ist nützlich. Coco Chanel gibt es für ihre Freunde aus, indem sie sie finanziell unterstützt, manchmal auch große Feste gibt. Zu ihrem eigenen Vergnügen. Sie liebt es, in Antiquitätenläden, auf Flohmärkten und in verstaubten Kurzwarengeschäften nach seltenen Schätzen zu stöbern. Von den Wertheimers fordert sie eine höhere Beteiligung. Sie möchte für jedes einzelne Parfumflakon mehr Geld sehen. Sie will millionenfach spüren, wie recht sie gehabt hat.

Coco Chanel hat auch für die dreißiger Jahre die richtige Spürnase, und ihre Reaktion auf die neuen Lebensumstände des Jahrzehnts ist bestimmt kein Zufall. Auch eine neue Liebe kommt. Vergessen ist die Zeit mit dem Duke of Westminster. Es lebe Pierre Reverdy. Der traurige Poet darf in ihrem Leben ein letztes Gastspiel geben. Coco überredet ihn, sein Eremitendasein in Solesmes aufzugeben und wieder zurückzukommen nach Paris. Die ganz andersartige, wiederbelebte Liebesgeschichte führt die Chanel in etliche Jazzschuppen und Tanzkeller wie das »Jimmyz« in Montparnasse. Der melancholische Reverdy folgt Coco Chanel durch Paris by Night und stellt sich – nach Einbruch der Dunkelheit – ausnahmsweise keine existenzialistischen Fragen mehr. Doch mehr noch als die wiedergefundene Lust auf Paris, auf Montparnasse, die Orte seiner besten Jahre, verbindet die beiden ein ungeschriebener Vertrag.

Ja, Pierre Reverdy ist auch in Paris, um Ghostwriter von Mademoiselle zu werden. Wenn seine eigene Poesie schon nicht die verdiente Hochachtung findet, so soll er für Coco Lebensweisheiten formulieren. Coco Chanel weiß durch ihre klare Einschätzungsfähigkeit, daß nicht viel fehlt, um ihre Legende feinzuschleifen. Reverdy legt ihr nur noch die passenden Worte in den Mund.

Ist das Vorhaben, das sie mit Hilfe von Reverdy realisieren will, negativ zu beurteilen und mit ihrem eiskalten Sarkasmus zu erklären? Oder läutet Coco Chanel etwa mit diesem genialen Schachzug im Jahr 1930 endgültig das Medienzeitalter ein! Ihre neue Zusammenarbeit mit Pierre Reverdy ist wie der Anfang der Marketingära. Coco Chanel erfindet für ihren Berufsstand das Image, das noch heute die ganze Branche am Knistern hält. Was sind die schönen Kleider ohne die starke, überzeugende und schillernde Persönlichkeit ihrer Kreateure? Was wäre Coco Chanel heute ohne die ersten Nachhilfestunden von Pierre Reverdy? Wahrscheinlich nicht die Legende, die sie schließlich geworden ist.

»Die Mode ist ein Bedürfnis, das da anfängt, wo die Bedürftigkeit aufhört.« – Oder: »Wenn Sie ohne Flügel geboren sind, tun Sie nichts, um sie daran zu hindern zu wachsen.« – »Für Frauen

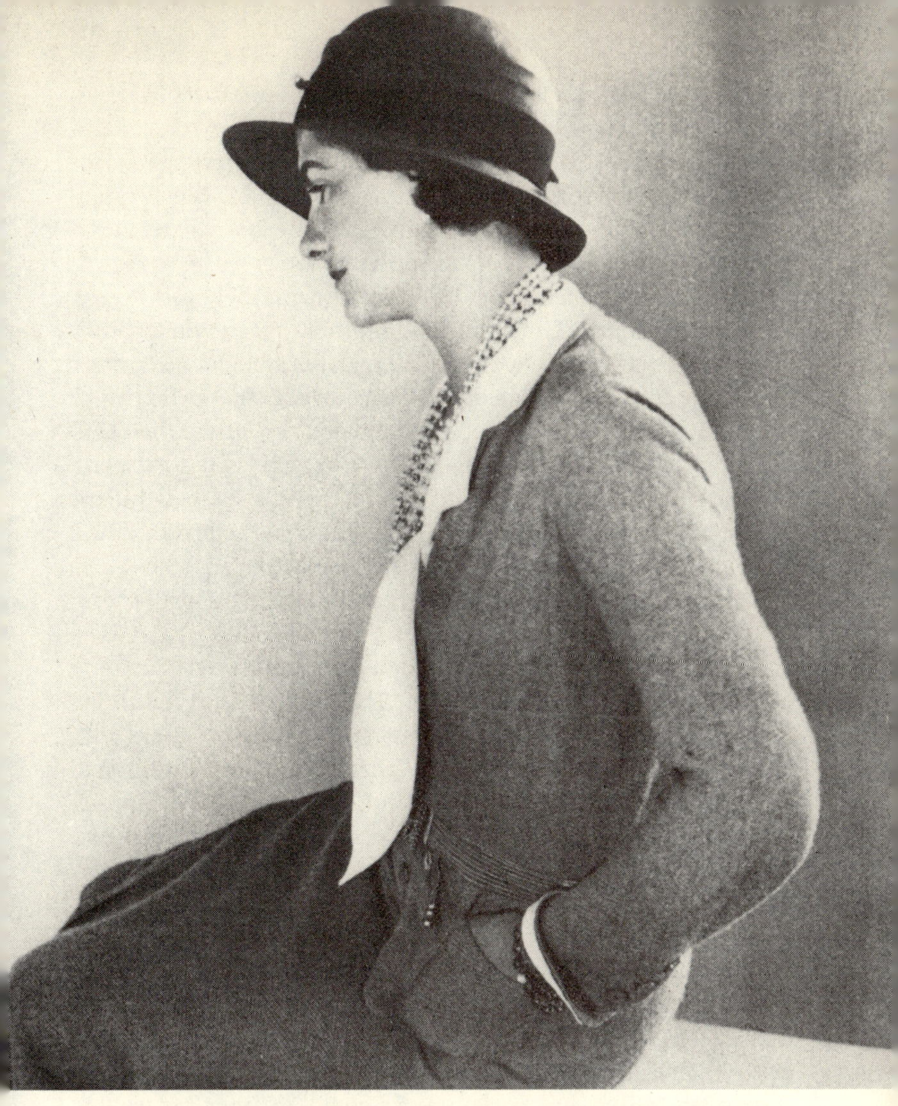

Coco Chanel in einem für sie typischen schlichten und enganliegenden Kostüm. Ihr geradliniger Stil sorgt für Furore. Eine wahre Provokation nach den Übertreibungen der Belle Epoque.

(Foto: Archiv für Kunst und Geschichte, Berlin)

hat Betrügen nur einen Sinn – den der Sinne.« Bonmots wie diese machen sie zur Königin der Couturiers.
Die Chefredakteure der großen Modezeitungen fressen ihr aus der Hand. Ihre Worte wiegen schwer wie Gold. Sie werden begeistert veröffentlicht und diskutiert. Chanel ist Stil. Ist mehr als Mode. Immer wieder hat sie das letzte Wort.
Und das wird sie auch in ihrer Zusammenarbeit mit Pierre Reverdy behalten. Die neuaufgeflammte Romanze dauert nur ein Jahr. So viel Zeit braucht die Chanel, um sich in den Armen eines Intellektuellen vom luxuriösen, leichtlebigen Sein mit diesem Langeweiler von Bend'Or reinzuwaschen. So viel Zeit braucht Reverdy, um sich nach seinem kargen Eremitendasein in Solesmes zu sehnen. Außerdem verfügt Coco Chanel über genügend Temperament und Vorstellungskraft, ihre Lebensweisheiten in Zukunft selber in Worte zu fassen.
Alles mutet so an, als wäre die Legendenbildung um ihre Person das Ergebnis ihres eigenen Kalküls. Aber natürlich ist ihre Geschichte auch eine beeindruckende Folge von Leidenschaften, Männergeschichten – immer ohne Happy-End. Und natürlich wäre sie ohne den schillernden Freundeskreis aus Künstlern und Menschen, die die Geschichte des Jahrhunderts zu beeinflussen wußten, nicht dieselbe geworden. Die Chanel, das ist aber ebenso die Mademoiselle, die ihrer selbstgestellten Aufgabe demütig dient. Die Couturière arbeitet mit Herz, Seele und Verstand, wie die Schriftstellerin Colette so treffend schreibt. Sie ist auch ihre Freundin. Colette sieht in Coco einen kleinen schwarzen Stier, weil sie über eine kraftsprühende, unglaubliche Energie und einen blitzschnellen Selbstverteidigungsreflex verfüge.
Die Colette beobachtet Coco Chanel bei der Arbeit: »Die Chanel arbeitet mit allen zehn Fingern, mit ihren Fingernägeln, mit ihren Handballen, mit Nadeln und Schere an einer Art weißer Wolke mit Falten und Kristallscherben. Manchmal fällt sie vor ihrem Werk auf die Knie und drückt es an sich, um es noch mehr zu straffen, um hier und da noch ein bißchen Tüll anders zu dra-

pieren.« Für Colette verkörpert diese Frau, die vor ihrer Robe kniet, um einen Saum festzustecken, so etwas wie eine leidenschaftliche Arbeiterin. Das Schneidern einer Robe ist handwerkliche Schwerstarbeit, vor der sich Chanel nicht scheut. »Sie spricht, sie doziert und korrigiert mit einer genervten Geduld.«
Coco Chanel ist vor allem anderen eine Perfektionistin, die keine Mühe und Kraftanstrengung scheut, wenn sie ihre Modelle entwickelt. Der Kontakt mit den Stoffen und den Models ist für sie äußerst wichtig. Sie braucht die Auseinandersetzung damit. Will alles erspüren und direkt an ihren Mannequins arbeiten. Wie oft müssen die Näherinnen eine Jacke nochmal auftrennen, weil die Schulterpartie nicht perfekt sitzt, weil die Ärmel bei einer Überkreuz-Bewegung der Hände zu kurz wirken! Coco Chanel ist berühmt für die absolute Bequemlichkeit ihrer Kleider. Jede Jackentasche muß den Qualitätstest bestehen.
Sie muß ein Brillenetui oder eine Schachtel Zigaretten beherbergen können, um nicht durchzufallen. Die Chefredakteurin der amerikanischen Ausgabe der Zeitschrift *Harper's Bazaar*, Diana Vreeland, erinnert sich: »Niemals waren die Ärmel so perfekt, wie sie es gerne gehabt hätte. Immer gab es noch etwas zu nähen oder herauszutrennen. Sie piesakte mich mit ihren Nadeln, bis mir alles weh tat, und redete und redete und teilte mir allerhand philosophische Überlegungen mit.«
Coco Chanel will immer die absolut beste Qualität. Stoffe läßt sie somit auch in Eigenregie produzieren. Da gibt es also die Tweedmühle in Schottland und auch die Stoffabrik »Tissus Chanel« in der Pariser Vorstadt Asnières. Geht es um Kleidungsstücke für sie selbst, so liebt es Coco, ihr wichtigstes Prinzip, das Understatement, auf die Spitze zu treiben. So läßt sie schon mal einen wertvollen Pelz als Innenfutter in eine einfache Regenjacke nähen. Vor edlen Materialien hat Coco Chanel einen großen Respekt, aber keine Scheu, alles mögliche zu verarbeiten. Auch das beschreibt Colette bei einem Atelierbesuch: »Die Chanel streichelt verliebt ein Antilopenleder... Sie sagt: ›Das

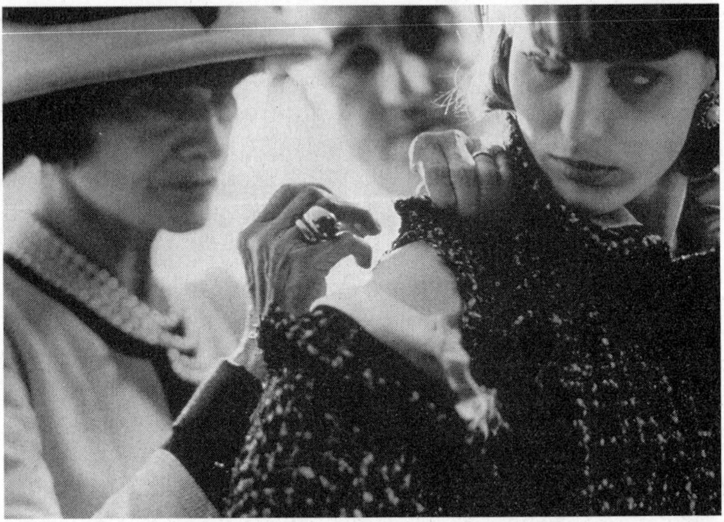

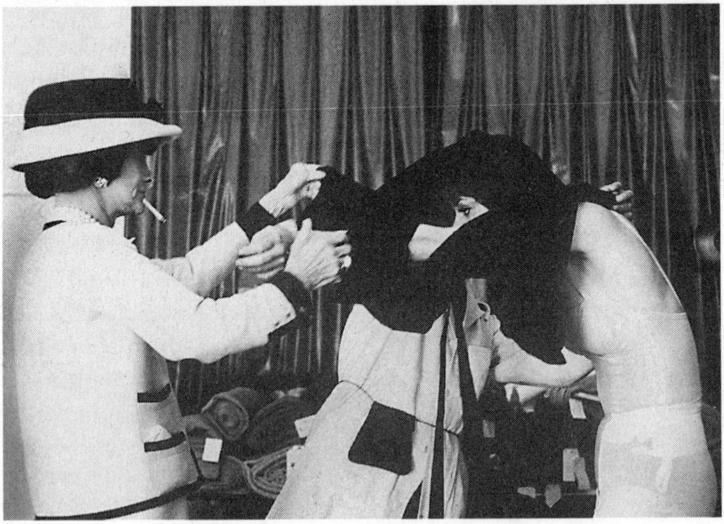

die Chanel verlangt immer alles

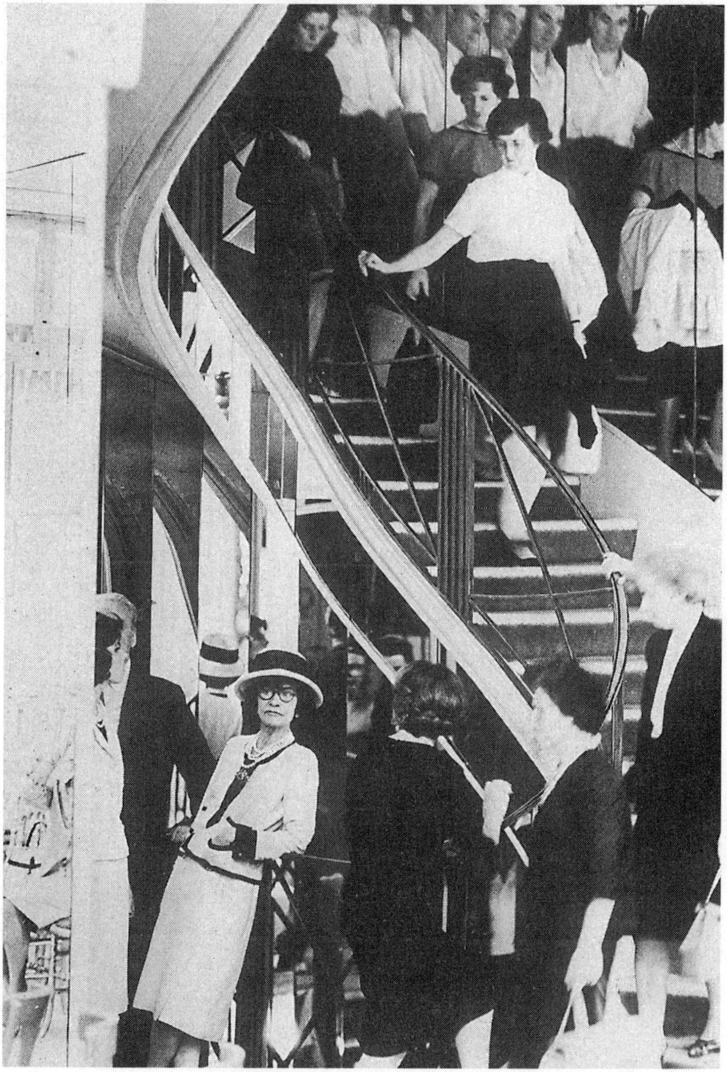

behalte ich für mich! Endlich ein passendes Kleidungsstück für mich! Oh! Es wird mich schön warm halten! Daraus möchte ich eine leichte, hochgeschlossene Jacke haben ...‹ Sie schließt die Augen und streichelt sich mit einer absolut weiblichen Geste mit dem Pelzstück, das noch nach Tier riecht, über die Wange. Ich denke laut nach über die winterlichen Spazierfahrten, die man mit diesem Antilopenmantel machen könnte... Mademoiselle schiebt meine romantischen Vorschläge mit einem rüden Ton vom Tisch: ›Dieser Pelz ist zur Wildschweinjagd gedacht.‹«

In den letzten Tagen des Jahres 1930 wird Cocos Tante Adrienne endlich Baronin Nexon. Der späte Tod des greisen Vaters von Maurice hatte dieses rührende Happy-End erst möglich gemacht. Gabrielle ist Adriennes Trauzeugin. Nichts hat sich zwischen den beiden seit ihrer gemeinsamen Lehre in Vichy geändert. Nur, daß sich ihre Charaktere noch mehr in entgegengesetzte Richtungen entwickelt haben. Adrienne darf Gabrielle sagen, daß sie ihren Umgang nicht für gut hält. Sie sagt das mit der Vernunft eines Landmädchens, das viel Ungeheuerliches gehört hat – von Homosexuellen, von Opium und Kokain und nicht ehrenvollen Liebschaften. Gabrielle akzeptiert ihren Standpunkt. Sie selber respektiert auch die romantische Vision, die Adrienne von der ewigen Liebe hegt. Und ein gemeinsames Schicksal teilen die beiden Chanels dennoch. Coco beliebt darüber häufig zu scherzen: »Meine liebe Adrienne, wir Chanelfrauen sind so platt wie Fische und noch dazu unfruchtbar!«

Das Jahresende verbringt Coco Chanel an der Côte d'Azur. Vera Lombardi gibt sie das Privileg, im Park von »La Pausa« einen eigenen Bungalow zu errichten. Die Chanel ist seit dem Tod von Diaghilew der Kopf einer bunt gemischten Clique. Serge Lifar, wie befreit nach dem Tod seines Mentors, ist der neue Vorzeigedandy der Society. Und auch ein neuer Mitarbeiter von Coco, der Schmuckdesigner Herzog Fulco di Verdura, ist neuerdings immer mit von der Partie. Ebenfalls der mondäne Graf Etienne

de Beaumont – ein Mitläufer nur –, die immer blasser werdende Misia und ein vielversprechendes Talent namens Salvador Dalí, in dem die Chanel eine Art männliches Pendant entdeckt: Er ist wie sie ein Genie und ein begnadeter Selbstdarsteller. Die beiden haben eine kurze Liebesaffäre. Wie Coco sagt: »Nur, um Gala zu ärgern.« Sie ist seine Muse und auch seine Frau.
In Monte Carlo trifft Coco Chanel den guten alten Dimitri. Der scheue Großherzog ist inzwischen ein waschechter Amerikaner geworden. Ein praktisch denkender Busineßman. Er glaubt, für Coco Chanel einen neuen Trumpf in der Hand zu halten, der ihr Leben genauso verändern könne, wie es der Kontakt zu Ernest Beau ohne Zweifel getan hat. Doch die Chanel läßt sich nicht beeindrucken, und dieser Samuel Goldwyn, den Dimitri aufgetan hat und der ihr den Hof macht, beeindruckt sie gar nicht.
Dieser berühmte Filmproduzent war nach Monte Carlo gekommen, um der Chanel einen maßgeschneiderten Deal vorzuschlagen: Er will mit ihr einen Vertrag machen, und darin soll vereinbart werden, daß alle Schauspielerinnen, die bei dem Stall Metro Goldwyn Meyer verpflichtet sind, auf der Leinwand und privat ausschließlich Chanel zu tragen haben. Kein schlechtes Angebot.
Coco gibt sich aber gleichgültig und nennt den aus Polen stammenden Juden, der ein Jahr jünger ist als sie, abwechselnd »Mother« oder bei seinem eigentlichen Namen »Goldfisch«. Dieser Name ist Programm. »Goldfisch« scheint nur auf den ersten Blick ein Kosename zu sein, gemeint ist er aber als eine direkte Anspielung auf seine jüdische Religion. Goldwyn nimmt das hin und wundert sich nur darüber, wie sehr sich Mademoiselle ziert.
Letztendlich tritt Coco Chanel im April 1931 doch die große Reise über den Teich an. Sie hat einen Vertrag unterschrieben, der sie zu zwei Hollywood-Aufenthalten pro Jahr verpflichtet. Ihr Honorar für die Funktion der offiziellen Modeschöpferin der MGM-Studios ist sensationell. Eine Million Dollar pro Jahr.

Noch nie hatte man einem Couturier eine derartige goldene Brücke nach Hollywood gebaut. In einem Interview erklärt Sam Goldwyn, warum ihm Mademoiselle so viel wert ist: »Sie soll die weiblichen Zuschauer gewinnen. Die werden in die Kinos kommen, um erstens den neuesten Film und zweitens den letzten modischen Schrei aus Paris zu begutachten.«

Mit Misia zusammen nimmt Coco den Transatlantikdampfer. In New York wartet schon ein weißer Sonderzug auf die beiden. Und am Bahnsteig von Los Angeles wird sie mit viel Pomp und auf dem roten Teppich von einer anderen großen Dame, Greta Garbo, empfangen. Die trägt schon jetzt die Hosen, Baskenmützen und Herrenhemden von Chanel. »Die Garbo hatte verstanden, daß ihr die großen Roben nicht stehen. Sie wußte, daß sie eine Aura ganz anderer Art braucht.« Greta bedankt sich: »Ohne Sie, Ihre Kreissägen und Trenchcoats würde es mich nicht geben.«

Auch mit Marlene Dietrich – sie ist gerade 27 Jahre alt – schließt Coco Chanel sofort Freundschaft, die bis zum Tod von Mademoiselle anhalten wird. Auch sie hat diesen maskulinen Charme, wenn sie mit ihrer rauchigen Stimme und der für sie typischen Zigarettenspitze im Mund spitze Bemerkungen macht. Ansonsten lernt die Chanel schnell, alles und alle in Hollywood zu verabscheuen. Nur einer findet noch Gnade in ihren Augen: Erich von Stroheim: »Weil er einen Grund hatte, in Hollywood zu übertreiben. Er war ein Preuße unter jüdischem Diktat. Und weil in Hollywood hauptsächlich Juden das Sagen hatten.«

Von diesen antisemitischen Pfeilspitzen abgesehen, zeichnet Coco Chanel ein realistisches Bild vom Hollywood der dreißiger Jahre: »Die Atmosphäre dort war infantil. Misia fühlte sich sofort unwohl, ich habe erst darüber gelacht. Eines Tages hat dann ein berühmter Schauspieler für uns eine Cocktailparty gegeben. Uns zu Ehren hat er sämtliche Bäume seines Parks blau anstreichen lassen. Ich fand das ebenso freundlich wie dämlich.«

Ihre Hotelsuite ist mit zwei Schlafzimmern und vier Fernsehern ausgestattet: »All diese Dinge sind für Leute gemacht, die schon alles hinter sich haben. Die Engländer verstecken alles, die Amerikaner zeigen alles! Amerika wird an seinem Wahn, das Unmögliche möglich zu machen, noch sterben.«

Nichts paßt weniger zusammen als die Eleganz der rue Cambon und der frivole Charme der amerikanischen Stars und Starletts. Coco Chanel und Sam Goldwyn, diese Zusammenarbeit entpuppt sich schnell als Fehlschlag. Außer Marlene Dietrich und Greta Garbo bestehen alle Schauspielerinnen auf ihren bonbonfarbenen Federboas, ihren Nerzmänteln in Pink. Solche Kleidungsstücke lassen das Land während der Rezession die richtigen Träume träumen. Das wollen die Leute und keinen Pariser Minimalismus von Coco Chanel.

Die Klatschreporterin Laura Mont soll mit ihren pessimistischen Vorhersagen, die sie im April 1931 machte, recht behalten: »Die Chanel tritt den härtesten Job ihres Lebens an. Die weltberühmte Modediktatorin, die den Gräfinnen, Herzoginnen und Königinnen gezeigt hat, was sie zu tragen haben, wird nun versuchen, es mit den Königinnen der Leinwand gleichzutun. Sie sollte dabei nicht vergessen, daß der Tonfilm inzwischen erfunden ist und die Hollywood-Königinnen ihr schon die richtigen Antworten geben werden.«

Was noch bleibt vom Hollywood-Abenteuer, ist ein Film, der ein Flop wird. »Tonight or never« mit Gloria Swanson. Die Chanel hat ihr wirkungsvoll einfache Kostüme und Abendkleider gemacht. Außerdem muß Gloria während der Anproben ihre Schwangerschaft unbedingt verstecken, was zwischen den beiden Damen zu einigen Eklats führt: »Meine liebe Gloria, Sie haben schon wieder zugenommen«, mahnt die Chanel ungehalten und wertet das als Mißachtung ihrer selbst.

Mit schlechten Erinnerungen verläßt Coco Chanel Hollywood schon nach der ersten Saison. Sie ist erbost darüber, nicht vorher selber gesehen zu haben, daß die Vereinigten Staaten das

Land der Lügen und des Scheins sind. Sie paßt einfach nicht dorthin. »Und mein Vater ist nach Amerika gegangen ...«, das sind Worte, die alles sagen.

Und aus ihrem Satz: »Ich bin weder zu kaufen noch zu vermieten«, wird nach dem mißlungenen Abenteuer ein Lebensmotto für die Chanel. All denen, die sie nach ihrer Rückkehr nach Paris aufgeregt nach Klatsch und Skandälchen befragen, begegnet sie mit einem eisigen Schweigen. Was ihr von der ganzen Sache bleibt, ist die Freude an ihrer persönlichen Überlegenheit. Sie hat es allen trotzdem wieder gezeigt und ein neues Kapitel in der Biographie einer Legende abgeschlossen. Niederlagen gibt es für sie schließlich keine. Nur Ignoranten, die nichts wissen und nicht zu belehren sind. Die Chanel ist nun noch mehr überzeugt, daß ihr niemand das Wasser reichen kann.

Außer vielleicht ein anderer Rückkehrer. Paul Iribe ist wieder in Paris – und mit Verlaub »The right man at the right place«. Ebenfalls nach einem Celluloidabenteuer ist er reumütig aus Hollywood in den Schoß der europäischen Kultur zurückgekehrt. Als die Chanel Anfang der zwanziger Jahre langsam berühmt wurde, war die erste Karriere von Paul Iribe in Frankreich schon zu Ende. Er ist ein wahres Multitalent, in dessen Paß allerdings der Beruf »Illustrateur« steht. Für Paul Poiret hatte er vielbeachtete Modekataloge gezeichnet, für Jeanne Lanvin das Logo für das Parfum Arpège.

Es war eine richtige Manie in dieser Zeit – auch er hatte vorübergehend eine eigene Wochenzeitschrift, *Le Temoin* herausgebracht. Im Gegensatz zu Reverdys *Nord-Sud* lag bei dieser der Schwerpunkt in der Qualität der Illustrationen und Texte. Alles in allem das Werk eines Ästheten, der wie ein Kreativer in der Werbung und nicht wie ein mittelloser Künstler sein Können zu beweisen verstand. Paul Iribe war ein Dandy, der stets akkurat gekleidet war und oftmals mit viel Eleganz seine bescheidenen Mittel übertünchen konnte. Alle Frauen waren verrückt nach ihm.

Eine Geliebte aus seinen jungen Jahren, Andrée Guize, beschreibt ihn anhand einer Anekdote sehr treffend: »›Paul, was hast Du deinem Chauffeur denn gerade noch so lange erzählt?‹ – ›Ich habe ihm gesagt, er solle auf Dich aufpassen, weil mir sehr viel an Dir liegt!‹
Bei anderer Gelegenheit ereignet sich die Szene ein weiteres Mal:
›Aber Paul, was hast Du dem Mann denn schon wieder zu erzählen?‹ – ›Ich habe ihm gesagt, daß er jetzt noch mehr auf Dich aufpassen soll, weil Dir inzwischen mehr an mir liegt als mir an Dir!‹«
Das ist Iribe, wie er leibt und lebt. Ein waschechter Macho aus dem Baskenland. Aber elegant wie ein Gentleman. Seine schwarzen Haare akkurat gelegt wie ein Argentinier. Nur die Nickelbrille ist eine Reminiszenz an die Mode der Boheme. Die Colette schreibt über ihn: »Er ist schlank, faltig, blaß und lacht immerzu mit seinen weißen Zähnen. Dabei redet er so, wie die Tauben gurren.« Als er die Chanel trifft, sehr wahrscheinlich bei einem ihrer Aufenthalte in Südfrankreich, wo sich gewöhnlich Tout Paris beim Sommerurlaub wiedersieht, zeigt er genau die Arroganz der Typen, die es in Hollywood geschafft haben.«
Für ihn hatte der Meister des Peplons, Cecil B. De Mille, den roten Teppich ausgerollt. Der Regisseur hatte ihn Anfang der zwanziger Jahre als Dekorateur nach Hollywood kommen lassen.
Und was wären die Megaproduktionen historischer Stoffe von De Mille ohne den größenwahnsinnigen Dekorateur? Nichts! Paul Iribe konnte mit ihm seine kühnsten Träume realisieren. Gab es überhaupt ein richtiges Drehbuch bei dem kitschig vergoldeten, glänzend polierten Ägypten des Films »Die zehn Gebote« von De Mille? Es sieht nicht so aus. Die *New York Times* jedenfalls findet das Werk absurd.
Paul Iribe war aber das verwöhnte Kind, das die Dekorationen und Kostüme mit großer Überzeugung entworfen hatte und dem die Kritiken nichts anhaben konnten. Nach dem – sicher-

lich trotz allem – unvermeidlichen Eklat zwischen den beiden Egozentrikern meldete er sich im Jahr 1930 in Paris zurück. Der Stadt, die sich mit demselben Snobismus, wie ihn auch Coco an den Tag legt, von Hollywoodmärchen wenig beeindruckt zeigt.

Paul Iribe ist also auf dem Markt der Kreativen wieder zu haben. In der rue du Faubourg St. Honoré eröffnet er ein Geschäft. Dort werden sowohl Aufträge für Modezeichnungen als auch zur Planung von Innenausstattungen angenommen.

Verheiratet ist er auch. Noch. Mit der amerikanischen Millionenerbin Maybell. Er hat allerdings inzwischen nichts mehr mit ihr gemeinsam als zwei kleine Kinder. Sein Herz ist also frei. Und er weiß nur zu gut, daß sein Charme sein wichtigstes Geschäftskapital ist.

Vielleicht war es auch Berechnung, daß sich sein Weg und der Cocos kreuzten. Ihre spätere gnadenlose Beurteilung des früheren Geliebten scheint diesen Verdacht zu bestätigen: »Ich verkörperte für ihn das Paris, das er nie besessen und beherrscht hatte, weswegen er ja zu Cecil B. De Mille zum Schmollen gegangen war. Ich sollte ihm gehören, das hatte er schon lange gewußt... Iribe liebte mich in der heimlichen Hoffnung, mich zu zerstören. Er hoffte, daß er mich erniedrigen könne. Er wollte, daß ich sterbe. Er hätte sich zutiefst gefreut, wenn ich arm, machtlos – am besten behindert – in einem Rollstuhl geendet wäre. Er war ein sehr perverses Wesen, sehr zärtlich, sehr intelligent, sehr berechnend und unglaublich raffiniert. Er war Baske, aber eifersüchtig wie ein Spanier. Daß auch ich eine Vergangenheit hatte, machte ihn krank.«...

All seine Charaktereigenschaften besitzt Paul Iribe natürlich schon, als er sich in Chanels Leben schleicht. Sie sieht nach den Erfahrungen ihrer letzten Jahre aber erst einmal nur seine positiven Seiten. Seine Arroganz ist für sie Selbstbewußtsein und Stilsicherheit, seine Härte ist in ihren Augen Männlichkeit. Seine Kompetenz in Sachen Haute Couture – ein Fach, in dem er

sich ja seit seiner Zusammenarbeit mit Paul Poiret bestens auskennt – beeindruckt sie. Mehr als das! Zudem: Die Chanel ist müde nach all den Jahren ihres triumphalen Alleingangs, der von so vielen privaten Mißerfolgen und Desillusionen begleitet war. Ihre eigenen Leiden, die sie vor aller Augen niemals zeigen würde, und die Überzeugungskraft ihres neuen Geliebten machen das Unmögliche möglich: die Chanel teilt ihre Macht!
Sehr schnell wird Paul Iribe Cocos engster Mitarbeiter. Noch nie hat sie Privates mit dem Geschäftlichen verbunden. Doch plötzlich vertritt Iribe sie bei der Gesellschafterversammlung der Parfums Chanel. Was eigentlich nicht legal war. Iribe geniert sich nicht, dort mit der Faust auf den Tisch zu hauen. Chanel will den Vertrag über die Höhe der Beteiligungen zu ihren Gunsten verändert wissen. Die erste Prozeßwelle gegen die Wertheimers rollt bereits an.
In den Augen der Colette ist Paul Iribe ein Dämon. Immer wenn sie ihn trifft, vollzieht sie ein – tatsächlich zu diesem Zweck erfundenes – Exorzismusritual, um den Teufel von sich abzuschütteln. Alle anderen interpretieren die Großzügigkeit und Zugeständnisse, die die Chanel ihrem Geliebten macht, lieber romantisch. Misia ist entzückt: »Ich glaube, sie liebt zum ersten Mal richtig.«
Paul Iribe zieht in der rue du Faubourg St. Honoré ein, will ihr aber gleichzeitig einen gemeinsamen Neuanfang an einem neutralen Ort diktieren. Seine Argumente sind die eines schlauen Fuchses: »Ich verstehe nicht, warum du so viele Zimmer zum Leben brauchst ... Was bedeuten all diese Gegenstände? Dein Lebensstandard wird Dich noch ruinieren. Was für eine Verschwendung! Wozu all diese Angestellten? Ich hasse übertriebene Ausgaben!« Paul Iribe hat den perversen Plan, aus der Chanel, die auf die Fünfzig zugeht, jetzt noch seine Eliza, seine Kreatur zu machen.
In allen späteren Erzählungen von Coco sollen nur die negativen Dinge von Iribe Erwähnung finden. Jetzt aber hat sie noch

die sanfte Illusion, sich endlich auch mal anlehnen zu dürfen. Daraus gehen auch in der Mode, die in den Jahren 1931 und 1932 in der rue Cambon kreiert wird, konkrete Veränderungen hervor. Ihrer beider Handschriften vermischen sich in dieser Zeit unter dem Logo Chanel, und sein Einfluß ist gewaltig, auch wenn sein Name nicht offiziell erscheint. Die bemerkenswerteste Veränderung schafft er beim Schmuck. Die falschen Klunker werden unter seiner Federführung zum ersten Mal durch echte Juwelen ersetzt.

Im November 1932 öffnet Coco Chanel in diesem Zusammenhang auch zum ersten Mal ihre Privatwohnung an der rue du Faubourg St. Honoré für die Öffentlichkeit. Sie veranstaltet eine exklusive Schmuckausstellung. Iribes Wunsch, den Ort ihrer persönlichen Erinnerungen aufzugeben, ist somit fast erfüllt. Die Residenz in der rue Faubourg St. Honoré ist vorübergehend zu einer Galerie geworden, aus der Gabrielle alles Private hat entfernen lassen. Auf Wachsbüsten präsentiert sie prachtvolle Diamantengeschmeide, die von zwanzig Sicherheitsmännern bewacht werden. Einige ihnen zugrundeliegende Entwürfe hatte Paul Iribe in verschiedenen Modezeitschriften Jahre zuvor schon einmal gezeigt.

Da ist das sogenannte Kometencollier, ein fünfzackiger Stern, dessen Schweif sich um den Hals schmiegt. Auch ein Diamantendiadem, das man wie Ponyfransen tief in der Stirn trägt. Aber auch eine Arbeit, die aussieht wie eine Kamelie. Eine Blume, die für Gabrielle eine hohe Symbolkraft hat. Ihre Mutter Jeanne verbindet sie damit, seitdem sie aller Welt erzählt hatte, daß diese an derselben Krankheit wie die Kameliendame aus Dumas' Roman gestorben sei. Darüber hinaus ist die Kamelienblüte auch das Symbol der Vergänglichkeit alles Schönen. Denn der Zauber der vollen Blüte dauert nur einen Tag lang, dann fallen die weißen oder rosafarbenen Blätter ab. Aus diesen beiden Gründen wird die Kamelie ab jetzt zum Symbol der Mode von Coco Chanel.

Den Text für den Ausstellungskatalog schreibt die Chanel selber: »Wenn ich zunächst Modeschmuck gemacht habe, dann deshalb, weil ich fand, daß er in einer Zeit des allgemeinen Wohlstands nicht arrogant wirkte. Dieser Standpunkt kann in unserer von einer Finanzkrise geschüttelten Zeit nicht mehr aufrecht erhalten werden. Denn in allen Bereichen wird heute das instinktive Bedürfnis nach dem authentischen, nach den wirklichen Werten wieder wach ... Den Diamanten wählte ich für das, was er mit seiner Dichte darstellt: größter Wert auf kleinstem Raum.«

Der große Erfolg dieser Ausstellung bringt Coco Chanel auf gewisse Weise um ihre Wohnung in der rue du Faubourg St. Honoré. Die Rechnung von Paul Iribe geht auf. Coco verläßt sie bald und gibt noch mehr von ihrer Vergangenheit auf. Sie entläßt ihren treuen Butler Joseph – ohne auch nur einmal zu zögern. Joseph, der ihr in den noch bevorstehenden einsamen Tagen eine wertvolle Stütze hätte sein können. Denn Mademoiselle war schließlich sein Leben. Das hatte er schon oft bewiesen. Etwa in der Nacht vor Weihnachten, als Gabrielle erfahren hatte, daß Boy Capel tödlich verunglückt war. Er stand ihr immer treu zur Seite.

Wie alle anderen Bediensteten muß aber auch Joseph gehen. Die Chanel will ihr Leben ändern, und wie alles macht sie auch das absolut konsequent. Ohne Rücksichten. Seinem Loyalitätsschwur wird sich der Butler dagegen bis zu seinem Tod verpflichtet fühlen. Er wird niemals etwas über das Leben der Coco Chanel erzählen. Nicht mal die kleinste Anekdote – nicht über Picasso und nicht über andere berühmte Zeitgenossen, die den großen Salon an der rue du Faubourg St. Honoré geschmückt hatten.

Coco Chanel bezieht eine Suite im Hotel Ritz. Gegenüber Iribe kokettiert sie mit ihrer sogenannten wiedergefundenen Einfachheit: »Ich lebe in einer Pension. Das ist wirklich sehr praktisch, meine Arbeitsstätte liegt einen Steinwurf entfernt.« Tatsächlich. Das Ritz hat einen Geheimeingang, der genau gegenüber von der Chanel-Boutique in der rue Cambon endet.

1933. Das ist auch das Jahr der Machtergreifung der Nationalsozialisten in Deutschland. Hitler hat es am 30. Januar geschafft. Der Führer kann sein Land in den Ruin treiben. Einige Tage später wird Paul Iribe vom französischen Staat zum Ritter der Ehrenlegion geschlagen – für seine Kunst, und weil er sein französisches Genie so erfolgreich nach Hollywood getragen hatte.

Paul Iribe steht so, wie man eben 1933 ein Patriot war, zu seinem Vaterland. Was bedeutet, daß er gegen alles ist, was nicht französisch ist. Gegen die Bolschewiken, gegen England, gegen Deutschland und gegen die Juden.

Die braune Schlammwelle überrollt von Berlin aus mittlerweile ganz Deutschland. In Italien ist Mussolini schon seit 1924 dabei, sein Land im Faschismus gleichzuschalten. Europa ist sich einig, der Feind ist überall. Die Bedingungen, die zum Zweiten Weltkrieg führen, zeigen schon ihre Vorboten. Viele fühlen sich berufen, Stellung zu nehmen.

Und so kommt es, daß Paul Iribe, ganz in der Überzeugung, seinen Einfluß geltend machen zu müssen, politisch wird. Noch im selben Jahr, 1933, erweckt er seine Gazette *Le Temoin* aus dem Dornröschenschlaf. Sicher, der Name von Coco Chanel erscheint nicht im Gründungspapier des »Paul-Iribe-Verlags«. Doch da sie ihrem Geliebten den finanziellen Background liefert, ist sie indirekt am wiederaufleben der Zeitung beteiligt.

Le Temoin ist 1933 ganz klar eine rechtsradikale Propagandazeitung. Seitdem im Mai des vorausgegangenen Jahres der französische Staatsprädident Paul Doumer in Paris auf offener Straße ermordet wurde, herrscht eine Art Anarchie. Regierungen halten durchschnittlich sechs Monate. Die Massenarbeitslosigkeit macht die Gewerkschaften stark. Das Volk versammelt sich hinter den linken Parteien, den Sozialisten oder Kommunisten. Auf der anderen Seite des politischen Schachbretts, rechts außen, zetteln monarchistische oder nationalistische Ligen Attentate an.

Le Temoin begleitet die nationalistische Offensive mit der passenden Propaganda. Thema der Karikaturen und Texte ist immer der arme Durchschnittsfranzose, dessen Baskenmütze von den autoritären Briten durch eine Melone ersetzt wird, den ein korruptes Parlament bedroht, die »zionistische Verschwörung« und allgemein alle benachbarten Großmächte. Ab der 49. Ausgabe wird *Le Temoin* um die Rubrik »Unsere Mode« bereichert, die der Autor mit dem Kürzel G. C. unterzeichnet. Ohne Zweifel verbirgt sich dahinter Gabrielle Chanel. Der Wunsch nach einem autoritären Staat macht alle blind. Max Jacob ist Autor der Horoskope. Dramatisch, daß er seine furchtbare Situation nicht früh genug erkennt, denn schon bald wird der zum Katholizismus konvertierte Surrealist einen Judenstern tragen müssen.

Eine Lawine geht los. Coco Chanel, bis dahin keinesfalls an politischen Dingen interessiert, glaubt, in den Aufrufen der Freunde von Paul Iribe ihre eigene politische Meinung wiedergefunden zu haben. Bisher hatte sie sich darauf beschränkt, Staatsmänner in »liebenswerte Freunde« oder »nichtssagende Idioten« zu unterteilen, wobei es ihr immer nur um das Persönliche ging. Politische Ziele sagten ihr nichts. Aber nun lebt sie an den Realitäten der Zeit völlig vorbei. Besonders die Forderung nach mehr Gerechtigkeit für die einfachen und sehr oft sehr armen Leute verabscheut sie. Sie, das Kind aus dem Waisenhaus, ist tief davon überzeugt, daß man den Aufstieg schafft, wenn man es nur wert ist. Wenn man den Schneid und die Intelligenz einer Coco Chanel aufweist.

Coco wird zur Gallionsfigur von »Le Temoin«. Das französische Nationalsymbol, die »Marianne«, nimmt unter Iribes Zeichenstift die Gesichtszüge der Chanel an. Die »Marianne« auf der Titelseite der Sondernummer »Parlons français«, mit der Aufforderung: »Hier wird französisch gesprochen«, und die Chanel

– zwei berühmte Französinnen in einer Frau. Sie sieht nicht, daß Paul Iribe dabei ist, ihr Werk und ihr Ansehen zu zerstören. Auf eine subtilere Art und Weise, als sie es sich vorstellen kann. Er beginnt, ihr ein Spinnennetz zu weben, in das sie sich während des Zweiten Weltkriegs – und weit darüber hinaus – noch in äußerst unangenehmer Weise verfangen sollte.
Durch Nebenjobs, die er aber letztlich mit wenig Engagements betreibt, wie seine Mitarbeit bei der »Revue des Sports et de la Mode«, seine Werbekampagnen für Ford oder den Spirituosenhändler Nicolas, wird das Lebenswerk von Paul Iribe aufgewertet. Aufgrund dieser Leistungen gilt er noch heute als der Begründer der modernen Werbung. Sein Engagement auf der politischen Bühne ist weniger ruhmreich.
Es wird noch getanzt in Paris. Bei den Reichen mehr denn je. Prächtige Bälle werden gegeben. Die Pariser Gesellschaft verhält sich so, als würde sie am Ende eines ausgelassenen Festes die Kapelle um einen allerletzten Tanz bitten... Und noch einen... Und noch einen bitte!
Cocos Mode folgt dieser Bewegung. Wenn sie auch bei den Tageskleidern an einfachen Schnitten und klaren Farben festhält, läßt sie am Abend etwas von der üppigen Pracht des letzten Jahrhunderts wieder aufleben. Doch sie findet einen ganz anderen Namen dafür. Sie nennt das Revival der Rüschen, Schleifen, Volantkragen und Stickereien den »Zigeuner-Look«. Puffärmel, mehrschichtige Taft- oder Mousseline-Röcke, dazu prächtige Seidenblüten im Haar und lange Ketten. Coco Chanel trägt diesen Look auch selber. Und auf den Fotos dieser Zeit wirkt sie manchmal wirklich wie eine waschechte Zigeunerin. Merkwürdig, gerade in diesen Zeiten.
Letzte sarkastische Extravaganzen vor der großen Nacht- und Nebelaktion. Ein Blick auf Coco Chanel, in dieser Zeit von großen Fotografen wie Man Ray, Horst oder Cecil Beaton dramatisch in Szene gesetzt, zeigt die Widersprüche, die sie plagen. Die Verzierungen ihrer weiten Volantröcke wirken mädchen-

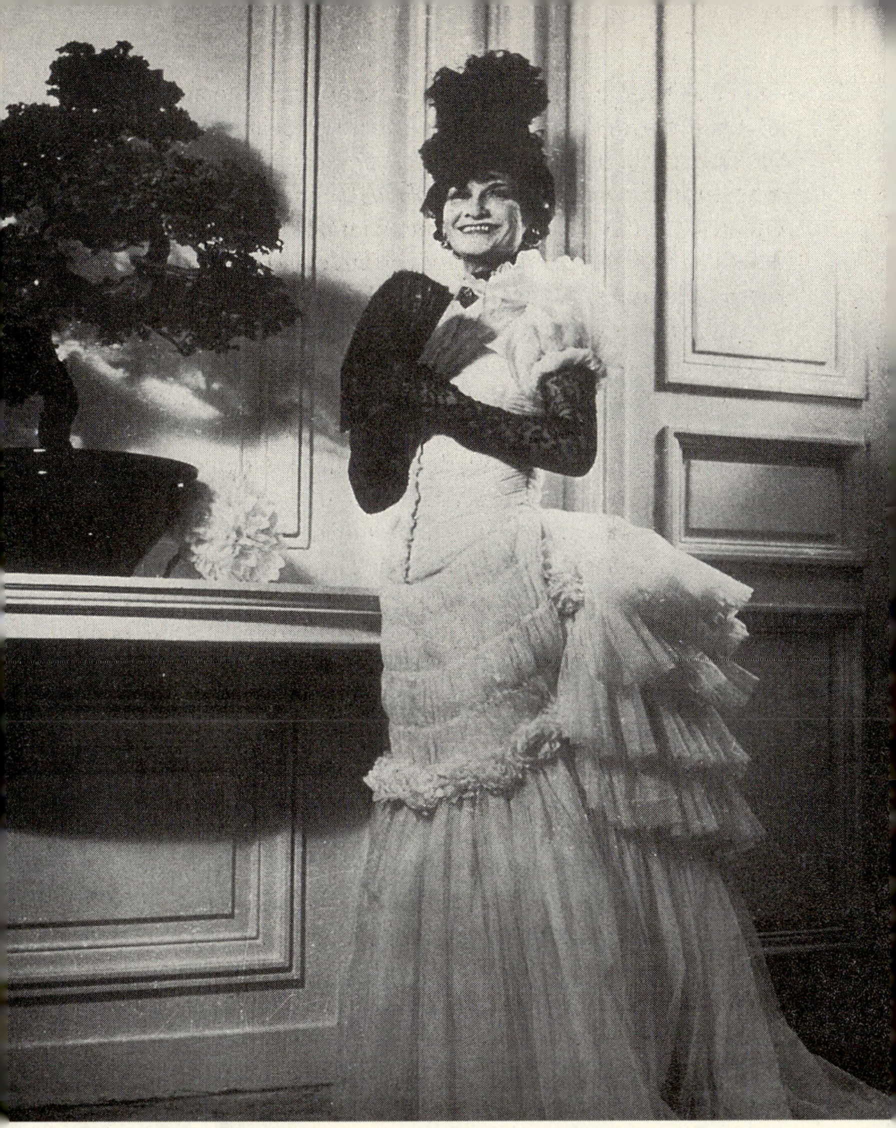

Es wird noch getanzt im Paris der dreißiger Jahre. Die Chanel in einem prachtvollen Kleid auf dem Ball des Grafen von Beaumont im Jahre 1935. (Foto: Archiv für Kunst und Geschichte, Berlin)

haft. Eigentlich zu verspielt für eine Fünfzigjährige, die hoffnungslos ihrem Paul verfallen ist: »Meine Beziehung zu Iribe war leidenschaftlich. Dabei hasse ich Leidenschaft über alles. Was für ein Horror, was für eine schreckliche Krankheit! Wer leidenschaftlich verliebt ist, kennt weder Hunger noch Durst und Müdigkeit; er überlebt wie durch ein Wunder. Leidenschaft, das ist wie jeden Tag Lourdes. Wie eine alte Behinderte, die plötzlich hysterisch die Treppen mit den Beinen einer Zwanzigjährigen runterläuft.« Auch andere Schwarzweißfotos von der Chanel zeigen, was die Leidenschaft aus ihr gemacht hat. Sie hat sich wie eine Zwanzigjährige gekleidet. Macht sich lächerlich, ohne es zu bemerken, und wird ihrem Selbst untreu.

Paris entdeckt den Maskenball wieder. Zirkus, Orient, die Götter des Olymps sind die jeweiligen Themen der rauschenden Feste. Coco kommt als Kameliendame verkleidet. Auf der Titelseite vom *Le Temoin* sieht man zu dieser Zeit die Kunstfigur aus Marianne und Coco vor einem Gericht abgebildet: »Ich klage an«. Die »linke Verschwörung« um den Sozialisten Léon Blum ist gemeint und somit ist er der Angeklagte.

Mit Paul Iribe und ihren Mitarbeiterinnen feiert das Haus Chanel auch in dieser Zeit wieder das traditionelle Fest der Couture, die »Cathérinettes«. Am Namenstag der heiligen Cathérine fertigt der Chef des Hauses Hüte für alle 25jährigen Unverheirateten an – auf daß sie bald einen passenden Ehemann finden. Paul Iribe ist bei der Feier für alle Mitarbeiterinnen der Boß. Ein Ansprechpartner, immer da, wo Mademoiselle durch Distanz glänzt. Auf dem Place des Lices in St. Tropez erzählt Colette allen, die es hören wollen, entsetzt: »Ich fürchte, sie wird ihn heiraten.« Es sieht tatsächlich danach aus.

Am Freitag, den 20. September 1935, ruft Paul Iribe Coco in »La Pausa« an. Daß er mit dem Nachtzug käme und sie doch bitte den Tennislehrer für morgen früh bestellen möge, bittet er. Am nächsten Morgen sitzen beide unter den Olivenbäumen des Gartens beim Frühstück. Paul sagt ihr, daß ihre Villa der ideale

Ort zum Sterben sei. Einfach so. Weil er den Platz so liebt. Braungebrannt, in marineblauen Hosen, Espandrillos und einem einfachen Hemd setzt sich die Chanel auf einen dicken Ast und läßt die Beine baumeln. Iribe erzählt ihr die letzten Neuigkeiten aus Paris. Hier im Süden ist Coco Chanel entspannt, in »La Pausa« erscheint alles einfacher, gnädiger zu sein.

Nur der Tod nicht: Paul Iribe geht zum Tennisplatz. Nach einem kurzen Ballwechsel mit seinem Lehrer faßt er sich ans Herz, läuft mit weit aufgerissenen, entsetzten Augen auf Coco zu. Und fällt zu Boden. Tot!

9. KAPITEL

Die bleiernen Jahre

Ausgetanzt! Paul Morand schreibt in seiner Hommage an Paul Iribe, die am 28. September 1935 in der literarischen Beilage des *Figaro* veröffentlicht wird: »Im Bruchteil einer Sekunde, bevor jemand reagieren konnte, war er nicht mehr da. Wie von der Falle der Ewigkeit verschlungen. Und das mitten auf dem Platz, den Schläger in der Hand. Dieser gewaltige Tod ist wie eines der Worte oder eine Zeichnung von Iribe, er trägt seine Handschrift. Leicht, bitter, akrobatisch, genau wie er… Iribe ist immer für Überraschungen gut. An diesem Abend hat er mich verblüfft, denn zum ersten Male sah ich einen Mann mit Tennisdreß in einem Sarg.«

Mit brutaler Wucht hatte der Tod aus dem fröhlichen Paradies von Coco Chanel eine beklemmende Leichenhalle gemacht. Die Sonne scheint, und die Chanel fröstelt. Sie weint nur verhalten. Weil das alte Spiel wieder beginnt. Ein Konvoi folgt dem Leichenwagen gen Norden. Coco Chanel unterschreibt einen großzügigen Scheck für die Beisetzung im Impressionistendorf Barbizon am Rande des Waldes von Fontainebleau. Die *Revue de Paris* titelt: »Eine Beisetzung erster Klasse auf dem Lande«, und sie schreibt: »Um zum Friedhof zu gelangen, nimmt der Konvoi einen kleinen Feldweg. Der Sarg, mit schwarzen Federn, Dahlienkränzen und Orchideen geschmückt, wirkt majestätisch und ist bis in die letzte Reihe sichtbar.«

Gabrielle Chanel schweigt. Sicher hatte sie bei der Beerdigung hinter ihrem schwarzen Schleier, der nun die Mantille der Zigeunerin Coco Chanel ersetzte, geweint. Ihre Nöte und Kämpfe macht sie mit sich allein aus. In schlaflosen Nächten. Auf Anraten von Misia, ihrem zweiten Ich, macht sie ihrer Ruhelosigkeit mit Hilfe von Betäubungsmitteln ein Ende. Sie beginnt, sich mit einer beängstigenden Regelmäßigkeit abends zu spritzen. Ein Schlafmittel, Sedol, ist ihr treuer Begleiter, wenn für sie im Hotel Ritz die Coromandel-Paravents von Boy Capel zu einem bedrohlichen Labyrinth werden.

Misia selber, die nach der Scheidung von Sert eigentlich nur einmal auflebte, nämlich als sie die Kraft gefunden hatte, in der Salle Pleyel ein viel beklatschtes Chopin-Konzert zu geben, braucht inzwischen ein ganz anderes Mittel: Morphium. Ihrer Freundin Claude Delay wird die Chanel später erzählen, wie sehr sie Misia für ihre Sucht verachtete. Daß sie nicht mehr wiederzuerkennen war, wenn sie zu ihr ins Hotel Ritz kam, ins Badezimmer rannte und nicht mal Zeit hatte, die Nylonstrümpfe auszuziehen, um sich in die Waden zu spritzen.

Doch Misia, die im Hotel Meurice lebt, ist wie Cocos Spiegelbild. Und sie ist in der Zeit nach dem Tod von Paul Iribe die einzige Person, die Zugang zu ihrer Suite hat. Die Gerüchte über ihre lesbische Beziehung können nicht bewiesen werden, aber daß sich die zwei einsamen, alternden Frauen in der vergoldeten Suite trösten, zum Einschlafen gemeinsam ihre Spritzen aufziehen, das stimmt ohne Zweifel. Wie oft schlafen sie gemein-

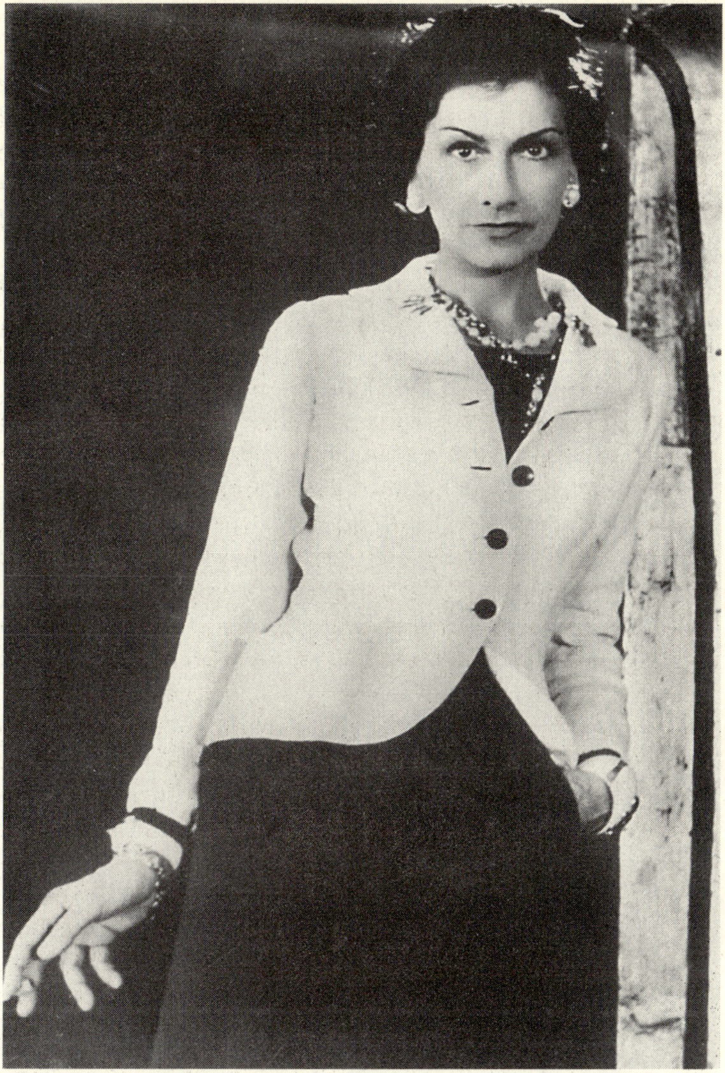

Bewundert und geachtet: Die Chanel auf dem Höhepunkt ihrer Karriere. Sie selbst und die Marke Chanel sind eins. (Foto: Sygma, Paris)

sam ein? Niemand weiß das. Fest steht aber, daß sie sich aneinander klammern wie zwei Ertrinkende.
In der rue Cambon hat die Chanel ihre andere verläßliche Stütze, die sie immer wieder aufrecht hält: ihre Arbeit. Und Disziplin bringt sie unverändert auf. Nach einem langen Morgen im Bett verläßt sie regelmäßig das Ritz über den Dienstboteneingang, überquert den Bürgersteig und betritt ihr Königreich. Vor ihrer Ankunft werden die Räume mit Chanel N° 5 besprüht. Manchmal auch mit den anderen Düften, die die Palette von Chanel mittlerweile umfaßt: »Gardénia«, »Bois des Îles«, »Cuir de Russie«, »Sycomore«, »Une Idée« und »Jasmin«. Alles liebliche Garanten ihres Reichtums. Dann verschwindet sie im Büro mit dem Messingschild, das ihren Namen trägt: *Mademoiselle*. Denn das Modeimperium ist ihre eigentliche Familie. Die Mannequins, lauter kleine Chanels, dunkelhaarig und schmal wie das selbsternannte Fräulein, sind ihre Töchter. Es sind alles ihre Kreaturen, auf deren Körpern sie unermüdlich und ohne die Stunden zu zählen, Stoffe drapiert und modelliert. Ansonsten haben nur die »Première d'Ateliers«, die Direktorinnen der unterschiedlichen Ateliers, direkten Zugang zum Heiligtum der Mademoiselle.
Das Treppenhaus des Haupthauses in der rue Cambon Nummer 31 ist mit einem raffinierten Spiegelsystem ausgestattet. Über ein Prisma aus unzählig vielen Spiegeln kann Mademoiselle, wenn sie im dritten Stock auf den Stufen sitzt, bis in die Verkaufsräume im Erdgeschoß sehen. Sie kann alle beobachten, ohne selbst gesehen zu werden. Sie kann die Angestellten überwachen und alles ausspionieren. Sie kann sich einbilden – trotz ihres ausdrücklichen Wunsches, sich dazu nicht herablassen zu müssen –, ihre Kundinnen persönlich zu treffen und bei allen Verkaufsgesprächen dabeizusein!
Mit einer derart widersprüchlichen Liebe und Hingabe hängt sie also an ihrem Werk, der rue Cambon! Diesem emsigen Bienenstock, der in diesem Jahr, 1935, seine absoluten Rekorde

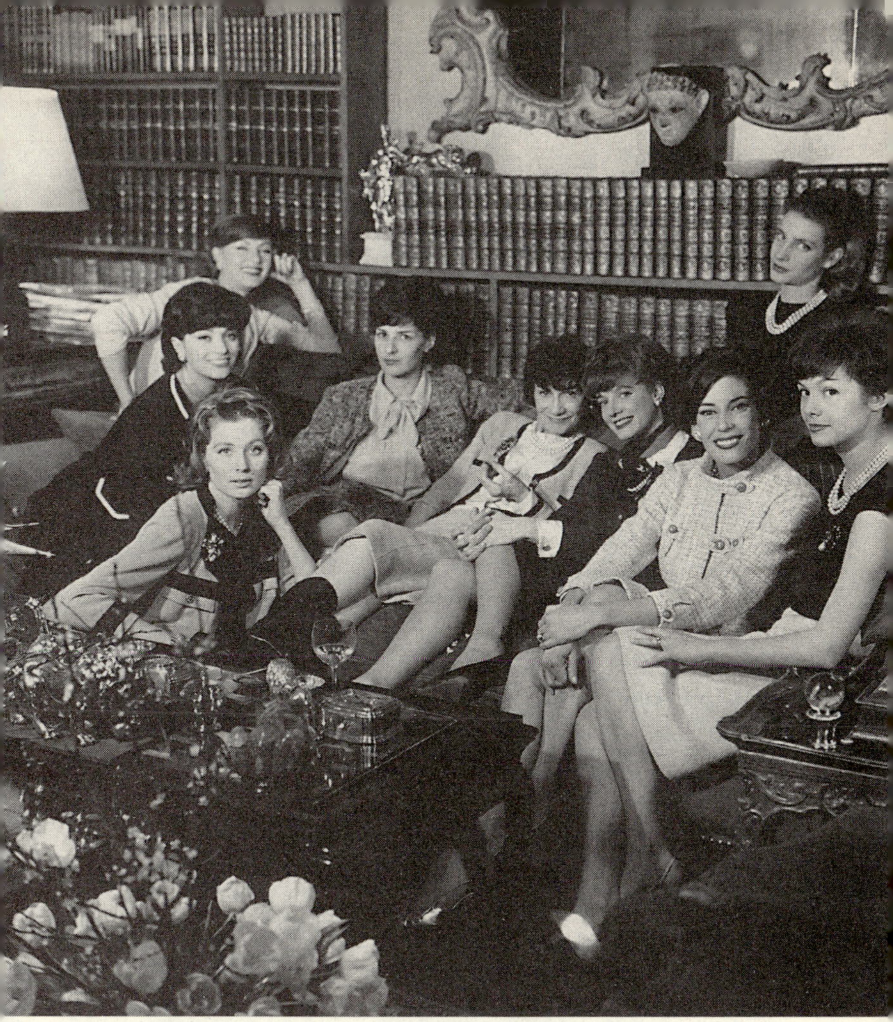

Die Welt der Chanel: Luxus und Schönheit. Mademoiselle zusammen mit ihren Mannequins auf dem berühmten Sofa in ihrer Pariser Wohnung. Sie hat die Frauen vom Korsett befreit. Ihre Mode macht sie frei. (Foto: Archiv für Kunst und Geschichte, Berlin)

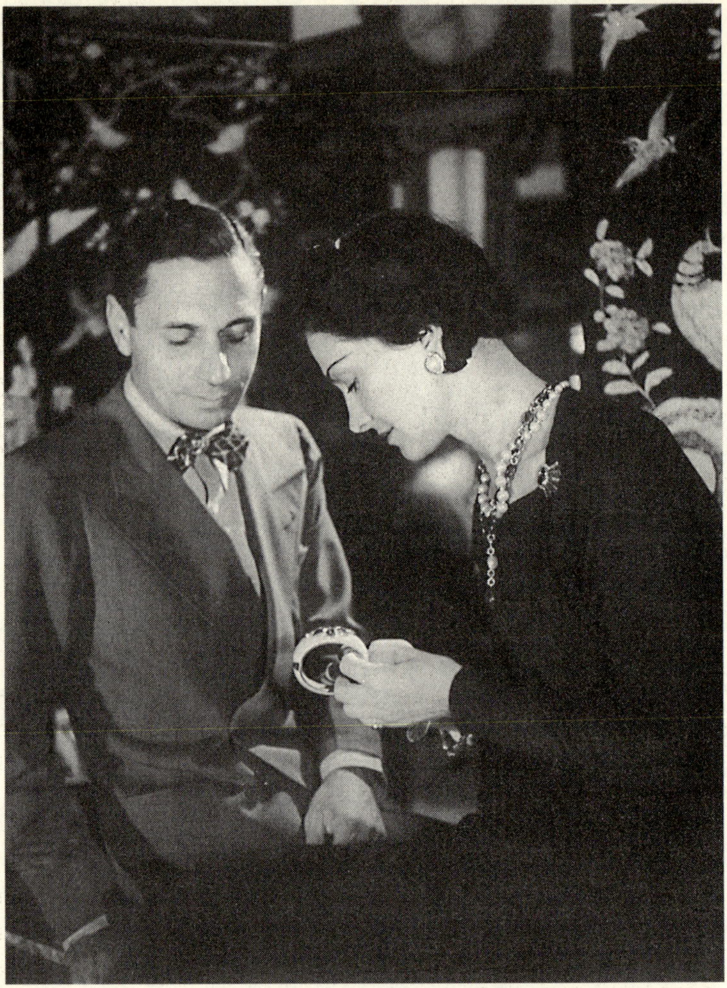

Ein Künstler, der sie inspiriert: Marchese Fulco di Vedura. Er fertigt für Coco Chanel die bahnbrechende Modeschmuck-Kollektion an. Ein wichtiger Schritt zu ihrem Welterfolg ist vollzogen.
(Foto: Studio X, Roger-Viollet-Gamma, Limours)

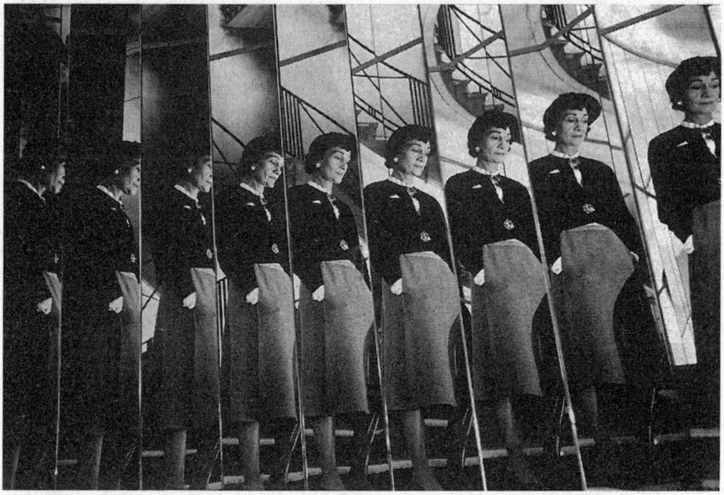

Die Chanel ist überall. Das mit Spiegeln geschmückte Treppenhaus in der rue Cambon erlaubt ihr, bis in die Verkaufsräume der Boutique im Erdgeschoß zu sehen. Ein grandioses Bild des berühmten Fotografen Robert Doisneau. (Foto: Focus, Hamburg)

verbucht. 4 000 Mitarbeiter haben bei der letzten Haute-Couture-Kollektion 28 000 Modelle gefertigt. Und ausgerechnet in der rue Cambon geschieht das, was Coco Chanel als einen gegen sie gerichteten Hochverrat wertet und was sie menschlich völlig niederwirft. Denn sie und das Haus in der rue Cambon sind eins. So wird ab jetzt die Bitterkeit ihr ständiger Begleiter. In Paris rotten sich die Linken zur antifaschistischen »Front Populaire« zusammen. Im Programm der Koalition um den Sozialisten Léon Blum ist folgendes zu finden: Auflösung der rechtsextremen Ligen, Verteidigung der religionsneutralen Schulen und des Gewerkschaftsrechts, Verstaatlichung der größten Aktiengesellschaften, Einführung des Arbeitslosengeldes und der 40-Stunden-Woche. Am 26. April 1936 gewinnt die »Front Populaire« die Wahlen. »Die Bourgoisie schlottert vor

Angst«, beobachtet der englische Politologe William Shirer. Mit scharfem Blick.
Coco hatte ernsthaft geglaubt, daß die Revolte die rue Cambon nie erreichen würde. Ganz einfach, weil sie dachte, daß Streik Männersache sei. Aber im Gegenteil. Schon im Mai erwachen die Jüngerinnen von Léon Blum auch in der rue Cambon. Am Morgen kleben die Aufständischen ein Plakat auf das Schaufenster der Boutique: »Besetzt« ist dort jetzt zu lesen. Chanel wird von ihrer treuen Buchhalterin über die Vorgänge informiert. Und alles, was an diesem Tag, an dem die Chanel jäh mit der Realität konfrontiert wird, passiert, wirkt komisch – so wie in einem satirischen Film, der zeigt, wie ein Sozialstaat laufen lernt. Coco hat die Rolle des Generals inne, der erfährt, daß seine Soldaten völlig durchgedreht sind. Statt mit Orden schmückt sie sich daraufhin mit ihren prächtigsten, eindrucksvollsten Juwelen, um den Ort der Meuterei aufzusuchen und den Mädels zu zeigen, wer eigentlich hier der Boß ist.
Irgend jemand traut sich schließlich, ihr die furchtbare Botschaft zu übermitteln: »Nein, die Delegierte des Personals ist noch nicht bereit, Sie zu empfangen«, heißt es eiskalt. »Was ist denn bitte eine Delegierte...? Wie bitte, ich darf nicht in mein eigenes Haus?«, keift die Chanel wütend zurück. Jedoch einen ganzen Tag lang wird es ihr nicht möglich sein, ihr Geschäft zu betreten. Der Zugang zur rue Cambon wird ihr verweigert. Die Chanel sitzt im Ritz und macht gar keine Anstalten, mit den Aufständischen zu verhandeln. »Nein zu den bisherigen Arbeitsverträgen« – »Ja zum bezahlten Jahresurlaub, zur 40-Stunden-Woche« – »Gewerkschaften an die Macht« – »Sozialstaat«, all das sind Parolen und Begriffe, die die Chanel noch nie gehört hat. Und auch nicht hören will. Sie sieht nur eines: daß diese kleinen grauen Mäuse ihr Lebenswerk mit Füßen treten. Daß ihr ihr einziges wirkliches Zuhause verboten wird. Nein, etwas Schlimmeres ist ihr im ganzen Leben noch nicht widerfahren!

So antwortet Coco Chanel zunächst auf ihre Art: Den 300 federführenden Rebellinnen wird mit sofortiger Wirkung gekündigt. Die Meuterei ist somit erst einmal brutal niedergedrückt. Alle sind eingeschüchtert. Viel später erst werden dennoch einige Zugeständnisse gemacht, als der Rauch verzogen ist und alle wieder einen klaren Kopf haben.

Die Art und Weise, wie die Chanel später dem Schriftsteller Paul Morand die Ereignisse aus dem Mai 1936 schildert, ist so typisch für sie, daß sie hier in voller Länge zitiert werden muß. Wenn man weiß, daß ihre Lügen immer auch Pflaster waren, um die Wunden, die ihr durch Leiden und Irrtümer geschlagen wurden, zu verstecken, versteht man ihre Worte. Es wird deutlich, wie sehr sie an dem Tag, an dem man ihr ihr Imperium förmlich entreißen wollte, litt. Aus enttäuschter, aber nie zugegebener Liebe zu all dem, was sich hinter dem eleganten Schneideretikett »Chanel« verbarg, resignierte sie fast. Man nahm ihr eine Illusion, die sie mit allem, was sie hatte – und sei es ihre Phantasie – verteidigen mußte. Und in jedem Fall: Diese Ereignisse bedeuteten einen tiefen Einschnitt.

»Im Jahr 1936 gab es bei mir, wie überall anderswo auch, einen Sitzstreik (derjenige, der den erfunden hat, war wohl ein Genie). Das Ganze war ebenso charmant wie lustig. Im ganzen Haus hörte man ein Akkordeon.

›Was fordern Sie? Fühlen Sie sich schlecht bezahlt?‹, fragte ich.

›Nein (Die Arbeiterinnen wurden bei mir stets besser bezahlt als bei allen anderen; ich weiß schließlich, was das Wort Arbeit bedeutet. Madame Lanvin beschwerte sich ja sogar, daß ich ihre Arbeiterinnen abwarb, und wollte mich vor Gericht schleppen)‹, lautete die Antwort.

›Aber was wollen Sie denn?‹, insistierte ich.

›Wir sehen Mademoiselle nicht oft genug. Nur die Mannequins sehen Sie!‹

Es war wie ein Streik enttäuschter Liebender – eine Art Hungerstreik des Herzens.

›Ich möchte gerne etwas für Sie tun‹, sagte ich so zu meinem Personal. ›Ich überlasse Ihnen eins meiner Häuser als Feriendomizil . . .‹ So habe ich also in Mimizan, in den Landes, eine Erholungsstätte für meine Arbeiterinnen eingerichtet. Dieses Experiment hat mich Millionen gekostet, was ich nicht bedaure. Wir haben weitere Bungalows gebaut, in denen im Laufe des Jahres insgesamt vierhundert Frauen Ferien machen konnten. Ich kümmerte mich um die Reisekosten, zahlte das Ticket der zweiten Klasse und gewährte ihnen statt der vorgeschriebenen 14 Tage Urlaub einen bezahlten Ferienmonat.
Drei Jahre ist es so gegangen. Es war schön hergerichtet, und es ging sehr fröhlich zu. Ich wollte vermeiden, daß aus Mimizan eine Art Anstalt wird. Und ließ allen jede Freiheit.
Nach diesen drei Jahren hat mich der Bürgermeister erst gebeten und dann gezwungen, die Einrichtung zu schließen. Der Grund: Meine Frauen zogen Männer aus der ganzen Region an. Die Damen aus den Landes waren wohl nicht so attraktiv wie die Pariserinnen!«
Diese verzweifelte Version der Geschehnisse ist tatsächlich frei erfunden. Nein, das Aufbegehren in der rue Cambon nimmt kein Ende. Aber der Zweite Weltkrieg steht vor der Tür, was alle anderen Probleme erst einmal in den Hintergrund drängt. Die Chanel stürzt sich in den Widerstand gegen die bestehende Ordnung. Es ist wieder einmal ihre Art der Revolte zu begegnen, die sie innerlich brodeln läßt. Sie wehrt sich einfach dagegen, daß man ihr alles kaputt macht, und endet in den Armen eines Deutschen, eines Nazis. Sie wählt eine furchtbare Sackgasse.
1936 bis 1939. Die Hauptdarsteller in Coco Chanels Leben spielen noch einmal zu einer großen Arie auf. Da ist José-Maria Sert, der zusehen muß, wie seine junge Frau Roussy immer mehr dahinsiecht. Tuberkulose im Endstadium. Misia steht noch aufrecht. Sie eilt herbei, um ihren Exgeliebten, Hauptdarsteller der Tragödie ihres Lebens, trotz aller Probleme zu trösten. Sie flüstert ihm zu, daß sie mit dem nächsten Zug nach

Lourdes fahren werde und dann sei alles gut: »Ich erinnere mich nicht an die Abfahrt meiner hoffnungslosen Reise. Als ich ankam, habe ich eine Kerze gekauft, so groß, daß zwei Männer mir helfen mußten, sie zur Grotte zu tragen. Ein unerträglicher Schmerz brannte plötzlich in meinen Augen.« Aber es gibt keine Wunder. Roussy stirbt schon 32jährig, genau wie Jeanne Devolle. Und der nächste Schlag: Das Brennen in Misias Augen ist das erste untrügerische Anzeichen einer beginnenden Blindheit.

Jean Cocteau kommt endlich über den Tod des geliebten Raymond Radiguet hinweg. Der Grund heißt Jean Marais, ein blutjunger Adonis und Schauspieler.

Pablo Picasso zieht endgültig den Smoking aus. Der spanische Bürgerkrieg bringt ihn künstlerisch wieder auf den richtigen Weg. Er wird sich die Flügel nicht durch oberflächliche Ignoranz verbrennen. In der baskischen Pilgerstadt Guernica werden 1 654 Menschen bei Bombardements durch die Legion Condor getötet. »Guernica«, Picasso malt, wie er für sein Heimatland leidet. Seine Primaballerina Olga hat er für Dora Maar verlassen. Adieu Ballets Russes, adieu Année Folles!

Joan Miró und Cocos Nachbar aus der Bar des Ritz', Ernest Hemingway, malen Plakate: »Helft Spanien«. Django Reinhardt spielt in Montparnasse »Lady be good«. Der Bolero verstummt. Maurice Ravel stirbt an einem Gehirntumor. Salvador Dalí feiert bei der ersten surrealistischen Ausstellung in Paris Triumphe mit seinem »Regentaxi«. Eine blonde Schönheit im Abendkleid, die aus dem Taxi steigt, erstickt darauf im Schleim von Riesenschnecken.

Für die Inszenierung von Cocteaus »Ödipus Rex« macht Coco Chanel noch mal die Kostüme: Seltsame Mullbinden, die nicht mal dem athletischen Marais stehen, dominieren die Szene.

Am 12. März 1938 annektiert Hitler Österreich, bald auch das Sudetenland und die Tschechoslowakei.

Coco Chanel zieht die Hauptdarstellerinnen in Jean Renoirs

Film »Die Spielregel« an. »Apropos Jean. Ich möchte Dir einen interessanten jungen Mann vorstellen. Ein Riesentalent.« sagt sie ihm. Luchino Visconti wird daraufhin Renoirs Assistent. Der unverbrauchte, offene Jüngling ist der einzige, der die Dekadenz der untergehenden dreißiger Jahre in der Nachkriegszeit aufbrechen wird. Alle anderen haben ihre Träume schon ausgeträumt. Sie haben resigniert. Auch Coco Chanel. Sie kennt mittlerweile die Wirkung einer Morphiuminjektion nur zu gut.

Die französischen Intellektuellen fragen zwar: »Lohnt es sich, für Danzig zu sterben?«, doch der Wahnsinn geht weiter. Am 1. September 1939 besetzt das Naziregime Polen. Noch am selben Tag wird in London und Paris mobil gemacht. Der französische Präsident Édouard Daladier verkündet in einer Radioansprache: »Frankreich befindet sich in einer extrem ernsten Situation...« Der Krieg fordert ab jetzt unbarmherzig seine Opfer. Coco Chanel ist vielleicht die erste Französin, die kapituliert. Schon in den ersten Kriegstagen entläßt sie alle ihre Mitarbeiter und schließt ihr Modehaus. Nur die Boutique für Accessoires und Parfums bleibt geöffnet. Chanel deklariert feierlich: »Dies ist keine Zeit, um Kleider zu entwerfen.«

Mit dieser Erklärung zieht sie den Zorn des ganzen Landes auf sich. Wie kann sie nur aufgeben? Paris braucht doch seine Mode wie ein Banner des Patriotismus. Natürlich findet Coco nicht, daß es pietätlos wäre, jetzt im Krieg Luxuskleider zu schneidern. Der Erste Weltkrieg hatte ja schließlich erst die Chanel, die sie nun war, aus ihr gemacht. Ihr sofortiges Aufgeben war einfach die letzte Konsequenz des Bruchs, den der Streik vor drei Jahren für sie bedeutet hatte.

Dann schickt die Chambre de la Couture, die Pariser Schneiderinnung, einen mutigen Diplomaten, der ihr sagt, sie solle sich alles doch noch einmal überlegen. Daß sie einen großen Beitrag fürs Vaterland leisten könne, wenn sie für Wohltätigkeitsveranstaltungen Kleider machen werde, und daß ohne sie 4 000 Menschen bald auf der Straße stehen würden. Daß sie sogar »exklusiv« die Trachten der Krankenschwestern fertigen könne. Sie schreit entsetzt auf: »Ich! Das ist ja wohl ein Scherz! Diese Frauen soll ich anziehen! Herzlichen Dank! Schon 1914 ist mir bei ihrem Anblick der Magen hochgekommen. So was von impertinent... Ich bin mir sicher, daß die eine Reihe von jungen Kerlen auf dem Gewissen haben, die ohne sie heute noch lebendig und glücklich wären!«

In Nacht und Nebel – Coco Chanel bricht auch mit anderen Darstellern ihrer Vergangenheit. So schickt sie ihren Brüdern Alphonse und Lucien einen herzerweichenden Brief. Daß ihr die dramatischen Umstände nun nicht mehr erlauben würden, sie weiterhin finanziell zu unterstützen, heißt es darin. Daß auch auf sie harte Zeiten zukommen würden. Der gute Lucien, der sein tägliches Brot auf dem Marktplatz von Clermont-Ferrand verdient, fällt auf ihr Wehklagen rein. Er schlägt doch tatsächlich »seiner lieben Gaby« vor, sie in Zukunft mit seinen bescheidenen Mitteln über Wasser zu halten. Aber das wird nicht nötig. Und ist auch nicht der Zweck ihres Schreibens. Sie will nur keine Brüder mehr haben. Sie will absolut mit ihrer Vergangenheit brechen: die rue Cambon nicht mehr betreten und auch das Haus an der Cote d'Azur nicht mehr besuchen. »La Pausa« ist für sie mehr zu einem »Obazine« geworden, als sie es je geglaubt hatte. Der Tod von Iribe – das will sie verdrängen. Auch der charmante Winston Churchill ist nicht mehr dort. Er steht vor den schwersten Aufgaben seines Lebens.

Am 10. Mai 1940 wird Winston Churchill von George VI. zum Premierminister ernannt. Seine ersten Worte, die er an seine Landsleute richtet, sind folgende: »Ich habe Ihnen nichts anderes zu bieten als Leid, Blut, Schweiß und Tränen.« Eine traurige Wahrheit. Am 14. Juni sind die Deutschen in Paris. Auf dem Eiffelturm wird ein Banner mit der Aufschrift »Deutschland siegt an allen Fronten« gehißt. Deutsche Straßenschilder werden aufgestellt und wichtige Gebäude beschlagnahmt. Eine französische Tageszeitung schreibt resigniert: »Laut Adolf Hitler soll

Frankreich die Kornkammer des Reiches werden, aber auch der ›hinterste Ort für die müden Krieger‹ sein. So stark wirkt der Mythos des fröhlichen Paris!«

Am 22. Juni bittet der französische Marschall Pétain um einen Waffenstillstand. Es beginnen die bleiernen Jahre. Viele Franzosen kollaborieren mit den Nazis. Pétain begründet den »État français«. Die neue Verfassung wird im Casino von Vichy, wo die Exilregierung sitzt, unterzeichnet. Der Staat, den die Gazette *Le Temoin* propagiert hatte, ist nun nahezu Wirklichkeit geworden. Arbeit, Familie, Vaterland und Sonderregelungen für die Juden sind die wichtigsten Schlagwörter.

Die organisierte Diskriminierung von Juden beginnt. Auch für Coco Chanel wird diese eine Rolle spielen. Sie entwickelt einen diabolischen Plan. All ihre negativen Eigenschaften geben sich dabei ein Stelldichein. Bei der Strategie, die sie gegen die jüdischen Wertheimers entwickelt, setzt sie alles auf eine Karte: ihre Egozentrik, die nur die eigenen Interessen kennt, ihren Opportunismus, der zusammen mit der Naivität der Autodidaktin eine gefährliche Mischung ergibt, auch ihre Aggressivität und ihre Sturheit. Wenn man sagt, daß Coco Chanel Frankreich verkörpert, dann wird das in den Kriegsjahren auf tragische Weise bestätigt: Mademoiselle und die »Grande Nation« beschreiten denselben Irrweg.

Coco Chanel glaubt also, die Wertheimers mit Hilfe der Anti-Juden-Gesetze, die es ermöglichen, jüdische Industrielle zu enteignen, in die Enge treiben zu können. Die Chanel meint, daß sie jetzt endlich einen Trumpf in der Hand hat. Noch dazu sind die Gebrüder Wertheimer in den ersten Kriegstagen nach New York geflüchtet. Für ihren Übernahmeversuch braucht Coco Chanel pro forma nur noch einen Aufkäufer mit blütenweißer Weste. Die Firma Amiot ist ideal. Sie ist als katholisch, um nicht zu sagen arisch und prodeutsch zu bezeichnen. Kein Wunder also, daß Amiot so viele Flugzeuge herstellt. Mehr als je zuvor.

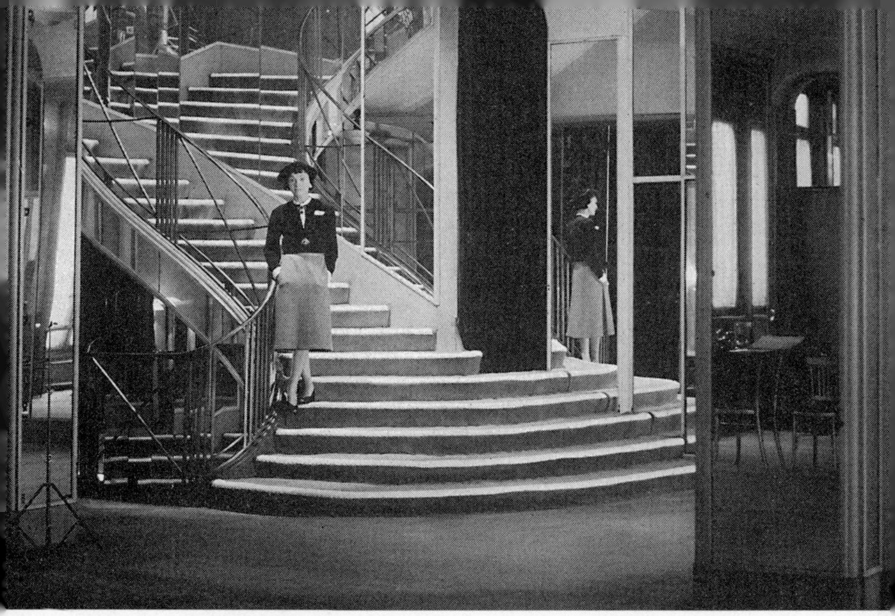

Jeder Auftritt eine Inszenierung: die Chanel auf der großen Treppe, die von der Boutique direkt ins Herz des Haute-Couture-Ateliers führt und von dort in Mademoiselles Privaträume. Leben und Arbeiten sind für sie Synonyme. (Foto: Focus, Hamburg)

Letztendlich wird aber aus dem Teufelsdeal nichts. Aus der außerordentlichen Aufsichtsratssitzung der »Parfums Chanel«, bei der die beiden gegnerischen Parteien mit einer Armee von Anwälten und einem Repräsentanten der deutschen Wirtschaftskommission anwesend sind, geht die Chanel als Verliererin hervor.
Laut Edmonde Charles-Roux hatte die gegnerische Partei nicht nur ein noch größeres Bargeldbündel unter dem Tisch, sondern auch einen Joker in der Hand gehabt: einen genialen Verteidiger, der Coco Chanel mit der gebührenden Respektlosigkeit herunterputzt. Es ist ausgerechnet der Bruder von Adriennes Mann Maurice de Nexon, der die Chanel schon lange und gut genug kennt, um ihr mit den richtigen Mitteln den Mund zu verbieten.

Das Hotel Ritz wird am 14. Juni 1940 von den Nazis requiriert. Beim Einmarsch einer Vorhut wird Bilanz gezogen: 26 Angestellte sind noch da und 18 Gäste. Einer davon heißt Coco Chanel. Die Deutschen brauchen alle Luxussuiten für sich. Wie dem auch sei! Die Chanel willigt ein, aus ihrer Suite, von der aus man den ganzen Place Vendôme überblickt, in ein bescheidenes Hinterzimmer umzuziehen. Mit Sicht auf die rue Cambon. Zu Misia sagt sie: »Warum sollte ich jetzt noch woanders hinziehen. Früher oder später werden alle Hotels besetzt sein. Und dann? Da kann ich auch gleich hierbleiben! Mein Zimmer ist zwar klein, aber um so besser. Dann wird's auch billiger!«
Ihre Zimmernachbarn heißen nun nicht mehr Ernest Hemingway, Scott Fitzgerald sowie Edward Windsor und Wallis Simpson. Die sind auf die Bahamas entschwunden. Eine Woche später kommt Hermann Göring ins Ritz hereinmarschiert, um sich hier häuslich niederzulassen. Der Schweizer Hoteldirektor Elminger führt ihn zur Suite »Imperial«. Kaum angekommen, gibt der Feldmarschall einen ersten Befehl. Man möge ihm doch bitte sofort ein bestimmtes Parfum von Guerlain besorgen.
In den großen Tyrannen stecken immer häßliche Kröten. A. E. Hoetcher beschreibt in »The man who lived in the Ritz« Hermann Görings Pariser Alltag: »Selten verläßt er seine Suite, durch die er, durch Morphiumtabletten betäubt, in Frauenkleidern tänzelt. Wenn er die große Paradetreppe runterkommt, schwingt er seinen Marschallstab aus Gold und Diamanten von Cartier, aufgekratzt wie ein Funkenmariechen.« Was für eine Stimmung in Coco Chanels – wie sagte sie noch gleich? – »Familienpension«!
Die anderen aus ihrer Clique leben fast so wie immer weiter. Im April 1942 schreibt Jean Cocteau in sein Kriegstagebuch, das auch heute noch ein wertvolles Zeugnis dieser Zeit ist:
»Abendessen mit Misia Sert im Relais de Porquerolles. Sie erscheint mir leicht, großzügig, jung. ›Ich habe nie mehr als das Notwendige gebraucht‹, sagt sie, ›aber ohne Überfluß kann ich nicht leben.‹«

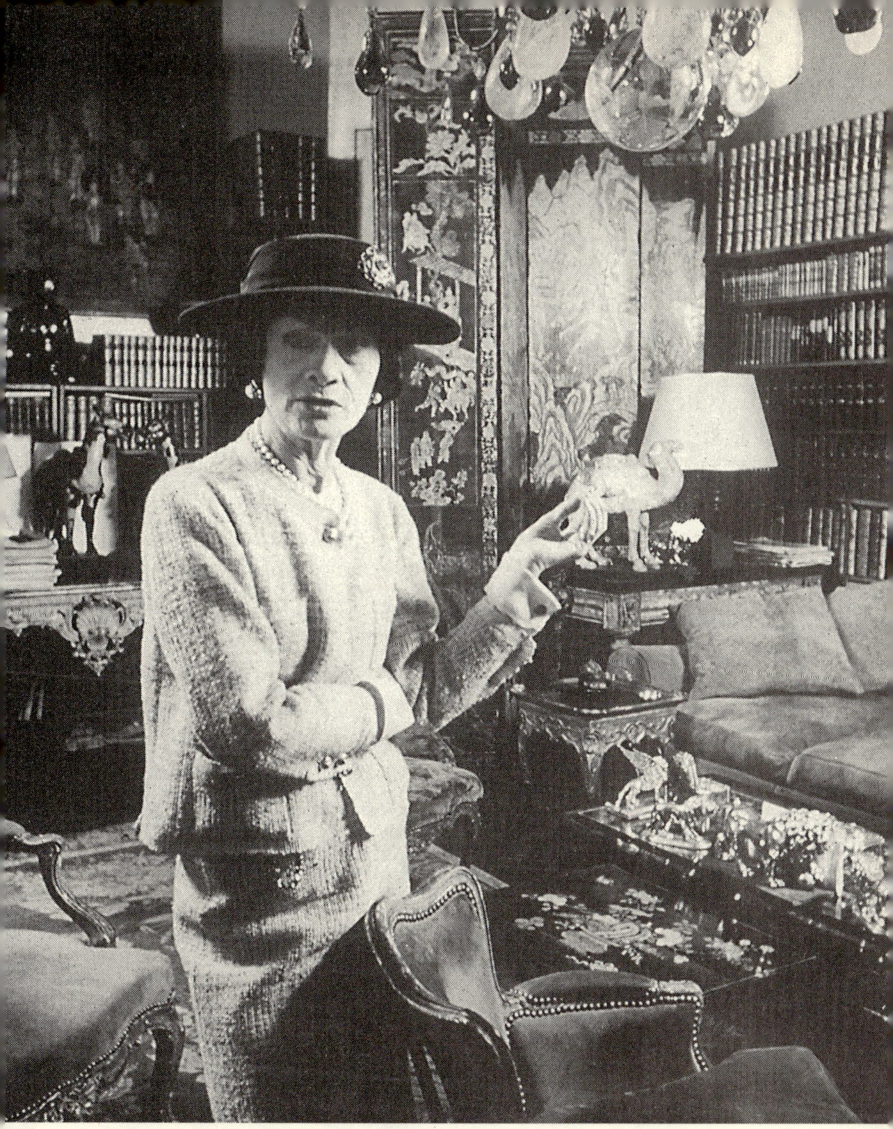

Coco Chanel in ihrem Pariser Apartment, in dem sie sich nur tagsüber aufhält. Die luxuriösen Salons sind Treffpunkt von Tout Paris und für sie der Mittelpunkt der Welt. (Foto: Focus, Hamburg)

Außer einem kurzen Urlaub in den französischen Pyrenäen werden vorerst keine großen Ausflüge den monotonen, aber nicht gewöhnlichen Alltag der Coco Chanel im Ritz unterbrechen. Das neue Kapitel in ihrem Leben läßt sich mit einem Satz, von dem man nicht mit hundertprozentiger Gewißheit weiß, daß er wirklich ein Ausspruch von Chanel ist, beschreiben. Aber auf jeden Fall spiegelt er die Wahrheit wider.
»Die letzte Gelegenheit, einen Mann im Bett zu haben, kann keine Frau verweigern!«
Die Chanel ist 59 Jahre alt, Hans-Günther von Dincklage 46. Also dreizehn Jahre jünger und ein Casanova, der sich bei so mancher Pariser Teerunde einen exzellenten Ruf gemacht hat. Ein begnadeter Liebhaber soll er sein!
Noch heute wird sein Name in französischen Berichten über die wenig ehrenvollen Jahre der Coco Chanel vorsichtig durch das Kürzel D. ersetzt. Oder es wird sein Kosename, den ihm seine französischen Mätressen verpaßt haben, benutzt: »Spatz«.
Der Spatz ist ein schöner Mann, blond, elegant und groß. Sohn eines mittellosen Adeligen aus Hannover und einer Engländerin. Im Ersten Weltkrieg hatte er im Regiment von Kaiser Wilhelm gedient und seit diesem Engagement vor allen Dingen der Leichtigkeit und der damit verbundenen Lebensfreude gefrönt. Ende 1933 wurde er als Attaché der deutschen Botschaft nach Paris geschickt, und da die Braunen zu diesem Zeitpunkt noch in Zivil waren, zeigte die offene Pariser Gesellschaft ihm gegenüber keine Vorbehalte. Dabei war er doch von Göbbels Propagandaministerium geschickt worden, das ansonsten noch nicht wirklich in den diplomatischen Dienst eingriff. Spionagetätigkeiten kann man ihm in dieser Zeit nicht nachweisen. Er hatte höchstens die Aufgabe, zu propagieren, was die deutschen Männer für tolle Hechte sind. Diese Mission erfüllte er. Das konnten nach seinem einjährigen Aufenthalt ein paar wohlgeborene Damen sicher bestätigen.
Wie die Affäre zwischen der Chanel und von Dincklage be-

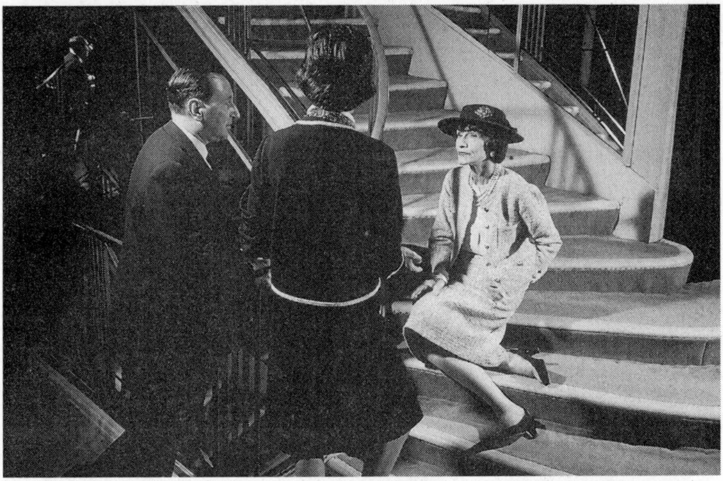

Die Chanel hat es geschafft und schmückt sich gern mit bedeutenden Freunden. Ihre gesellschaftlichen Kontakte sind ihr bestes Marketing. Hier zusammen mit Prinzessin Odile de Crouy und Monsieur André.
(Foto: Focus, Hamburg)

ginnt, ist nicht klar. Sicherlich bald nach seiner Rückkehr nach Paris am Anfang des Krieges. Es war für sie eine bedeutungsvolle Liebe, auch wenn sie in dem einzigen Satz, den sie über ihn verlieren wird, als der ganze Spuk vorbei ist, nur sagen wird: »... ach der, ein alter Bekannter«.

Auch ihr Rechtsanwalt von 1934 bis 1971, René de Chambrun,* für den das Thema »Kollaboration« noch heute ein Tabu ist, erinnert sich später nur noch vage an einen gewissen von Dincklage: »Sie meinen diesen deutschen Tennisspieler, diesen Adeligen, den Coco mal finanziell unterstützt hat? Der Rest ist

* René de Chambrun ist während des Krieges mit Josée, der Tochter von Pierre Laval, dem französischen Regierungschef der Vichy-Regierung, verheiratet.

Gossip ...« Von Dincklage war genauso viel Tennisspieler, wie es Paul Iribe war. Nämlich nur ein Freizeitsportler. Seine wahre Mission in der französischen Hauptstadt ist bis heute mysteriös, doch gibt er in seinen eleganten dreiteiligen Anzügen eine exzellente Figur ab. Er paßt einfach zum mondänen, aufregenden Paris. Und immer träumt er von einer großen Mission für das Vaterland. Aber was auch immer er konkret macht, die Geheimakte, die das Libérationsgericht nach dem Krieg zusammenstellt, ist dick genug, um ihm später absolutes, lebenslanges Einreiseverbot zu erteilen.
Coco und Spatz leben ihre Liebesaffäre so diskret wie möglich. Ihre Tête-à-Têtes im Hotel Ritz bleiben weitgehend unbemerkt: Edmonde Charles-Roux schreibt: »Ihr Verlangen, versteckt zu leben, glücklich miteinander zu sein und die körperliche Liebe zu genießen, mit der von D. oft genug protzte, um seine ehemaligen Mätressen eifersüchtig zu machen – all das erklärt, warum die Liebesgeschichte geheim bleibt. Spatz und Gabrielle sind für alle anderen unsichtbar, weil sie so glücklich sind, und das fast drei Jahre lang. Sie sind einfach glücklich in einer Welt, in der sich das Grauen mehrt ..«
Jean Cocteau ist mit Arno Breker, dem offiziellen Künstler der Nazis, befreundet. In seinem Journal schreibt er am Samstag, den 16. Mai 1942: »Gestern Einweihung der Breker-Ausstellung in der Orangerie. Reden, Uniformen. Gigantische Statuen mit einer fast sinnlichen Liebe für das Detail und das Menschliche: Haare, Venen, Muskeln. Sacha Guitry sagt zu mir: ›Wenn diese Statuen plötzlich eine Erektion hätten, könnte man sich hier nicht mehr fortbewegen.‹«
Wenige Tage später diese Eintragung: »Er (Hitler) rät ihm, immer langsam zu fahren. Er liebt ihn. Er ist so eine Art Adoptivsohn. Wie Jean (Marais) für mich. Zur Judenfrage ist Breker kategorisch (wie sein Chef). Es gibt keine Ausnahmen.«
Stimmungsbilder aus dem Paris der Kollaboration. Viele Künstler sind in die USA geflüchtet: Marc Chagall, Fernand Léger und

Max Ernst. Andere wagen es, das Regime öffentlich zu kritisieren. Etwa Bonnard oder Matisse. Braques und Picasso verschanzen sich in ihren Pariser Ateliers und arbeiten.
Und auch wenn es an Stoff mangelt, so sind die meisten Couture-Häuser weiterhin geöffnet: Lucien Lelong, Jeanne Lanvin, Nina Ricci und Marcel Rochas arbeiten. Einige der Couturiers geben ihren Kunden jetzt auch Ratschläge, wie man in Zeiten der Knappheit seine abgenutzte Garderobe erneuern kann. Aus Mänteln werden Jacken, aus abgewetzten Jacken werden Boleros und so weiter.
Coco Chanel ist eine aktive Frau und kann eigentlich nicht untätig sein. Drei Jahre lang kultiviert sie nun schon ihre Zweisamkeit mit von Dincklage. Vielleicht läßt sie auch diese Langeweile auf dumme Gedanken kommen. Codewort: »Modellhut« lautet diese Dummheit genau.
1943. Die Wehrmacht muß im Januar ihre größte Niederlage eingestehen: die Kapitulation von Stalingrad. Die Bilanz der 6. Armee von General Paulus ist mehr als grauenhaft. Von 270 000 in Stalingrad eingekesselten Soldaten sind 34 000 verletzt, 93 000 sterben bei minus 31 Grad den Hunger- und Kältetod. Nur 6 000 werden die Katastrophe überleben. Am 24. Juli wird Hamburg von den Alliierten bombardiert, die Stadt auf einer Fläche von 10 Quadratkilometern in Schutt und Asche gelegt. Das einzige, was noch wirklich funktioniert, ist die Vernichtungsmaschinerie »unwerten Lebens«. Die Konzentrationslager sind Stätten ungeahnten Grauens.
Und wie wäre es, wenn Coco Chanel höchstpersönlich dem Grauen ein Ende setzen würde? Der Gedanke scheint ihr in ihrem Selbstüberschätzungswahn gekommen zu sein. Gegenüber ihren deutschen Gesprächspartnern in Paris erwähnt sie nun immer öfter die »tiefe Freundschaft«, die sie mit Englands Premier Winston Churchill verbindet. Vor von Dincklage und dessen Freund, dem ebenfalls in Paris stationierten Offizier und Rittmeister Theodor Momm, denkt sie laut nach. Wie wäre es,

wenn sie mit dem guten, alten Winston einen Frieden zu Deutschlands Gunsten verhandeln würde? Ja, tatsächlich! Mademoiselles Größenwahn hat seinen absoluten Höhepunkt erreicht.

Theodor Momm wird sich später gegenüber Edmonde Charles-Roux an die bizarren Vorbereitungsaktionen der Operation »Modellhut« erinnern. Denn vor ihm übt die Chanel die Einzelheiten der historischen Friedenskonferenz »Coco meets Winston« ein. So etwa will sie es ihm beibringen: »Winston, Du hast Blut und Tränen, das ganze Leid vorhergesehen, und Deine Vorhersagen wurden auf traurige Weise bestätigt. Doch damit allein wirst Du nicht in die Geschichte eingehen. Nun mußt Du Leben retten und diesem Krieg ein Ende setzen. Nur wenn Du den Frieden möglich machst, wirst Du Dein ganzes Können beweisen können. Das ist Deine wahre Mission.«

Die irrwitzige Idee von Coco Chanel wird weitergetragen. Momm berichtet von dem Plan der 1a-Agentin persönlich in Berlin. Sein Gesprächspartner heißt Walter Friedrich Schellenberg. Als Chef des Amtes 6 der Staatssicherheit ist er die rechte Hand von Himmler. Ein ergebener Staatsdiener, der mit 33 Jahren alle Stufen der Nazihierarchieleiter im Laufschritt genommen hat und nun also Chef der SS-Auslandsspionage ist. Er nimmt sich der Sache an.

Aber um es gleich vorwegzunehmen: Seit dem Zugang zu den britischen Geheimdienstakten Ende der neunziger Jahre erscheint die Operation »Modellhut« in einem völlig neuen Licht. In der für den Nürnberger Prozeß angefertigten Verhörakte »Final Report on the Case of Walter Friedrich Schellenberg« wird auf Seite 65 die Operation detailliert folgendermaßen beschrieben: »Im April 1944 erwähnten Staatsrat Schliehe, Speers rechte Hand, und Rittmeister Momm gegenüber Schellenberg die Existenz einer gewissen Frau Chanel, französische Staatsbürgerin und Besitzerin einer beachtlichen Parfümfabrik. Diese Frau wurde als Person beschrieben, die Churchill gut

genug kannte, um Verhandlungen mit ihm aufzunehmen. Sie sei ein Feind Rußlands und wünsche Frankreich und Deutschland zu helfen, deren Schicksale, wie sie glaube, eng miteinander verbunden seien.«
Wenig später veranlaßte Schellenberg, daß diese Frau nach Berlin kam. Sie kam in die Stadt, begleitet von einem Freund, einem gewissen von Dincklage.
Schellenberg erläuterte Coco Chanels Auftrag in Anwesenheit von von Dincklage, Schieher und Momm; folgende Punkte wurden festgesetzt:

»1. Eine gewisse Frau Lombardi, eine frühere britische Staatsbürgerin aus guter Familie und nun mit einem Italiener verheiratet, sollte in Italien kontaktiert und als V-Mann eingesetzt werden. Frau Lombardi war eine alte Freundin von Frau Chanel und war aus politischen Gründen gerade mit ihrem Mann inhaftiert worden, in Zusammenhang mit der Affäre Badoglio. [Italienischer Widerständler: Marschall Pieno Badoglio, auch Premierminister am 26. Juli 1945, den Mussolini auf Befehl des italienischen Königs inhaftieren ließ.]
2. Lombardis Rolle wäre, den Offiziellen der britischen Botschaft von Madrid einen Brief von Chanel, der dann später Churchill ausgehändigt werden solle, zu übergeben.
3. Von Dincklage war als Verbindungsmann zwischen der Lombardi in Madrid und Coco Chanel in Paris und Schellenberg in Berlin vorgesehen.

Eine Woche später wurde die Lombardi befreit und auf dem Luftwege nach Madrid transportiert. Als sie in der Stadt ankam, denunzierte sie sich als deutsche Agentin bei den britischen Behörden, anstatt den ihr zugeschriebenen Auftrag auszuführen.«
Diese Version, die auf der Aussage von Schellenberg gegenüber den Juristen des Nürnberger Prozesses basiert, ist noch nicht

die ganze schlimme Wahrheit. Denn der SS-Mann hat in diesem Bericht Chanel gedeckt. Coco beschränkt sich nicht darauf, Vera Lombardi von Paris aus fernzusteuern. Denn Vera ist diejenige, die Churchill bestens kennt. Coco Chanel hat also dank ihr in Südfrankreich ein lockeres Band mit »dear Winston« geschlossen und Churchill nie ohne Vera getroffen. Aber das kann die Chanel ihren deutschen Freunden gegenüber natürlich nicht zugeben.

Die beiden Damen treten also gemeinsam die Reise nach Madrid an. Coco gibt der Lombardi gegenüber vor, daß sie die spanische Hauptstadt besuchen, weil sie eventuell plane, hier eine Boutique zu eröffnen. Die Lombardi soll also nur als eine Art Schutzschild dienen, um ganz genau an diesem Tag ihr historisches Gipfeltreffen mit Churchill durchzuführen.

Doch aus den von Schellenberg genannten Gründen mißlingt die Operation »Modellhut«. Vera Lombardi enttarnt sich als eine deutsche Spionin wider Willen. Die ganze Aktion endet in einem absoluten Debakel für Coco Chanel, die allerdings unter dem Schutz der deutschen Agenten in Madrid ungestört ihre Heimreise nach Paris wieder antreten kann.

Die Chanel sieht im Handeln von Vera einen nur gegen sie gerichteten Verrat. Das wird sie sie in einem bitterbösen Brief wissen lassen: »Liebe Vera, Sie sollten wissen, daß ich Spanien nicht auf einen Befehl hin verlassen habe – ich habe in meinem Leben viele Befehle gegeben, aber noch keinen bekommen. Mein Visum war abgelaufen. S. [Schellenberg] hatte Angst, daß ich Schwierigkeiten bekommen würde.

Ich hoffe von ganzem Herzen, daß Sie Ihr Glück finden werden. Aber es erstaunt mich, daß Sie in Ihrem Leben mit den Jahren weder Selbstvertrauen bekommen haben noch Dankbarkeit verspüren. In einer so grausamen und traurigen Zeit sollte man doch wohl ein derartiges Wunder vollbringen können. Coco.«

Wie konnte die Chanel nur so dumm sein. Nicht nur, daß sich Vera und auch ihr Mann in Italien ganz klar dem Widerstand

verschrieben hatten. Nicht nur, daß sie die Nazis an der Nase herumgeführt hatte, indem sie alle das glauben ließ, wovon sie in ihrer Selbstüberschätzung sicherlich ganz fest überzeugt war: nämlich Churchill sei ein Freund! Sie hat sich schlicht und ergreifend dem Wahnsinn verschrieben. Noch heute staunt Sir Steward Hampshire, der Offizier des englischen Geheimdienstes MI6, der das Schellenberg-Protokoll aufgenommen hatte, über die »unglaubliche Naivität des Plans ›Modellhut‹«.
Churchill hatte nämlich in der Zwischenzeit ganz andere geheime Treffen, die dem Leid langfristig endlich ein Ende setzen sollten, hinter sich gebracht. Schon im August 1943 hatte er im kanadischen Quebec heimlich Roosevelt getroffen, um die Landung der Alliierten zu planen und Stalin, »Chanels Feind«, einen Vorschlag zum trilateralen Frieden zukommen zu lassen.
Und kurz nachdem Coco Chanel von ihrer peinlichen Mission aus Madrid zurückkommt, ist es soweit. In der Abgeschiedenheit des Hotels Ritz erreicht sie die Nachricht: Es ist D-Day. Am 6. Juni erobern die alliierten Truppen vom Meer aus die Normandie. Das ist der Anfang vom Ende.
Doch Chanels beschämendes Verhalten im Krieg wird noch andere Blüten treiben. Da ist noch die Geschichte mit Max Jacob, der sie doch in den Friedenszeiten vorher mit seinen Horoskopen so amüsiert hatte. Er ist inzwischen als Jude enttarnt. Aus seinem Versteck in Saint-Benoît-sur-Loire schreibt er verzweifelte Briefe an Jean Cocteau. So am 20. Januar 1944:

»Mein lieber Jean,
ich habe gehört, daß Sacha Guitry Einfluß hat. Mein lieber Jean, ich lebe in einer unerträglichen Angst. Ich habe … die Zerstörung unseres Vaterhauses in Quimper ertragen, den Tod meiner älteren Schwester, den eines Schwagers und die Inhaftierung meines Bruders. Jetzt hat man meine Schwester festgenommen, meine Lieblingsschwester. Ich werde daran sterben.
Diese arme Kleine war die treue Begleiterin meiner Kindheit. Seit

ihrer Hochzeit regnet das Unglück auf sie nieder. Ihr Mann ist im Lager von Compiègne unter Torturen gestorben; sie hat nur einen Sohn, der ist seit Jahren in einem Heim für Geisteskranke ...«

Der nächste Hilferuf erreicht Cocteau 14 Tage später:

»Lieber Jean,

ich bedanke mich nicht. Ich wußte immer ... Ich weiß, was für ein großes Herz du hast. Ich vertraue nur Dir.

Sacha Guitry, den Marcelle Bourlier wohl erreicht hatte, sagte ihr, wenn ich es gewesen wäre, hätte er etwas tun können. Das heißt also, das man etwas tun kann. Ja, Du hast recht: Es ist alles ein Alptraum. Mein Leben ist ein schwarzes Loch.

Ich habe Lust, Coco Chanel zu schreiben. Du könntest vielleicht zu ihr gehen. Mit der Hilfe von Euch beiden wäre meine Schwester gerettet.

Ja! Jean Giraudoux! Du, er und Picasso, die einzigen intelligenten Menschen, die ich getroffen habe, sag' es den anderen nicht! ...

Meine Schwester im Gefängnis, ein Lamm im Gefängnis.«

Am 20. Februar setzt Jean Cocteau eine Petition zur Rettung von Max Jacob auf. Darin steht unter anderem:

»Schon lange verzichtet er auf das weltliche Leben und hat sich in den Schatten einer Kirche zurückgezogen ...

Die französische Jugend liebt und duzt ihn, respektiert ihn und hat aus ihm ein Vorbild gemacht. Ich selber schätze seine Noblesse, seine Weisheit, seine unnachahmliche Grazie, sein Ansehen, wenn auch im Verborgenen ...

Soll ich noch hinzufügen, daß Max Jacob seit 20 Jahren katholisch ist. Die Unterschreibenden erlauben sich, die zuständigen Autoritäten darauf hinzuweisen, daß der Fall Max Jacob ein besonderer ist.«

Unter den Bittstellern sind der Theatermann Sacha Guitry und José-Maria Sert, aber von Coco Chanel keine Spur.

Im Zug, der Max Jacob am 27. Februar zum Zwischenlager nach Drancy bringt, schreibt er seinem Pfarrer aus Saint-Benoît-sur-Loire und auch Cocteau einen letzten Brief:
»Lieber Jean,
ich schreibe Dir aus meinem Waggon. Dank der Gefälligkeit der Polizisten, die mich begleiten.
Gleich werden wir in Drancy ankommen.
Das ist alles, was ich Dir zu sagen habe.
Sacha hat gesagt, als man ihm von meiner Schwester erzählte: ›Wenn er es wäre, könnte ich etwas unternehmen!‹
Nun ja, jetzt bin ich's.
Ich küsse Dich.«

Am 15. März stirbt Max Jacob im Zwischenlager von Drancy. Seit seiner Ankunft war er krank gewesen, von hohem Fieber und Angstvisionen gequält, vegetierte er drei Wochen lang dahin. Seine letzten Worte richtete er an den Arzt, der sich um ihn kümmerte: »Sie haben das Gesicht eines Engels.«
Die Geschichte von Max Jacob hat eine große Bedeutung für Coco Chanels Verhalten im Zweiten Weltkrieg. Gerade *weil* es keine Verbindung mehr zwischen den beiden gibt, sie auf seine Hilferufe nie reagiert hat. Künstler wie Guitry und Cocteau, die sich mit den Deutschen freundschaftlich verbunden hatten, werden später dank der Petition zu Gunsten von Max Jacob vor den Gerichten der Libération ihre Unschuld beweisen können.
»Paris! Paris gedemütigt! Paris zerstört! Paris befreit!« Am 25. August 1944 marschieren die »France Libre«-Truppen von General Charles de Gaulle in Paris ein. Es beginnen die Säuberungsaktionen der FFI. Im ganzen Land werden etwa 120 000 Todesstrafen für Hochverrat an der Französischen Republik ausgesprochen. Frauen, die während der Kollaborationsjahre die deutschen Vokabeln »Ich liebe Dich« gelernt hatten, werden in aller Öffentlichkeit geschoren. Coco Chanel bleibt diese Erniedrigung erspart. Sie entkommt der bösen Hexenjagd.

Es muß in den ersten Wochen des Monats September gewesen sein. Mademoiselle schläft alleine im Hotel Ritz. Von Dincklage ist schließlich seit einigen Monaten in der Schweiz. Acht Uhr morgens, zwei junge Männer der FFI führen sie ab. Coco Chanel folgt ihnen erhobenen Hauptes, genauso wie sie es schon beim Streik in der rue Cambon gehalten hat. Sie zeigt sogar genügend Beherrschung, um hochnäsig zu wirken, und beschwert sich beim Verlassen des Hotels Ritz, daß die beiden jungen Soldaten den Portier duzen: »Das schickt sich aber nicht.«
Ihr Verhör dauert eine Stunde und wird dann plötzlich unterbrochen. Mademoiselle ist frei. Es heißt, die Order komme von ganz oben. Ein Anruf aus London rettet Mademoiselle. Ein Anruf von Winston Churchill.
Erwünscht ist sie trotzdem nicht mehr in Frankreich. Vielleicht rät ihr der gute, alte Winston sogar einen Rückzug in das Land, in dem Neutralität als höchste Tugend gilt.
Für Coco Chanel beginnt im Herbst 1944 ein langes Exil in der Schweiz. Ihren Goldenen Käfig teilt sie mit Hans-Günther von Dincklage. Die Alpen sind quasi die Gitterstäbe, die das seltsame Paar einkreisen. Ihr Geheimnis um die Operation »Modellhut« verdammt sie dazu, zusammenzuhalten. Spatz lebt von den Erträgen des N° 5, die die Chanel ohnehin in Schweizer Banken deponiert hatte. Das N° 5 entdecken in der rue Cambon nun auch die kaugummikauenden Gis und schicken es ihren Darlings in die USA rüber.
Sicherlich, das Dasein von Gabrielle Chanel trägt noch alle Insignien eines gehobenen Lebensstils. Sie zieht von einem Luxushotel ins nächste. Mal weilt sie in Lausanne, mal in St. Moritz, dann wieder in Genf. Und alles ist so langweilig wie das Geklimper des Flügels beim Nachmittagstee im Hotel Beau Rivage.
Spatz und Coco sind wie ein altes Ehepaar. Oft streiten sie sich. Für von Dincklage ist das Nichtstun eine Tugend, und die Chanel geht daran zugrunde. Doch die Schweizer Apotheken geben ihr ohne zu zögern ihr Morphium. Jeden Abend setzt sie sich

ihre Spritze! Oh, dieses Ritual vollzieht sie äußerst diszipliniert und hygienisch. Sie kontrolliert ihr Bedürfnis, es gibt keinerlei erniedrigende Szenen wie bei Misia, die ihre Sucht mehrere Male am Tag befriedigen muß. Egal, wo sie sich befindet, Coco braucht nur eine Spritze, nur die zum Schlafen.

Coco Chanel ist mittlerweile über sechzig. Ihre schwarzen Augenbrauen malt sie mit dem Stift immer öfter nach. Häufig erkennt man daran die zittrig gewordene Hand einer alt werdenden Frau. Die Linie wird manchmal zu breit, manchmal zu unregelmäßig, was ihrem Gesicht eine große Strenge verleiht. »Schwarz sind meine Haare, schwarz wie die Mähne eines Pferdes, meine Augenbrauen sind schwarz wie die unserer Schornsteinfeger, meine Haut so schwarz wie die Lava unserer Berge, mein Herz schwarz wie das Herz eines Landes, das niemals kapituliert hat.« Von den Vulkanen der Auvergne zu den größten Erhebungen der Alpen. Das war ihr Leben. Coco Chanel glaubt fest, daß es hier in diesem Land mit seinen wohlhabenden Kururlaubern und einer geheuchelten Neutralität zu Ende gehen wird.

Und das Alter macht sie noch einsamer. Diese Einsamkeit ist in Wahrheit ihr treuester Begleiter. Im Jahr 1947 stirbt José-Maria Sert, und Misia wird Witwe. Während des Krieges, nach dem jähen Ende von Roussy, hatte Sert sie erneut geheiratet. Doch Misia sieht nicht mehr, was um sie herum passiert. Sie ist blind.

Der Tod als letzte Abrechnung? Auch Bend'Or Westminster stirbt. Und in Rom schließt Vera Lombardi in den Armen ihres Mannes die Augen. Und Dimitri? Schon im Jahr 1942 hatte die Tuberkulose ihn niedergestreckt. Wenn man das Leben von Coco Chanel als ein großes tragisches Theaterstück ansieht, dann gehen jetzt, in der Nachkriegszeit, die Lichter aus. Der Vorhang fällt über die triumphalen Jahre der Coco Chanel, die letzten Zuschauer verlassen den Saal.

In den Schweizer Zeitungen liest Chanel ein neues Wort: »New Look«. Und nichts kann die Kunde vom »New Look« daran hin-

dern, rasend schnell um die Welt zu gehen. Schon gar nicht der Generalstreik, der die französische Presse am 12. Februar zum Schweigen bringt. An diesem Tag stellt ein talentierter junger Mann in Paris seine erste Kollektion vor: Christian Dior. Helle Begeisterung. Seine weibliche Silhouette, seine schmalen Taillen, die weiten Glockenröcke und die körperbetonten Jacken sind wie ein übermütiger Aufruf, doch den Stolz und die Weiblichkeit wiederaufleben zu lassen. Die Pariser Mode steht auf wie ein Phönix aus der Asche. Dior trifft auf die Wünsche der Zeit. Wer hat schon noch Lust auf gerade, schlichte Kleider? Wer möchte nach dem harten Krieg noch wie ein Mann aussehen, grau? Wahrhaftig, die Idee des »New Look« des 42jährigen Christian Dior läutet die Ära des Optimismus ein. Die Frauen wollen ihre Weiblichkeit wieder betonen. Die weiten Röcke aus bis zu 15 Metern Stoff sind eine Herausforderung, was die Beschaffung des Materials angeht. Sir Stafford Cripps, Präsident der britischen Handelskammer, zum Beispiel sieht beunruhigt dem Geschehen zu: »Es sollte ein Gesetz zur Rationalisierung geben«, wendet er ein. Wird es aber nicht. Und so kommt es, daß Christian Dior mit seiner modischen Antwort auf das Wirschaftswunder einen wahren Triumphzug antreten wird.
Und was sagt die Chanel dazu im fernen Engadin? Daß Männer keine Mode für Frauen machen sollten, weil sie dabei eine perverse Lust empfinden würden, sie zu verkleiden.
Schellenberg ist weiterhin der schwarze Schatten über ihrem Leben. Beim Nürnberger Prozeß wurde er zur kürzesten Gefängnisstrafe unter den 20 Mitangeklagten verurteilt. Sechs Jahre Haft. Er tritt sie in Nürnberg an. Coco Chanel ist aber nicht vollkommen erleichtert, auch wenn die Seite 65 der Akte Schellenberg vom Alliierten-Gericht übersehen wurde. Sie hat Angst. Schellenberg wird dann auch wegen Krankheit früher aus der Haft entlassen und verbringt seine letzten Monate in einer Villa am Lago Maggiore. Und wer hat ihm diesen Aufenthalt finanziert?

Am 8. März 1958 schreibt Irene Schellenberg, seine Witwe, einen Brief an Theodor Momm: »Frau Chanel hat uns ihre finanzielle Hilfe angeboten. Ihr ist es zu verdanken, daß wir noch einige friedliche Monate zusammen verbringen durften.«
Am 15. Oktober 1959 stirbt Misia Sert in Paris, umgeben vom kleinen Kreis ihrer besten Freunde. Cocteau ist da, Colette und auch Coco Chanel. Schon vorher hatte sie heimlich ein paar Reisen nach Frankreich, meist nach »La Pausa«, unternommen. Und jetzt steht sie am Totenbett von Misia und ist fassungslos. Coco ist wieder ein Waisenkind. Verlassen von der einzigen Person, die Einfluß auf sie hatte. Coco wird sich mit einem erschütternden Ritual von ihrer Misia verabschieden. Die anderen möchten doch den Raum verlassen, bittet sie. Coco wäscht die Tote. Sie zieht ihr ein weißes Ballkleid an.
Der Tod Diaghilews in Venedig spukt ihr in diesem Moment ohne Zweifel durch den Kopf: »Weiß, sie waren so weiß, so jung!« Seine letzten Worte. Coco legt Misia ihr dreireihiges Diamantenkollier an. Sie schminkt die Tote, parfümiert sie und faltet ihre starren weißen Hände um eine rosa Rose über dem weißen Bettlaken zusammen. Misia ist tot! Coco Chanel ist alleine.
Aus der Zeit nach Misias Tod stammen die folgenden autobiographischen Aufzeichnungen, die Gabrielle Chanel an langen Abenden in der Schweiz Paul Morand diktiert: »Ich bin alleine; ich würde aber nicht schreiben, *alleine*... Die drei Punkte gäben meiner Einsamkeit einen besonderen Hauch von Melancholie, die nicht meine Art ist; es soll auch kein Ausrufezeichen sein: *Alleine!* Das signalisierte unnötigerweise den Anschein einer Herausforderung. Ich möchte nur feststellen, daß ich alleine aufgewachsen bin, alleine gelebt habe und alleine alt werde... Einfach *allein.* Ich werde weitermachen, ohne Mann, ohne Kinder, ohne Enkelkinder, ohne all diese wunderbaren Illusionen, die uns das trügerische Gefühl geben, daß es auf der Welt noch andere Ichs gibt.«

10. KAPITEL

Comeback und Götterdämmerung

»Ich habe versucht, über mich zu sprechen, ohne an mich zu denken... Ich werde woanders hingehen müssen. Etwas anderes tun müssen. Ich bin bereit, wieder neu anzufangen. Solange ich lebe, werde ich mich nie ausruhen. Ich ahne, wie sehr ich mich im Himmel langweilen werde, wo ich mich schon in einem Flugzeug mehr langweile als irgendwo auf festem Boden...

Ich habe Mode gemacht, rein zufällig. Ich habe Parfums hergestellt. Zufällig!

Ich habe wunderschöne, nützliche Erfindungen gemacht, ich habe Gutes getan und nur Ohrfeigen geerntet. Ich wollte die Situation meiner Arbeiterinnen verbessern, und die Rechnung ist nicht aufgegangen.

Ich habe zwei Männer geliebt, und als es dann hieß, daß ich sie heiraten sollte, habe ich den einen verkuppelt und den anderen

mit einer anderen verheiratet. Ich habe die ganze Welt angezogen, und die Welt ist heute nackt.
All das erfreut mich zutiefst. All das befriedigt meine Lust der Zerstörung ... Im Gegenteil zu dem, was Sert sagte, werde ich eine sehr schlechte Tote abgeben. Wenn ich unter der Erde bin, werde ich mich schütteln und daran denken, so schnell wie möglich zurückzukehren und neu anzufangen.«
Diese Worte, die Coco Chanel Paul Morand Anfang der fünfziger Jahre anvertraut, sind nicht ihre letzten Worte. Auch wenn sie von Gabrielle eigentlich als Testament gedacht waren. Bald wird sie mit ihrer Energie und Hartnäckigkeit die ganze Welt erneut überraschen. Und am meisten wohl sich selbst.
Die Rückkehr der Chanel nach Paris ist 1953 so etwas wie die Sensation des Jahres. Eine 70jährige, die ihr Comeback plant, diese Nachricht scheint allen schier unglaublich.
Zwei Gründe beeinflußten ihre Entscheidung, in ihr Heimatland zurückzukommen. Schon seit 1947 herrscht ein endgültiger Waffenstillstand zwischen ihr und den Wertheimers. Sie haben ihr in einem großzügigen Coup nun endlich die Anteile zugesprochen, die sie in einem zermürbenden Kampf seit Jahren gefordert hatte. Pierre Wertheimer besucht die Chanel im Sommer 1953 in Lausanne und erklärt ihr, daß eine neue aufsehenerregende Modekollektion den Verkauf ihrer Parfums erheblich verbessern könne. Man wird sich einig, daß die Comeback-Kollektion zur Hälfte aus dem Werbebudget von »Parfums Chanel« finanziert werden könnte und zur anderen Hälfte vom Haus Chanel selbst. Die Wertheimers erweisen sich als großzügige Gentlemen. Besonders Pierre Wertheimer, er war seit dem Tag, an dem er die Chanel in Deauville kennengelernt hatte, heimlich in sie verliebt. Was auch die Geduld und das Verständnis des Geschäftspartners für die Kapriolen von Mademoiselle erklärt.
Coco Chanels vornehmliche Motivation liegt natürlich in ihrem an Wut grenzenden Willen, es allen noch einmal zu zeigen. Der

»kleine schwarze Stier« will noch einmal in die Arena. In der Rolle des Toreros, den es auszutricksen gilt, sieht sie natürlich Christian Dior und seinen »New Look«, der das wieder aufleben läßt, was ihr verhaßt ist: die Eieruhrform der Kleider, die die Taille zuschnüren, die schmalen Schultern, verspielte Pelerinenkragen und der betonte Oberkörper – all das widerspricht ihren modischen Prinzipien. Doch leider – die Frauen scheinen es zu lieben.

Mit einer generalstabsmäßigen Pressekampagne wird ausgetestet, ob Paris auch bereit ist, Coco Chanel wieder in die Arme zu schließen. Ob ihre Gründe für das Schweizer Exil schon vergessen sind? In den Monaten November und Dezember gibt sie Blättern wie *Figaro, France-Soir, Paris Match, Elle* und der *New York Herald Tribune* Exklusivinterviews. Die Rechnung geht auf, die Welt horcht auf. Es wird nur noch über Mode geredet, über Frauen und Philosophie. Mademoiselle hat sich nicht geändert. Gegenüber der amerikanischen *Vogue* erwähnt sie, welche wesentlichen Qualitäten sie in der Haute-Couture zur Zeit vermißt. Sie, die Handwerkerin, möchte stets zu Diensten des weiblichen Wohlbefindens, der Bequemlichkeit sein: »Nichts verrät das Alter einer Frau mehr als ihre Oberarme. Verstecken Sie sie. Knöpfe haben nur einen Sinn, wenn es Knopflöcher gibt, Taschen müssen benutzbar sein, um Nutzen zu bringen. Ein Ärmel ist nur dann gelungen, wenn man den Arm darin ungehindert bewegen kann. Wirklich elegante Kleidungsstücke sind nur die, in denen man sich auch frei bewegen kann. Die so perfekt geschnitten sind, daß man meint, darunter nackt zu sein.«

Der Rückkehr der Diva steht nun nichts mehr im Wege. Sie stellt ein Team zusammen. »Première main«, »Première d'atelier«, »Petite main« – etliche Arbeiterinnen kehren begeistert zu ihr zurück.

Sie kontaktiert die besten ihrer ehemaligen Mitarbeiter durch einen persönlichen Anruf: »Beeilt Euch, wir haben noch zehn gute Jahre vor uns, um es ihnen zu beweisen.«

Die Chanel ist euphorisch. Mit 71 Jahren steht ihr nun noch eine zweite Jugend bevor. Sie darf wieder das einzige machen, was ihr im Leben geglückt ist: kreativ arbeiten. Und nichts soll sie nach der langen Durststrecke des Nichtstuns davon abhalten, sich ausgehungert in ihre Arbeit zu stürzen. »La Pausa«? Braucht sie nicht mehr. Keine Ablenkung soll es geben, in diesem unverhofften zweiten Leben. Sie verkauft ihre Ferienvilla im Jahr 1953 an den Literaturagenten von Winston Churchill.

Die Ateliers müssen zu neuem Leben erweckt werden. Der Schriftsteller Michel Déon ist dabei, als Coco nach ihrer langen Abwesenheit die Nähstuben in der rue Cambon wieder betritt: »Manchmal spazierte sie durch die stillen Ateliers, wo die Stoffstücke noch rumlagen, wo niemand die umgefallenen Schneiderpuppen aufgelesen hatte. Die Nähmaschinen waren fast verrostet.«

Einhundertdreißig Teile werden für das Défileé angefertigt. Die Modenschau findet schließlich am 5. Februar 1954 statt. Natürlich, weil die Fünf ihre Glückszahl ist. Während die Mannequins im dritten Stock noch geschminkt werden, kämpft sich Marlene Dietrich in die Kulissen vor. Sie küßt ihrer Freundin die Hand, so wie sie es immer macht:

»Warum bist Du wiedergekommen, Coco?«

»Weil ich mich gelangweilt habe!«

»Ach, Du auch!«

Die Dietrich hatte die letzten Jahre in Las Vegas verbracht, dem geeignetsten Ort auf der Welt, um sich nutzlos zu fühlen.

Unten, in der leergeräumten Boutique, findet sich so langsam das Publikum ein. Die große Anzahl der Journalisten spiegelt die Wichtigkeit des Medienereignisses wider. Kundinnen sind kaum da, die sind zum großen Teil zu Dior übergelaufen und haben vielleicht auch Angst vor den ironischen Bemerkungen von Mademoiselle.

Coco Chanel hat unglaubliches Lampenfieber. Sie weiß, daß eine Modenschau immer eine Theateraufführung ist. Daß es

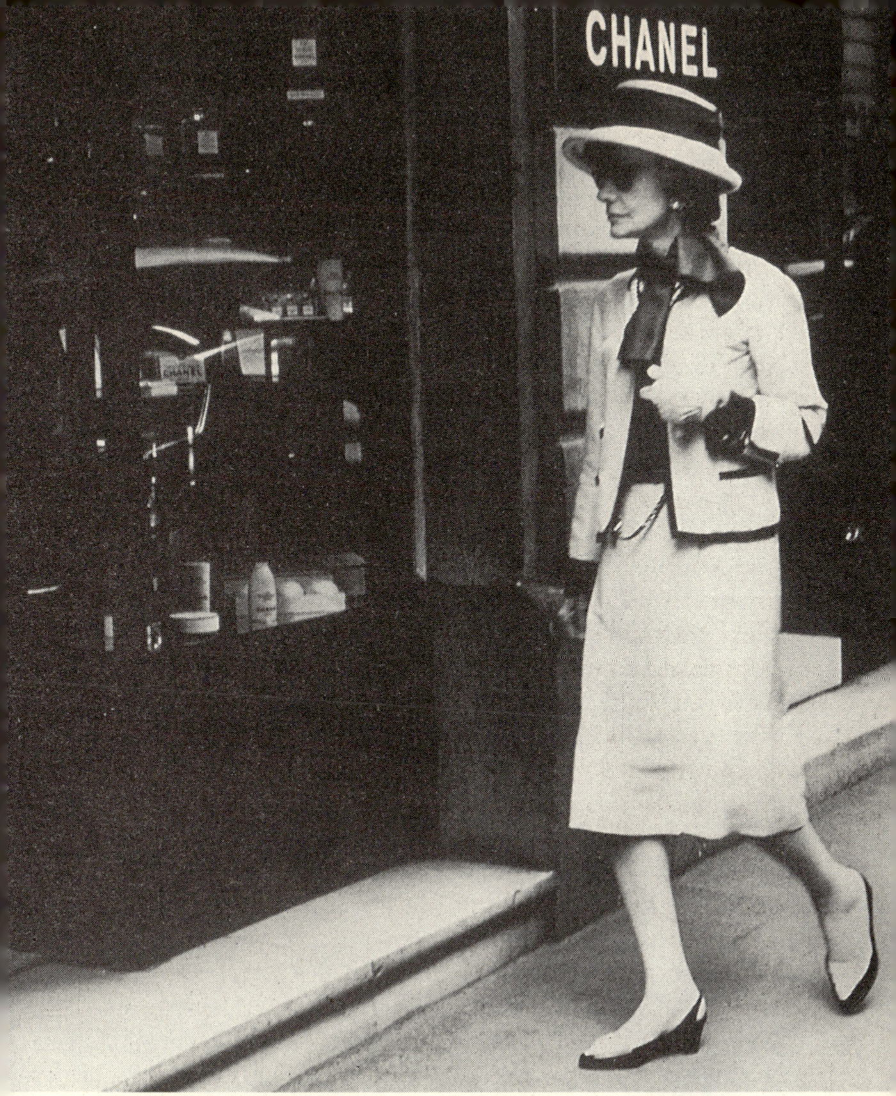

Coco Chanel vor ihrer Pariser Boutique, zu der die Damen aus aller Welt pilgern. Der Name Chanel ist zum Inbegriff für große Mode geworden. Jeder imitiert ihren Stil, was Mademoiselle überaus stolz macht. (Foto: Sygma, Paris)

eine überzeugende Dramaturgie geben muß und daß die schönsten Stücke mit einem erstaunten, respektvollen Schweigen quittiert werden müssen.
Die Chanel setzt sich in ihrem weißen Tweedkostüm und mit dem schwarzen strengen Hut, der ab jetzt ihr neues Markenzeichen wird, auf ihre Treppe und sieht unten auf den goldenen Stühlen mit den blutroten Kissen ihr Publikum. Nein, ihr hohes Gericht.
Coco Chanel bleibt ihrem Stil treu. Ohne musikalische Untermalung, wie inzwischen bei anderen Shows üblich, schreiten die Mannequins mit Nummernschildern in die Arena. Das erste Model trägt ein Jerseykostüm, es ist ihr liebstes Mannequin: Marie-Hélène Arnaud. Auf ihrer Karte steht die Nummer 5.
Quittiert wird die Comeback-Kollektion aber mit einem betretenen Schweigen, das sie Weltpresse am nächsten Tag in ausführlichen Artikeln erläutert. Der Londoner *Daily Express* titelt: »Ein Fiasko.« Der französische *Aurore* schreibt »Melancholische Retrospektive«, und der *Figaro* wird noch deutlicher: »Wie rührend, man sollte meinen, es wäre 1925.«
Michel Déon hockt an dem Tag, als Coco Chanel in der rue Cambon einem arroganten Publikum ausgesetzt ist, neben ihr auf der Treppe. Einen Moment lang saß sie starr und still da, wie eine Statue. »Die französischen Presseleute zeigten sich ungnädig, vulgär, dumm und böse. Am Ausgang hörte man sogar einige laut ausgesprochene Schimpfwörter«, berichtet er später.
Die Chanel kehrt niedergeschlagen und unendlich müde in ihre Zwei-Zimmer-Suite unter dem Dach des Hotel Ritz zurück. Vorher hatte sie sich noch bei ihren Arbeiterinnen kleinlaut gerechtfertigt, fast entschuldigt: »Ich glaube, ich habe meinen Instinkt verloren.« Eine Nacht lang denkt sie daran, aufzugeben. Ihr Fingerspitzengefühl läßt sie vielleicht wirklich im Stich? Ihre Hände schmerzen schon von der Arthritis.
Zehn Kleider werden aus der Kollektion vom 5. Februar 1954 verkauft. Pierre Wertheimer ist unentschlossen, er weiß nicht,

was zu tun ist. Die Parfums-Chanel-Aktien sind in den Keller gerutscht. Coco Chanel sagt ihm ganz leise: »Wissen Sie, ich muß weitermachen. Ich muß diesen Kampf gewinnen.«
»Ich glaube, Sie haben recht«, antwortet der gute Pierre.
Sie hält an ihren Farben fest: beige, schwarz, weiß, dunkelblau, ein bißchen rot und gold. Auch an ihren Materialien: Jersey, Tweed, Seide und Samt. Ein Jahr braucht sie, um ihren Nachkriegsstil zu finden. Um, wie sie sagt, »wieder ein Händchen zu kriegen«. Schon im Jahr 1955 haben sich alle Merkmale des neuen Chanel-Looks herauskristallisiert. Die berühmten zweifarbigen Kostümjacken sind da: aus Jersey oder Tweed, mit unterschiedlichen Farben und aus verschiedenen Stoffen, abgepaspelt vom Knopfloch bis zum Taschenrevers. Die goldenen Kettengürtel, die abgesteppten Ledertaschen mit den Goldkettenriemen, durch die ein Lederband gezogen ist, »damit es nicht klimpert wie auf dem Flohmarkt«, gehören dazu. Auch die zweifarbigen Pumps, bevorzugt in beige mit einer schwarzen Spitze, wie sie sie all ihre Mannequins zu den weißen Arbeitskitteln tragen, beginnen Furore zu machen.
Die Reaktion läßt nicht lange auf sich warten. Die schönste Hommage an den neuen Chanel-Look kommt aus Amerika. Stanley Neiman Marcus, der Besitzer der gleichnamigen Kaufhauskette, verleiht der Chanel im Jahre 1955 in Dallas den Modeoscar für den einflußreichsten Modeschöpfer des Jahrhunderts.
Ihr zweifarbiges Kostüm, das »kleine Nichts«, wie sie sagt, wird zum meistkopierten Kleidungsstück der Welt. In der Hochburg der amerikanischen Massenkonfektion, der 7th Avenue in New York, rattern die Nähmaschinen. Coco Chanel läßt es mit großer innerer Befriedigung geschehen. Nicht nur, weil sie weiß, »daß eine Mode, die nicht auf der Straße zu sehen ist, nicht interessant ist – ... »Es glaubt ja wohl niemand, daß ich mir wegen der paar alten Schildkröten, die bei mir kaufen, all die Mühe gebe« –, sondern auch, weil sie weiß, daß das charakteristische Chanel-Kostüm nicht wirklich imitierbar ist.

Aber wiederum durch die Möglichkeiten der neuen industriellen Produktion von Kleidern stellt sich der überwältigende Erfolg ein. Darin liegt sicherlich der Schlüssel zu Chanels Erfolg. Das Wort »Prêt-à-porter« war zum ersten Mal im Jahr 1947 beim ersten Kongreß der Damenoberbekleidungsindustrie gefallen. Im Gegensatz zur Konfektion ist Prêt-à-porter der schüchterne Anfang der nicht maßgeschneiderten Zweitlinien der großen Kreateure. Diese demokratischere Art und Weise, Pariser Kreationen unter die Leute zu bringen, wird erst Mitte der fünfziger Jahre populär. Bis dahin hatten die bescheideneren Frauen meistens ihrer Hausschneiderin vertraut, selber genäht oder in großen Kaufhäusern ein beschränktes Angebot von nützlichen, aber wenig aktuellen Kleidungsstücken erworben.
Coco Chanels Idee, den Siegeszug ihres Stils durch eine Massenanfertigung ihrer Mode anzutreten, war schon reif, als sie die erste Kollektion vorbereitete. So schrieb sie im Winter 1953 an die Chefredakteurin des amerikanischen Magazins *Harper's Bazaar*: »Das gegenwärtige Klima in Paris damals will, daß man den Frauen nicht mehr und mehr Kollektionen zeigt, die niemand tragen kann. Das bewegt mich dazu, etwas völlig Neues auszuprobieren. Eines meiner Hauptziele ist es, einen amerikanischen Fabrikanten zu finden, der mir – auf der Basis einer Gewinnbeteiligung – eine überzeugende Prêt-à-porter-Linie anfertigt. Ich glaube, daß diese in der ganzen Welt auf großes Interesse stoßen würde.«
Letztendlich findet sie leider keine Manufaktur, die ihren Ansprüchen genügt. Und öffnet damit den Kopisten Tür und Tor. Dann wird die »Chambre Syndicale de la Haute Couture«, die Innung der Modemacher, Anfang der fünfziger Jahre gegründet. Und zwar mit dem Hauptzweck, die Einzigartigkeit der Pariser Couture zu schützen. Aus diesem Willen, die Modeideen zu schützen, ergeben sich die merkwürdigsten Situationen. Nicht selten werden bei den Modeschauen die Notizblöcke der Modejournalisten beschlagnahmt, nur weil sie es gewagt ha-

ben, sich eine Zeichnung zu machen. Die Chanel allerdings verweigert sich. Sie will der Vereinigung nicht beitreten. Sie empfängt die Journalisten immer schon am Tag vor der Kollektion, um ihnen die neuen Trends schon mal in groben Zügen zu erklären. Sie gestattet auch schon vorher Pressefotos. So kommt es, daß die Kleiderstangen bei Saks in New York, bei Marks & Spencer in London sowie in deutschen Kaufhäusern schnell voll sind mit beigen, schwarzumrandeten Kostümen, die mit goldenen Knöpfen verziert sind.

Eines Tages läßt sich die Chanel in ihrem schwarzen Cadillac durch Paris fahren. Am Markt von Saint-Germain-des-Près hört sie laute Rufe: »Kaufen Sie meine kleinen Chanels – kleine Chanels in allen Farben und zum Sonderpreis.« Postwendend läßt sie ihre Limousine anhalten, geht zur Marktfrau, küßt sie auf beide Wangen und gratuliert ihr: »Das ist der größte Erfolg meines Lebens. Daß es Chanels für 100 Francs gibt, freut mich maßlos. Weiter so!« Nichts konnte sie mehr erfreuen als Popularität. Eine Luxusmode auf den Märkten ihrer Kindheit – das gab ihr die innere Befriedigung, etwas für alle getan zu haben.

Chanels größter Konkurrent, Christian Dior, kämpft mit besonders harten Bandagen gegen die Kopisten. Der untersetzte Mann, der nicht auf die Straße gehen kann, ohne daß ihn Frauen und Reporter fragen: »Monsieur Dior, wie tief ist der Rocksaum in der nächsten Saison?« fürchtet besonders die Verräter im eigenen Haus, die neue Schnittmuster zu den Konfektionsateliers tragen. In jedem Raum des Haupthauses an der avenue Montaigne 30 hängt ein Plakat mit der Aufschrift »Kopieren ist Diebstahl«. Sein Kampf gegen die Imitation geht so weit, daß er jedes Kleidungsstück, das sein Label trägt, mit einem Farbpunkt markieren läßt, der nur bei UV-Licht sichtbar wird. Eine Methode, die im Hause Dior bis zum Anfang der achtziger Jahre angewandt wird.

Während Christian Dior aber die preiswertere Prêt-à-porter-Linie »Miss Dior« gründet, treibt die Chanel ihre Perfektion wei-

ter. Sie lehnt es kategorisch ab, Tweedkostüme für die Stange zu machen. Nur maßgeschneidert rechtfertigt sich nach ihrer Meinung der Aufwand. Denn das Ergebnis soll Luxus pur sein, aber Understatement par excellence. Bis zu 25mal wird ein Ärmel oder eine schlecht sitzende Seitenpartie wieder aufgerissen. Ihre Näherinnen brechen oft in Tränen aus, wenn sie nach Stunden Arbeit die Nähte krachen läßt, weil es so noch nicht gut genug ist. »Wissen sie«, sagt sie dann zu ihren übernächtigten Arbeiterinnen, »mein Leben hängt nicht von diesem Kostüm ab, Ihres aber ein bißchen.«
Mehr denn je ist Coco Chanels Leben nun die rue Cambon. Um ihre ganzen Kräfte zu bündeln und den Modeschöpfungen zu widmen, hat sie ihr Unternehmen, das Couture-Haus, schon 1954 – nach dem Mißtrauensvotum der französischen Journalisten – endgültig an die Wertheimers abgetreten. Beide Geschäftszweige sind nun zur Gesellschaft »Chanel SA« verschmolzen. Detailverliebt hat die Chanel alle Kleinigkeiten im Verkaufsvertrag festlegen lassen. Daß sie weiterhin eine Gewinnbeteiligung am Parfümverkauf bekommt, daß die Wertheimers ihr die Suite im Hotel Ritz, eine Zofe und einen Chauffeur finanzieren sowie die Telefonrechnungen und sogar die Briefmarken für ihren Privatgebrauch übernehmen, hat sie erreicht. Neben ihrem persönlichen Vermögen, das in der Schweiz verwaltet wird, bekommt sie ein beachtliches Monatsgehalt, das sie bis zu ihrem Lebensende mehr als absichert.
Ihr unvergleichliches Temperament, das sie bei ihrer Rückkehr wieder allen bewiesen hat, macht aus der Chanel, inzwischen 73 Jahre alt, eine lebende Legende. Noch immer dürfen sich nur Privilegierte ihr nähern und sie Coco nennen, für die anderen ist sie »Mademoiselle«. Wie ein französischer Journalist in dieser Zeit so passend schreibt: »Mademoiselle ist mehr als eine große Dame, sie ist ein großer Herr.«
Das Mannequin Marie-Hélène Arnaud folgt ihr wie ein Schatten. Das junge Mädchen aus gutem Hause ist auch eine Kreation

der Chanel. Die Beziehung zwischen ihr und ihrer jugendlichen Kopie ist ein beliebtes Thema in den Pariser Salons. Sind sie nun zusammen – oder nicht? Der attraktive Schauspieler Robert Hossein und viele andere buhlen um die Gunst von Marie-Hélène und warten vergeblich auf ein Rendezvous. Sie gewährt niemandem eins. Sie lebt für die Legende der Haute Couture. Und sie verläßt die rue Cambon nur, wenn Coco Chanel auch weggeht. Marie-Hélène schweigt, senkt stets den Kopf, wenn sie Mademoiselle gegenübersteht. Die wiederum zeigt ihr gegenüber sehr viel Geduld und Zärtlichkeit. Coco Chanel kann auch Gefühle äußern, jedenfalls bei den wenigen Menschen, mit denen sie freundschaftlichen Kontakt hat.

»Natürlich waren die beiden ein Liebespaar«, meint heute der Designer Paco Rabanne, »das darf ja wohl gesagt werden, so böse wie die Chanel mit uns Männern umging. Wie nannte sie uns noch? Päderasten!« Es stimmt, Coco Chanel haßt ihre Kollegen, von denen sehr viele homosexuell sind. Und: Nichts rechtfertigt in ihren Augen, daß Männer Mode für Frauen machen: »Sie tun das nur, weil sie einen perversen Spaß dabei empfinden, uns Frauen zu verkleiden. Wenn sie die Frauen nicht mögen, dann sollen sie doch Männer anziehen.« Das sagt sie immer wieder.

Oder sie nennt die Homosexuellen die »Invertierten«, die, die falschrum funktionieren: »Der Invertierte ist der Feind der Frauen, und doch ist er von ihr besessen. Wenn die Frau dumm ist, sieht sie in ihm einen schwachen, amüsanten und wenig gefährlichen Menschen; wenn sie intelligent ist, hat sie das Gefühl, daß er sie versteht und ihr zuhört. Da alle Frauen den Schleim der Komplimente lieben und nur die Päderasten exzessiv schmeicheln können, sind die Frauen ein gefundenes Fressen für sie ... Die Invertierten liegen den Frauen ständig zu Füßen: ›Meine Schönheit, meine Süße, mein Engel, meine Zauberhafte ...‹ Sie finden, daß sie nie genug übertreiben können, so wie die Frauen ... Aber die Frauen ziehen sich nicht an, um den Männern zu gefallen, sondern, um den Päderasten zu gefallen ...

Die lieben gezupfte Augenbrauen, weil sie sicher sind, daß ihre Rivalinnen damit Kalbsköpfe haben; sie lieben goldene Haare, bevorzugt schwarz an der Wurzel; sie lieben Gesichter, mit Fett verschmiert, daß es nur so stinkt. Wenn es ihnen jetzt noch gelingen sollte, den Frauen die Busen zu amputieren, dann haben sie ihren Triumph.«

Coco Chanel schafft sich mit dem größten Vergnügen immer mehr Feinde. Sie baut eine Mauer auf zwischen sich und den anderen, was ihr in den allerletzten Lebensjahren eine dekorative Einsamkeit sichern wird. Alles, was modern ist, verachtet sie. »Wenn ich diese ganzen Schlampereien sehe, verspüre ich nur eine Lust: noch perfekter zu sein.« Sie haßt sie alle. Elsa Schiaparelli, die die langen Stoffbahnen ihrer Kleider Künstlern zur Verfügung stellt, um deren Werke anschließend einzustricken. »Ein Kleid ist keine Tapete«, so Cocos Kommentar dazu. Und: »Dalí zeichnet bei seinen jüdischen Freunden das Profil der Nasen ab, und sie macht dann Knöpfe daraus. Absolut krankhaft.« Der Name von Pierre Cardin, der sein Modehaus im Jahre 1953 gegründet hatte, darf in ihrer Gegenwart nicht einmal genannt werden. Jeder der wenigen Journalisten, die das Privileg haben, auf ihrem beigen Sofa empfangen zu werden, macht diese Erfahrung. Ihre Pressedame, Lilou Marquand, bereitet jeden Medienvertreter eingehend vor: »Stellen Sie keine Fragen zu Cardin, und drücken Sie ihr nicht zu fest die Hand.« Die Arthritis, jeder weiß es.

Der Tagesablauf von Mademoiselle Chanel ist so gut geregelt wie ein Schweizer Uhrwerk. Die treue Zofe Germaine, ein Original aus der Provinz mit starkem Akzent, die im Ritz in einem kleinen Nebenzimmer schläft, serviert ihr gegen 9 Uhr morgens einen Café. Coco Chanels erste Handlung beim Aufwachen: Sie pudert ihre Wangen mit Rouge. Sogar wenn sie ganz allein ist, will sie nicht nachlässig sein. Sommer wie Winter hat sie alle Fenster weit geöffnet. Ob sie nun mit zwei Pyjamas, einem Turban oder einer Pelzdecke schlafen muß, immer stehen die Fen-

ster zum Innenhof des Ritz weit offen. Sie bleibt dann bis mittags in ihrem engen Bett liegen, neben sich die russische Ikone, die ihr Igor Strawinsky vermacht hat. Sie liest alle Tageszeitungen: »Ich muß doch wissen, was das Volk so denkt.«
Dann wäscht sie sich in einem langen Zeremoniell. Und parfümiert sich mehr als großzügig. Dreimal. Einmal über dem BH, dann über der Bluse und schließlich besprüht sie auch ihre Jakke. Sie wählt N° 5, manchmal auch den im Jahr 1955 kreierten Herrenduft »Pour Monsieur« oder »Chanel N° 1«, der speziell für ihren Privatgebrauch kreierte Duft, den kein anderer Mensch auf der Welt besitzt. »Ein Parfum muß rassig sein, man muß es sofort bemerken, nicht nach drei Tagen vage erahnen. Dann ist es kein Parfum mehr.«
Die Empfangsdame erriecht die Chanel förmlich, wenn sie gegen 1 Uhr die rue Cambon betritt. Dann warnt sie durch die Sprechanlagen sofort die oberen Etagen: »Mademoiselle kommt«. Die Mitarbeiter stehen buchstäblich stramm. Denn von Mademoiselles Tageslaune hängt ihr Glück ab.
Doch die begibt sich zunächst in ihre Privaträume, wohin sie auch gute Freunde zum Lunch einlädt. Ihr Koch hat die Order, einfache Speisen zu servieren. Keinen Schnickschnack, keine Saucen, keine pretentiöse Nouvelle Cuisine und nie Gerichte mit Zwiebeln. Am liebsten ißt sie Hähnchen à la New Orleans mit Mais. Als ihr Koch es einmal wagt, ihr ein Rindersteak mit Bohnen zu servieren, kommt er mit einer Verwarnung davon. Dieses gutbürgerliche französische Gericht paßt ihrer Meinung nach nur auf einen Familientisch: »Das ist doch hier keine Schulkantine.« Was sie nicht daran hindert, ab und an mittelmäßige Bistros zu besuchen und sich diebisch darüber zu freuen, daß sie schlecht gegessen hat. In ihren Augen ist das aber kein Snobismus, sondern die beste Art, mit den einfachen Leuten Kontakt zu halten.
Salvador Dalí ist oft zu Cocos Mittagsaudienzen in der rue Cambon vorgeladen – weil die Chanel einen Heidenspaß dabei

empfindet, daß er ihre Anordnungen ohne Widerspruch ausführt. Seine Frau Gala, »diese unangenehme Klette«, darf er nicht mitbringen. »Bitte, laß Deine Verrücktheit an der Garderobe hängen«, sagt sie jedes Mal.
Und er vergißt seine Exzentrik, trägt weder frische Sardinen hinterm Ohr noch eine Languste statt Einstecktuch, wenn er zu Coco kommt. Stolz zeigt er ihr seine neuesten Gemälde.
»Ganz ehrlich? Du kannst sie behalten.«
»Wie bitte?«
»Nein! Ich sag's Dir, das ist nichts wert.«
»Du bist die einzige, die mir sowas sagt.«
»Natürlich bin ich die einzige.«
In Dalís Universum ist Coco Chanel die mythologische Göttin der Schöpfung. Er fürchtet sie. Für ihn und einige andere Personen der Pariser Kulturszene ist sie mit ihrer zynischen Art und Weise, ihre Gesprächspartner auf den Boden der Tatsachen zurückzubringen, quasi die letzte Rettung vor dem totalen Narzismus. Dalí hat das Privileg, der einzige Maler zu sein, von dem Coco ein Werk besitzt. Er hat ihr eine Weizengarbe auf schwarzem Hintergrund gemalt. Die Ähre ist der Fetisch der Haute Couture, und nur deshalb hat sich Dalí einen Platz im Salon der rue Cambon verdient.
Ansonsten hortet Coco Chanel einen skurrilen, steinernen Zoo. Sie sammelt Tierskulpturen und Miniaturen. Ihrem Fabergé-Schweinchen hat sie den Namen Chruschtschow gegeben. Ihren Jadefrosch streichelt sie beim Mittagessen; es gibt chinesische Porzellankätzchen, Antilopen und Löwen in vielen Variationen. Die Löwen aus der Dogenstadt stehen für ihr Sternzeichen. All diese Objekte sind sehr wertvoll, sie stammen teilweise aus den Palästen der chinesischen Kaiser. Daß sie ausgerechnet solche bizarren Tierchen sammelt, spricht auch für ihren Humor.
Aus dem Sekretariat kommt ein Anruf: »Die Baronin Rothschild läßt fragen, ob Mademoiselle zu ihrer Cocktailparty am Sams-

tag kommen würde.« Mit ihrer sonoren Stimme, die im Alter noch tiefer geworden ist, antwortet Chanel: »Sagen Sie ihr, daß ich nichts zum Anziehen habe.« Daß sie kein passendes Kleid habe, dieses Argument müssen sich viele Leute anhören. Auswärtige Abendessen sagt Coco meistens ab. Nur ins Theater geht sie begeistert. Von der kleinen Komödie bis zum großen antiken Drama – sie liebt die ihr so vertraute Theateratmosphäre.

Wichtige Stoffvertreter empfängt Coco Chanel höchstpersönlich. Sie sucht einen sinnlichen Kontakt zu den Stoffen, die sie streichelt, wie man die Wange eines Geliebten berührt. Und wenn sie nichts empfindet, wenn sie ein Stück Seide oder Tweed anfaßt, dann sind die Materialien auch nicht würdig, in ihre Kollektionen aufgenommen zu werden. Seide muß zunächst kalt sein wie eine schöne Frau und dann zärtlich schmeicheln wie eine, die verliebt ist. Der an sich derbe Tweedstoff muß geräuschlos zu knittern sein und sich an die Formen des Körpers schmiegen, als würde er sich vor ihm verbeugen.

Mit ihrer Farbpalette hält es Coco Chanel genauso. Die Töne einer neuen Kollektion holt sie direkt an der Quelle, in der Natur. Bei langen Spaziergängen im Bois de Boulogne oder im Wald von Fontainebleau sammelt sie Baumrinden, Herbstblätter und Holzstücke, nach deren Vorbild dann die Stoffe eingefärbt werden. Die charakteristische Farbe von Elsa Schiaparelli, das »Rose Shocking«, ist ihr zu chemisch. »Bei ihrem Anblick bekomme ich Zahnschmerzen«.

Ihre Knöpfe, die kleinen Schmuckstücke, die seit dem Comeback oft mit Mademoiselles Symbol, den beiden verschlungenen Buchstaben »C«, dekoriert sind, müssen auch strengen Kriterien standhalten. Mal sind sie zu weiß: »Die schauen mich ja an wie Augen« oder zu plump: »Die sehen aus wie Stoppschilder« oder zu schlicht: »Die sind ja sensationell häßlich. Man sollte meinen, es seien Zyankalipillen.«

Nichts, gar nichts bekommt den Segen, ohne daß Mademoiselle

ein Bonmot oder ein vernichtendes Urteil ausspricht. Sie ist nach der Aussage der wenigen Mitarbeiter, die das Privileg haben, ganz in ihrer Nähe zu arbeiten, die Ausdauerndste von allen. Sie kann stundenlang stehen, ohne sich hinzusetzen, ohne zu essen und auch nur eine Minute zu schweigen.

Von allen Mitarbeitern erwartet sie natürlich eine absolute Hingabe, doch niemand kann von solch einer großen Leidenschaft angetrieben sein wie sie. »Wir haben noch zehn gute Jahre vor uns«, sagt sie immer wieder. Die Chanel weiß, daß sie einen Wettlauf gegen die Zeit machen muß. Daß die Jugend, die sie umgibt, sich nicht so gehetzt fühlt, kann sie nicht ertragen. In der hitzigen Atmosphäre der Vorbereitung einer Kollektion führt sie jedesmal kurzerhand die Sieben-Tage-Woche ein. Wer nach Hause geht, verdient es nicht, in ihrem Dunstkreis zu arbeiten. Wenn die Näherinnen in ihren weißen Kitteln freitags ihre Stechkarte abstempeln, schreit Mademoiselle auch schon mal entsetzt auf: »Wie bitte, die gehen schon? Bis Montag haben sie doch alles verlernt, was ich ihnen mühsam eingetrichtert habe... Bald wird sicherlich die Drei-Tage-Woche eingeführt.«

Auch ein anderer geht viel zu früh. Die glänzende Karriere des Christian Dior dauert nur zehn Jahre. »Oh, what a new look«, hatten die Journalisten 1947 gejubelt. Und bald präsentierte er noch die vertikale Linie, die ovale Linie mit den Box-Jacken und Schmetterlingsärmeln, die Profillinie mit besonders engen Taillen und schweren, kastig drapierten Röcken, die Tulpenlinie, das Y- und dann das H-Profil. Seine letzte Kollektion »Libre et Fuseau« aus dem Jahr 1957 ist der Modephilosophie von Mademoiselle erstaunlich ähnlich. Weit, locker fallend, wie das berühmte Hemd aus Somali-Leoparden, das im Schnitt den bretonischen Fischerhemden nachempfunden ist – so sieht seine Version aus.

Im Oktober 1957 fährt Christian Dior mit seiner treuen Assistentin Madame Raymonde zu einem Kururlaub in den italienischen Badeort Montecatini. Er hat ein ungutes Vorgefühl: »Raymonde, was auch immer passiert, ich möchte, daß Yves das Haus Dior übernimmt.« Am frühen Morgen des 24. Oktober stirbt Christian Dior an einem Herzinfarkt. Die avenue Montaigne trägt buchstäblich Trauer. Schwarze Banner hängen an allen Fenstern des prächtigen Gebäudes.

Coco Chanel gefällt diese Demonstration der Gefühle nicht. So wie sie aus anderen Gründen das furchtbare Sterben der Sarah Bernard so beklemmend fand. Ihrer Mitarbeiterin Lilou Marquand vertraut sie an: »Weißt Du, wenn es soweit ist, dann möchte ich, daß Du und François mich anzieht, mich im Fond meines Wagens zwischen Euch einklemmt und mit mir in die Schweiz braust. Wenn wir an der Grenze sind, dann zieht mir einfach den Hut weit ins Gesicht und sagt dem Zöllner, daß die Alte schläft.«

Der letzte Wunsch von Christian Dior wird erhört. Yves zeichnet die Kollektion für 1958. Yves Saint-Laurent entwirft eine sehr junge Linie. Die sogenannte Trapez-Kollektion ist ein Triumph, der den geometrischen Look der sechziger Jahre schon vorbereitet.

Irgendwann in dieser Zeit, in der sich mit Pauken und Trompeten eine neue Modernität ankündigt, kommt es zu einem weiteren Bruch im Leben von Coco Chanel. Zwischen 1958 und 1960 beginnt das zweite Kapitel im gnädig neu geschenkten Leben, das kurz nach ihrem siebzigsten Geburtstag begonnen hatte. Es gibt keine Liebesgeschichten mehr, um ihrem Leben einen Rhythmus aufzugeben.

Alles, was bleibt, sind eine Vielzahl von Anekdoten und genialen Variationen ihrer typischen Kleidungsstücke. Mehr und mehr fühlt sie sich konfrontiert mit der Arroganz der energischen Jugend. Yves Saint-Laurent, Pierre Cardin, bald auch der Ingenieur André Courrèges und der diplomierte Architekt Paco Rabanne drängen an die Modefront.

Coco Chanels Kräfte schwinden. Sie weiß, was ihr bevorsteht.

Liebte sie nicht die Sinfonien von Wagner über alles – etwa die »Götterdämmerung« –, so bliebe nichts mehr.
Ihr Dämon heißt Einsamkeit. Die Angst erfaßt sie, wenn sie abends ins Hotel Ritz zurückkehrt und mit der Wahrheit ihres Lebens konfrontiert ist: »Auch wenn man das Gegenteil erwartet, ich war im Leben nie glücklich«. Die, für die es immer Ehrensache war, nicht zu weinen, bricht nun manchmal in Tränen aus. Zum Beispiel, wenn sie Lilou Marquand von ihrer Mutter erzählt oder von Boy Capel. Also von ihrer einzigen großen Liebe und von ihrer Kindheit. Von den zwei Tanten, die sie großgezogen und gezwungen hatten, nächtelang ihre Aussteuer zu nähen.
»Wann haben Sie begonnen, Ihre Geschichte zu erfinden, Mademoiselle?«
»Schon immer...«
»Als Sie mir dieses oder jenes erzählt haben, war das erfunden?«
»Nein, das war die Wahrheit... Ah, là là. Was stellst Du mir auch für Fragen. Ich weiß es doch selber nicht mehr!«
Solche und ähnliche Dialoge sagen viel über sie aus.
Eine alte Dame sitzt in der rue Cambon oder in ihrer – wie sie es nennt – »Studentenbude« im Hotel Ritz und spricht und spricht ohne Unterlaß. Jeder Satz, jede Minute, die sie mit anderen verbringt, ist ein kleiner Sieg über die Einsamkeit. Mit jedem Wortschwall überlistet sie ihr Schicksal ein kleines bißchen.
Es kommt schon mal vor, daß sie sich von Gästen unten im Foyer verabschiedet und sie dann doch noch mal mit in den Aufzug nimmt, wo schließlich der Liftboy eine halbe Stunde lang die Tür aufhalten muß, bevor ihr »Au revoir« wirklich endgültig ist. Dann steckt sie dem Pagen in der roten Uniform einen 500-Francs-Schein zu.
»Aber Mademoiselle, Sie sind zu großzügig. Sie haben mir doch schon gestern Geld gegeben.«
»Ja, mein Junge, dann ist heute eben wieder Dein Glückstag.«

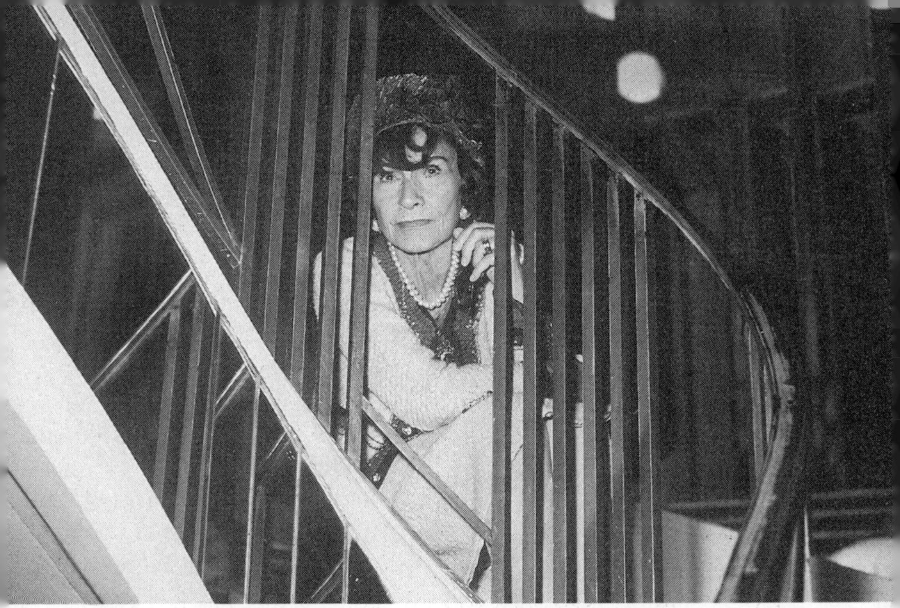

Die Zeit der Affären ist vorbei. Coco fühlt sich oftmals verlassen und ungeliebt. Allein zu sein, das macht ihr zusehends angst.
(Foto: Sygma, Paris)

Die Chanel bezahlt für ihr kleines Glück. Sie ist gewöhnt daran. Ihre engsten Vertrauten kommen nun aus dem Kreis ihrer Mitarbeiter. Es sind die, die einen Lohnzettel für ihre Treue bekommen. Sie sind die einzigen, die Zeugen der Schwächen von »Mademoiselle« sind, wenn sie manchmal – kurzatmig und erschöpft – auf einem Stuhl zusammenbricht, wenn die »Première d'Atelier« ihr die Hände zusammenpreßt, weil sie sich nicht über der Schere schließen wollen.
Wichtig sind der Chanel Marie-Hélène Arnaud, die Nummer eins unter ihren zehn Hausmannequins, und die Psychoanalytikerin Claude Delay, die eine permanente Analyse der Patientin Chanel versucht, so sehr ist sie von ihr fasziniert. Und Lilou Marquand, die in ihren Erinnerungen später über die gemeinsamen Jahre mit der Chanel ein beklemmendes Bild zeichnen wird.

Coco will immer über sie verfügen. Kaum ein Tag vergeht, ohne daß die Chanel sie anfleht, zum Lunch zu kommen oder mit ihr ihr Abendessen im Ritz zu teilen. Weder Lilous Mann noch ihre Kinder wollen auch, daß sie ihre Chefin alleine läßt. Aber langsam wird es zuviel. Sie stellt sich sogar zwischen die Eheleute, so daß die Marquands schließlich im Jahr 1962 Paris verlassen, um in die Provinz zu flüchten und dort ein neues Leben zu beginnen. »Wo ist Lilou?« Noch Wochen nach deren plötzlichem Verschwinden irrt Mademoiselle manchmal durch die rue Cambon und fragt nach ihrer Gesellschaftsdame. Sie läßt ihr weiterhin jeden Monat ihren Lohn überweisen und macht ihr schließlich ein so großzügiges finanzielles Angebot, daß Lilou nicht nein sagen kann. Sie kehrt in die rue Cambon zurück.
Dort hat Coco Chanel inzwischen einen weiteren ständigen Begleiter. François Mironnet. Den aus der Normandie stammenden jungen Mann hatte sie bei einem Empfang in der englischen Botschaft kennengelernt und ihn prompt abgeworben. In ihrem Haushalt übernimmt er zunächst die Rolle des Butlers. Doch Coco Chanel ist verliebt in ihn wie ein Schulmädchen. Sie mag den stillen François nicht mehr in der Rolle ihres Dieners sehen: »Ach, François, dieses ewige Rumstehen ist schlecht für die Durchblutung«, sagt sie immer. So macht sie aus ihm einen Designer in der Modeschmuckabteilung von Chanel, die mehr denn je produziert. Lange Ketten aus Perlen oder aus Gold. Byzantinische Kreuze in allen Variationen, die sie in der Münchener Schatzkammer so bewundert hatte.
François ist ihr Leibwächter und ihr Freund. Mit seinem schlichten Gemüt berührt er sie: »Er hat mir mal gesagt: ›Wenn es soweit ist, Mademoiselle, dann werde ich Sie zu meinen Eltern nach Cabourg bringen. Und dann werde ich Ihre Familie fragen, wo Sie bestattet werden sollen.‹« Sie träumt davon, seine Geliebte zu sein, doch für François ist sie nicht mal ein Muttersatz. Eher eine Großmutter, die er beschützen will. »Ah«, seufzt Coco Chanel vor dem Fernseher, während sie einen Liebesfilm

mit ihrer Freundin Claude anschaut, »schon seit zehn Jahren hat mich niemand mehr auf den Mund geküßt.«
Oft begleiten François und Lilou Coco bei ihren Urlauben, die meistens in die Schweiz führen. In der Nähe von Lausanne, am Ufer des Genfer Sees, hat sie Ende der fünfziger Jahre eine Villa gekauft, die sie mit schmiedeeisernen Möbeln eingerichtet hat. »Damit es nicht verfault und vermodert, während ich nicht da bin.« Manchmal geht sie aber auch ins Palace-Hotel in Lausanne. Und zwar immer dann, wenn sie melancholisch ist und ihre Einsamkeit überlisten will, indem sie ihre eigenen vier Wänden bestraft.
In diesem Hotel kommt es einmal zu einer ungewöhnlichen Szene. Während Coco, François und Lilou beim Abendessen sitzen, richtet sich die Chanel plötzlich an François: »Mein Lieber, merken Sie eigentlich gar nichts? Jetzt habe ich Sie schon dreimal gebeten, mich zu entführen, und nichts geschieht. Tun Sie so, als würden sie mich nicht verstehen, oder sind Sie taub? Ich wiederhole meine Frage vor Lilou: Wollen Sie mich heiraten?«
François wird nicht rot vor Scham, er wird kreidebleich, so geniert er sich. Er nimmt einen großen Schluck aus seinem Weinglas, verläßt den Tisch ohne Worte und packt seine Koffer.
Seine Antwort gibt er ein paar Wochen später. Er heiratet nämlich eine junge Frau. Es geschieht an diesem Samstagabend, an dem Coco Chanel vier Morphiumspritzen braucht, um Ruhe zu finden.
Sie erklärt ihren Freunden, daß sie in der Abenddämmerung Angstzustände bekomme. Die »Sechs-Uhr-Angst« ist ein Begriff, den man von Kleinkindern kennt. Während ihr Alter fortschreitet, ihr Körper ihr immer öfter nicht mehr gehorcht, wird Coco Chanel – Gabrielle – wieder ein bißchen wie ein Kind.
Sie geht mittlerweile bei der Arbeit viel sanfter mit ihren 500 Mitarbeitern um, bekommt keine Tobsuchtsanfälle mehr, wenn eine Sicherheitsnadel hinunterfällt. Der Respekt, den die Ange-

stellten jetzt für sie empfinden, ist aufrichtig gemeint. Alle stellen sich vor sie, damit nichts an die Öffentlichkeit sickert von der Schwäche ihrer Chefin. Es ist ja ihre Mademoiselle.

Immer, wenn die Presse von einer sehr alten Frau namens Coco spricht, fragt sie: »Würden die sich einen abbrechen, wenn sie Mademoiselle sagen würden? Ich hab' doch mit ihnen keine Kühe gehütet.« Ihr Geburtsdatum ist übrigens offiziell nicht bekannt. Wenn sich mal ein kühner Journalist traut, danach zu fragen, antwortet sie immer dasselbe: »Mein Lieber, wenn man seinen 50. Geburtstag hinter sich hat, kommt es auf jeden Tag an.«

Die Chanel pflegt ein paar kindliche Vergnügen. Manchmal liegt sie bäuchlings in den Privaträumen von Charles Ritz und spielt stundenlang mit ihm und seiner Modelleisenbahn. Kinder hat sie immer gemocht. Sie sucht so an Wochenenden auch die Gesellschaft von Freunden mit Kindern. Weil die Wahrheit aus dem Mund der Kinder komme, sagt sie.

Mit den Söhnen von Lilou Marquand macht sie manchmal einen Wettlauf im Park. Die Jungen lassen sie gewinnen. Sie flüstert deren Mutter aufgeregt hechelnd zu: »Ich bin ja extra langsamer gelaufen, aber ich habe trotzdem gewonnen.«

Sie sagt jetzt auch, daß der Großherzog Dimitri sie damals daran gehindert habe, ein Kind zu adoptieren, und daß Bend'Or Westminster sie bestimmt geheiratet hätte, wenn sie nur fruchtbar gewesen wäre. Um sich dann aber wieder zu korrigieren: »Dann würde ich jetzt in einem englischen Schloß verschimmeln und mich zweimal im Jahr vor der Queen verbeugen. Undenkbar!«

Coco Chanel knüpft jetzt auch wieder an ihre unbeschwertesten Jahre an, als sie auf dem Rücken der Pferde lebte und noch niemand in ihr das Feuer der Leidenschaft und der Liebe angezündet hatte. Royallieu. Im Alter von 81 Jahren entschließt sie sich, Rennpferde zu züchten. Sieben Vollblüter hält sie in ihren Stallungen in Chantilly und beschäftigt den besten Jockey der

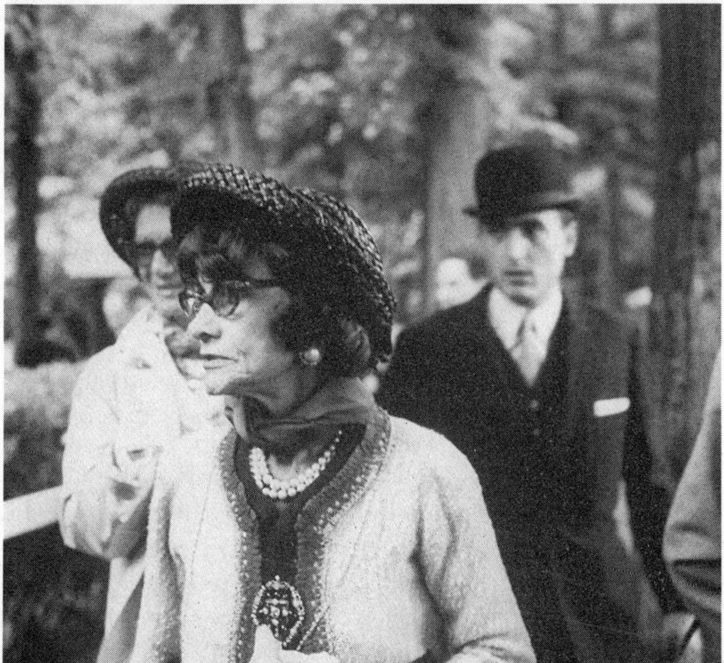

Die Chanel in Chantilly beim »Prix de Diane« 1964. Pferde sind ihre große Passion, ihr Leben lang. (Foto: Keystone-Sygma, Paris)

Zeit: Yves Saint-Martin. Boy wäre stolz auf sie gewesen. Die Stute »Romance« gewinnt in Longchamps, in Auteuil, und niemand bemerkt die alte Dame mit dem tief ins Gesicht gezogenen Hut, die im Fond ihres schwarzen Cadillac am Straßenrand steht und das Spektakel mit einem Fernglas verfolgt. »Machen Sie den Motor an,« sagt sie ihrem Chauffeur, »sobald die Ziellinie überschritten ist.« Übrigens: Sie zahlt auch dem amerikanischen Boxer Al Brown einen Trainer, damit er noch eine zweite Chance bekommt. Sie weiß zu gut, daß man gescheiterten Helden einen zweiten Versuch schuldig ist.

Pablo Picasso kommt nur noch selten nach Paris. Er lebt nun mit Frau und Kindern in Cannes. »Recht hat er, er läuft den ganzen Tag halbnackt rum, weil er alles Überflüssige haßt und sich nur so auf seine Malerei konzentrieren kann.«

Am 11. Oktober 1963 sterben zwei ganz große Franzosen. Kurz nach 1 Uhr mittags die Chansonnière Edith Piaf. Drei Stunden später schließt Jean Cocteau in Milly-la-Forêt für immer die Augen. Wieder muß Coco Chanel einen Toten sehen. Sie erschaudert beim Anblick des Leichnams. Der Schauspieler Jean Marais, gerade in den Herzen der weiblichen Fans als Fantomas ganz oben angesiedelt, sitzt da und weint. Der Figaro Alexandre hat dem toten Cocteau einen Scheitel gekämmt. Welch eine Inszenierung. »Macht mir ja ein einfaches Begräbnis. Kein Tralala! Wenn es aus ist, ist es aus!« betont die Chanel wieder einmal.

Einen Monat später wird ein Chanel-Kostüm aus rosa Tweed zum Symbol einer Tragödie. Ein rosa Kostüm mit roten Blutflecken. Am 22. November wird John Fitzgerald Kennedy in Dallas ermordet. Jackie trägt das Kostüm noch, als sie mit ihrem Schwager Robert in Washington landet und zieht es erst aus, nachdem Lyndon B. Johnson seinen Schwur abgelegt hat. Die Chanel berührt dieses Drama kaum. Für sie ist Jackie Kennedy seit dem Tag, an dem sie sich geweigert hat, bei einem Staatsbesuch in London vor der Queen einen Knicks zu machen, nichts weiter als eine vulgäre Amerikanerin.

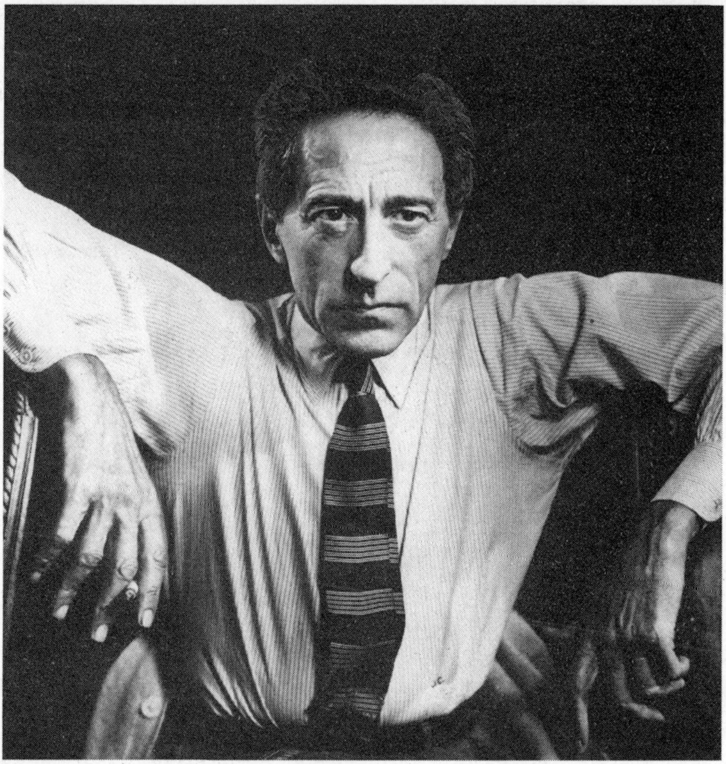

Der Verlust eines Vorbilds: Jean Cocteau stirbt 1963.
(Foto: Ullstein, Hamburg)

Sie ist wohl eifersüchtig, weil die ganze Welt Jackie für die Eleganz in Person hält. Und da auch Oleg Cassini Kleider für Jackie macht und Eleganz auf keinen Fall aus Amerika kommen kann, ist der Chanel alles klar. »Daß diese ganzen Kennedys immerzu die Manie haben, in ihren Pool zu springen, sobald eine Fernsehkamera da ist. Entsetzlich.«
Natürlich zieht Coco Chanel aber das ganze Showbusineß an. Das heißt, mit Brigitte Bardot ist sie heillos zerstritten. BB hat

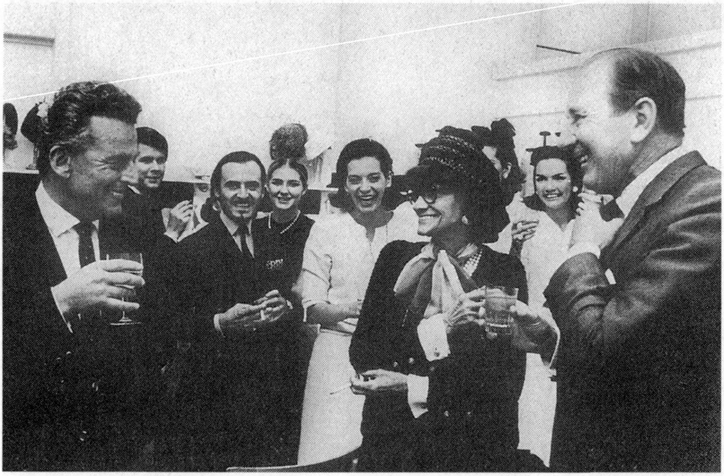

Chanel und ihr Coiffeur Alexandre. Zwei kongeniale Legenden begegnen sich. (Foto: Studio X, Botti-Stills, Limours)

eben ihrer Meinung nach keine Klasse, schlechte Nylonstrümpfe und schlechte Schuhe. »Die ganze Mühe lohnt sich nicht.« Romy Schneider ist ihre liebste Kundin. Luchino Visconti hat sie ihr geschickt. Damit die Chanel aus Sissi-Pupperle eine Frau macht. Mademoiselle bewundert Romy Schneider: »Sie ist von Natur aus etwas Besonderes.« Bevor Romy mit Alain Delon für Viscontis Drama »Dommage qu'elle soit une putain« auf die Bühne geht, macht Coco einen Star aus ihr. Romy muß fünf Kilo abnehmen und sich ihre Locken bis zu den Schultern abschneiden. Die Bewunderung der Frauen beruht auf Gegenseitigkeit. Sie haben viel gemeinsam. Auch Romy ist manchmal allein. Als Delon sich in Nathalie verliebt, nimmt die Chanel sie in die Arme: »Weißt Du, meine Kleine, wenn eine Geschichte zu Ende ist, dann sollte man den Mann auf den Zehenspitzen verlassen.« Und: »Vergiß nicht, daß Männer immer nur das eine wollen: Sex. Wenn sie erwachsen

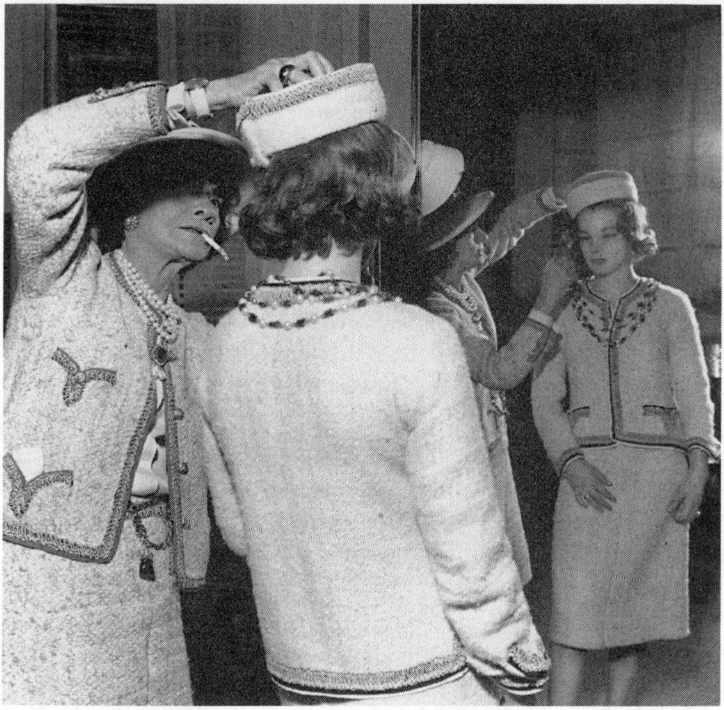

Sissi, Pupperle und ganz Frau. Coco Chanel berät Romy Schneider für ihre Rolle in dem Film »Boccaccio 70« unter der Regie von Luchino Visconti. (Foto: Studio X, Botti-Stills Press, Limours)

sind, haben sie keine Zeit mehr für die aufrichtige Liebe. Die haben sie schon ihren Müttern gegeben.«
Elisabeth Taylor mag die Chanel ebenfalls sehr: »Liz, versuche nicht, Dich wie eine feine englische Dame anzuziehen. Zieh Dich an wie eine Zigeunerin«, rät sie ihr. Richard Burton ist für die Chanel das Idealbild eines Mannes. Muskulös, sexuell stark, männlich eben. Sie ist ein richtiger Fan von ihm. Beobachtet ihn gern bei einem gemeinsamen Dinner. Sie ist aber verlegen: »Er zieht Dich mit Blicken aus. Burton hat nicht ver-

gessen, woher er kommt. Er ist ein echter Proletarier geblieben.«

Zu Liz sagt die Chanel:

»Ich würde mich freuen, wenn Du Coco spielen würdest.«

»Da mußt Du Number One fragen« antwortet diese. Und Burton sagt: »She's too fat.«

Seit Jahren bekniet der amerikanische Produzent Fred Brisson Coco Chanel, ihr Einverständnis für ein Broadway-Musical über ihr Leben zu geben. Es wird erst im Jahr 1969 mit Katherine Hepburn in der Hauptrolle uraufgeführt.

Das Emporkommen der jungen Designergeneration, die sich auf den florierenden Prêt-à-porter-Markt stürzt, empfindet Coco Chanel als eine persönliche Erniedrigung. Ein klassisch orientierter Modeschöpfer wie der Spanier Cristóbal Balenciaga, der die Merkmale des New Look mit Elementen der spanischen Folklore vermischt, geht ja noch, obwohl ... »Wir sind doch hier nicht bei Velázquez; wenn die Frauen sich mit diesen Brokatkleidern hinsetzen, dann verwechselt man sie mit den Polstern der Sessel.«

André Courèges zeichnet streng geometrische Minikleider, entwirft Bermudas aus Vinyl, Nylon, Plastik und Frottée. Pierre Cardin mit seinem Sinn fürs Geschäftliche lanciert den Mao-Anzug, dann die Kosmonauten-Mode und eröffnet in Kaufhäusern überall in der Welt seine Corners, in denen er Zweit- und Drittlinien verkauft. Diese sehr breit angelegte Vermarktung seines Labels macht ihn vorübergehend zum bekanntesten Vertreter der französischen Mode. Deshalb ist er auch derjenige, den Coco Chanel am meisten haßt. Schließlich ist ihr ihre eigene Berühmtheit ihr größter Trost.

Paco Rabanne dagegen ist in Cocos Augen ein Perverser. Er macht Minikleider aus Metallplättchen. Chanel sagt: »Der ist kein Modemacher, sondern ein Klempner. Mir läuft es kalt den Rücken runter, wenn ich sehe, daß er die Frauen in Aluminium einpackt. Wie kann man nur Frauen verschweißen ... Sind die denn verrückt geworden, daß sie sich ein Vorhängeschloß anlegen lassen?« Der Minirock der Sechziger findet sowieso keine Gnade in ihren Augen: »Wie kann man nur seine Knie zeigen? Diese häßlichen Knoten. Dieser ganze Quatsch. Das ist keine Mode, das ist Exhibitionismus!«

Der Generation der Beatniks folgt die Generation der 68er. Auch wenn der Chanel-Stil mittlerweile den Ruf hat, nur etwas für ältere Damen zu sein, wird Coco aufgrund langjähriger Freundschaften mit den Modeleuten parallel zur avantgardistischen Mode gesehen und weiterhin beachtet. Besonders Hélène Lazareff, die Chefredakteurin der französischen *ELLE*, widmet Chanel stets viele Seiten. Für jede Modereportage gibt es dabei strenge Auflagen seitens Mademoiselle. Ihre Kleider dürfen nur auf Ganzkörperfotos gezeigt werden. Dem »kreativen Zirkus« und der »neuen Schneiderpoesie« will sie sich nicht fügen.

Als die Pariser Jugend im Mai '68 auf die Barrikaden geht und die Verlängerung des boulevard St. Michel bis zum Meer fordert, ist Coco Chanel außer sich vor Freude. Daniel Cohn-Bendit, den sie den roten Dany nennen, findet sie mehr als sympathisch. Wer etwas wagt, gewinnt ihre Anerkennung. »Ich will mir das alles nicht nur im Fernsehen angucken. Ich bin doch keine Bourgoise, die hinter den Gardinen zittert. Ganz im Gegenteil, ich bin eine ausgesprochene Voyeurin!«

Mit Lilou will sie auf die Barrikaden gehen. Auf in den Kampf, Torero. Sie hält es wie beim Generalstreik bei Chanel vor dem Krieg. Zieht ihr Kostüm an, einen Pillboxhut, eine Perlenkette und die schwarzen Stiefeletten, unter denen sie nun immer ihre blau-gefleckten, alten Beine versteckt. Mit dem Chauffeur Raoul und Lilou fährt sie Richtung Sorbonne ... im Cadillac.

Die letzten paar Meter, die sie von den Demonstranten noch trennen, muß sie zu Fuß zurücklegen. »Hey Alte, du hast hier nichts zu suchen«, faucht ein Student sie an. »Keine Panik, ich bin auf eurer Seite«, antwortet Chanel. Dann muß sie vor dem Spalier der bis zu den Zähnen bewaffneten Truppen der mobi-

len Einsatzkommandos der Gendarmerie, den CRS, haltmachen. »Mein Gott, sind die schön«, schreit sie vor Begeisterung auf, »diese Schutzschilder! Schön, wie im Mittelalter!«
1969. 1970. Manchmal huscht nun eine schmale Silhouette durch die verschlafenen Korridore des Hotel Ritz. Es ist die kleine, traurige Schlafwandlerin aus dem Waisenhaus. »Wecken Sie sie nicht«, flüstert dann Charles Ritz seinen Angestellten zu, die dem Gespenst im weißen Seidenpyjama im Labyrinth der Flure zufällig begegnen. »Diese Frau hat unseren Respekt verdient, diese Frau ist ein Monument.«
Die treue Germaine, »meine Mentorin«, ist in Rente gegangen. Das neue Zimmermädchen heißt Céline. Céline läßt die Verbindungstür zwischen ihrem Schlafzimmer und dem, in dem das hohe Messingbett von Mademoiselle steht, stets auf. Und wacht bis zwei, drei oder vier Uhr morgens, bis der Schlaf die alte Dame übermannt, an ihrem Bett. »In meinen Träumen bin ich nie alleine«, sagt die Chanel immer wieder.
Sie braucht nun stets jemanden an ihrer Seite, wenn sie sich die Spritze zum Schlafen setzt. Sie bettelt um Gesellschaft. Lilou Marquand zahlt sie sogar ein Zimmer im Ritz, das die aber nie benutzt. Manchmal wandelt Coco Chanel nachts auch in ihr Badezimmer, zieht sich aus und wacht erst auf, wenn sie den kalten nassen Waschlappen auf ihrer Haut spürt. Dann wieder entdeckt Céline morgens, daß Coco Chanel nachts in Stoffe geschnitten hat. In eine Gardine oder ihr Bettuch. Wollte sie im Schlaf noch mehr Kostüme daraus machen oder Fischerhemden wie in Deauville?
Manchmal, sehr selten, sehen die Spaziergänger von Chantilly auch im Morgengrauen eine alte Dame, die am Gatter lehnt und ihre Pferde anfeuert. Im »Espadon«, dem Restaurant vom Hotel Ritz, ißt Coco Chanel nun versteckt hinter einem Paravent. Beim ägyptischen König Farouk hat sie das abgeschaut. »Sagt den Journalisten, daß ich morgens eine Kamelienblüte und abends eine Orchidee esse.«

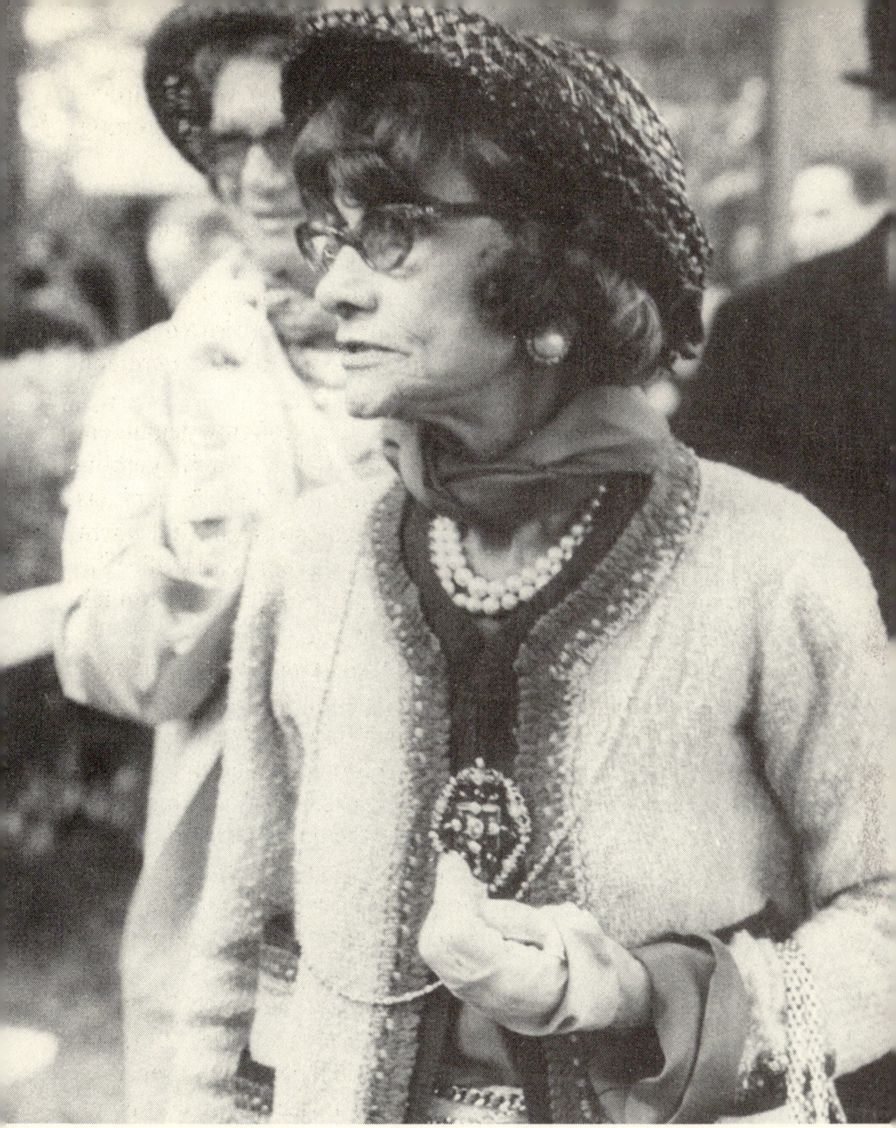

Eine Legende ist alt. Die Chanel stirbt im Alter von 87 Jahren am 10. Januar 1971 in Paris im Hotel Ritz, das seit Jahren ihr Zuhause war. (Foto: Keystone, Hamburg)

In der rue Cambon wird ein Cordon sanitaire, ein Sicherheitswall der Diskretion, um Coco Chanel errichtet. Wie Polizisten, die eine Unfallstelle absperren, »Fahren Sie weiter, es gibt nichts zu sehen«. Nichts soll an die Presse kommen von der Götterdämmerung der Mademoiselle.
Im Jahr 1970 bringt sie ein neues Parfum auf den Markt: N° 19 – eine Hommage an ihren Geburtstag, den 19. August.
Noch im Alter von 87 Jahren schickt sie weiterhin 35 000 Kleidungsstücke im Jahr in die Welt hinaus. Hosenanzüge aus Goldlamée, Matrosenhosen mit goldenen Knöpfen, schön drapierte Röcke aus Seidenjersey, Tweedkostüme. Sie arbeitet genauso hart wie eh und je. Auch wenn sie sich oft hinsetzen muß, wenn ihre Mannequins in den Kostümen den Bequemlichkeitstest machen: »Tu so, als ob Du aus einem tiefen Sportwagen steigst«, »Reiß die Hände hoch und winke Deinem Mann zu«, bittet sie sie.
Bevor sie in die rue Cambon geht, läßt sie nun jeden Morgen einen Visagisten kommen. Sie tut das aus Liebe zu ihren Arbeiterinnen: »Wenn diese ganzen Mädchen morgens an den Scheiben kleben und sagen ›Bonjour Mademoiselle‹, ›Hat Mademoiselle gut geschlafen?‹ und ›Mademoiselle sieht heute sehr gut aus‹ – dann sollen sie sich meinetwegen nicht schämen müssen.«
So hält sie es auch am Freitag, den 8. Januar 1971. Sie nimmt in der rue Cambon 85 Kleidungsstücke für die am 26. Januar geplante Modenschau ab. Dann geht sie ins Wochenende.
Am Sonntag, den 10. Januar, macht sie mit Claude Delay einen Spaziergang zur Pferderennbahn im Bois de Boulogne. Alleine kehrt sie am späten Nachmittag ins Hotel zurück, wo sie sich erschöpft auf ihr Bett legt. Céline, die sie inzwischen Jeanne nennt wie die Mutter, überredet sie, die Schuhe auszuziehen.
Die Zofe geht kurz weg und hört aus dem Nebenzimmer dann einen Aufschrei: »Jeanne, ich ersticke.« Céline eilt herbei. Gabrielle Chanel schaut sie friedlich an: »Meine Kleine, so muß Sterben sein.«

EPILOG 1

Es war ein lausig kalter Wintertag in Paris. Der Mittwoch, den 13. Januar 1971.

In der Église de la Madeleine wurde die Totenfeier für Coco Chanel abgehalten. Ganz vorne vor dem Sarg aus heller Eiche mit Silberbeschlägen saßen ihre Nichten Gabrielle und Antoinette sowie der Sohn von Julia, schon ein alter Mann, und die Zimmermädchen Céline und Germaine.

Auf Wunsch der Verstorbenen waren diese Familienmitglieder die einzigen, die Totenwache im Hotel Ritz gehalten hatten.

Gabrielle Chanel trug nun ihr Lieblingskostüm aus meliertem Tweed in grau, blau und rosa.

In der Kirche besetzte das Personal die ersten Reihen: Mannequins, Näherinnen, Schuster, Goldschmiede, Verkäuferinnen. Auch Dalí war da, Yves Saint-Laurent, Marc Bohan, Paco Rabanne, Cristóbal Balenciaga – Pierre Cardin hatte eine Delegierte geschickt.

Das Schiff der Église de la Madeleine war voll mit weißen Blumenkränzen. Nur Visconti, der letzte Überlebende einer untergegangenen Zeit, hatte ihr ein Herz aus roten Rosen machen lassen.

Lateinische Gesänge, eine Predigt, in der der Pfarrer Chabanis Chanels Herzensqualitäten, ihr Talent, die Großzügigkeit und ihren »bissigen Esprit« hervorhob.

Und dann, während in der rue Cambon die Arbeit wieder aufgenommen wurde und Menschenmassen Schlange standen, um sich in die Kondolenzbücher einzutragen, während in Amerika das Musical »Coco« auf Tournee ging, dann fuhr ein Konvoi in Richtung Osten.

Wie hatten die beiden Nichten in ihrem Pressekommuniqué gesagt? »Mademoiselle Chanel wird in der Familiengruft im engsten Kreise beigesetzt.«
Auf einem kleinen Dorffriedhof bei Lausanne ruht Gabrielle Chanel unter einem Grabstein, der mit goldenen Löwen verziert ist. Alleine.

EPILOG 2

Nachdem die Kollektionen des Hauses Chanel zwölf Jahre lang von Mademoiselles ehemaligen »Premières d'Ateliers« gemacht wurden, übernahm Karl Lagerfeld 1983 die kreative Leitung der Haute Couture sowie für die Bereiche Prêt-à-porter und Accessoires.

Ein Jahr nach seinem Einstieg wurde ein neues Parfum auf den Markt gebracht: »Coco«.

In den späten achtziger Jahren konnte sich Karl Lagerfeld mit viel Talent das überlebensgroße Label »Chanel« aneignen. Er hat das klassische zweifarbige Chanel-Kostüm entmystifiziert. Miniröcke, Plastikpastillen und -ringe anstatt der traditionellen Stoffborde, grelle Farben und die verliebt verschlungenen Cs auf all den Accessoires, die eine extrem junge Generation von Yuppies plötzlich brauchte.

Während in den letzten Jahren des Jahrtausends die von Coco Chanel gehaßte Schneiderpoesie wieder auflebt, Modenschauen in Bahnhöfen oder Museen stattfinden, die Models nicht selten Rokoko, Renaissance, Indianerromantik und Korsetts vorführen, feiert Karl Lagerfeld in der rue Cambon den Triumph der edelsten Stoffe und der bequemen Silhouetten. Karl Lagerfeld zitiert gern Paul Valéry: »Stil, diese Bezeichnung so rein in Form und Klang ...« Die Frau trägt bei ihm im Winter 1999 lange Pliséefaltenröcke aus Tweed, kleine schwarze Cocktailkleider und Kostüme in natürlichen Farben. Es ist der Stil von Coco Chanel, der dem Jahr 2000 da ohne Schwierigkeiten die Hand reicht.

Anhang

KURZBIOGRAPHIE

1883 Gabrielle Chanel wird am 19. August in Saumur geboren.

1910 Chanel, die inzwischen Coco genannt wird, läßt sich in der rue Cambon 21 nieder. Dort entwirft sie unter dem Namen »Chanel Mode« Hüte. Damals schon erregt sie großes Aufsehen in Longchamps, weil sie mit den schlichten, strengen Kostümen, die sie trägt, die nach der damaligen Mode übertrieben aufgeputzten Damen provoziert.

1913 Chanel eröffnet ihre erste Modeboutique in Deauville.

1915 Chanel eröffnet einen Modesalon in Biarritz.

1916 Chanel bringt den Jersey in Mode. Ihr erstes Modellkleid wird in *Harper's Bazaar* veröffentlicht mit der Bildunterschrift »the charming chemise dress«.

1921 Sie eröffnet ihr Geschäft in der rue Cambon 31. Chanels erstes Parfum kommt auf den Markt, das berühmte N° 5 wird 1922 vorgestellt. Es folgen *Gardénia* (1925). *Bois des Iles* (1926), *Ouir de Russie* (1927), *Sycomore* und *Une Idée* (1930) und *Jasmin* (1932).

1924 Gründung der Société des Parfums Chanel.

1926 Das »kleine Schwarze« wird durch Chanel zum modischen Muß.

1928 Mademoiselle Chanel richtet ihre Wohnung in der rue Cambon für die damalige Zeit avantgardistisch ein, indem sie Stilreinheit und Stileinheit miteinander verbindet. Chanel macht den Tweed modern. Ihre ersten Kostüme werden aus Tweedstoffen geschneidert, die extra für sie in Schottland gewebt wurden.

1929 Eröffnung einer Boutique für Accessoires in ihrem Haute-Couture-Salon.

1930 Samuel Goldwyn schreibt ihr vertraglich das Recht zu, die Stars von United Artists auszustatten.

1931 Chanel entwirft die Kleider für Gloria Swanson in dem Film *Tonight or Never*, dem ersten Film, an dem sie mitarbeitet.

1934 Chanel erweitert ihre Modeschmuck-Kollektion, indem sie ein entsprechend spezialisiertes Atelier eröffnet. Comte Etienne de Beaumont und Marchese Fulco di Verdura unterstützen sie mit ihren fachlichen Fähigkeiten bei diesem neuen Unternehmen. Sie bringt die Kombination verschiedenfarbiger Steine und die langen vergoldeten Halsketten in Mode.

1935 Chanel befindet sich auf dem Höhepunkt ihres Ruhmes. Sie hat beinahe 4 000 Angestellte und verkauft viele Modellkleider in alle Welt.

1939 Ausbruch des Zweiten Weltkriegs und Schließung des Modesalons Chanel.

Von den ehemals fünf Geschäften in der rue Cambon bleibt nur die Boutique in der rue Cambon 31 geöffnet, in der Parfums und Accessoires auch weiterhin erfolgreich verkauft werden.

1954 Das große Comeback. Chanel kehrt zurück und eröffnet ihren Salon in der rue Cambon 31 von neuem. Sie ist 71 Jahre alt und wählt für den Auftakt ihrer neuen Kollektion ein Jerseykostüm: die N° 5.

1955 Stanley Meiman Maretts, Inhaber der großen Modehäuser in Dallas, verleiht Mademoiselle Chanel den Mode-Oskar, mit dem sie als »einflußreichste Modeschöpferin des 20. Jahrhunderts« geehrt wird. Chanels erstes Eau de Toilette für Herren kommt auf den Markt – *Pour Monsieur.*

1959 Höchste Weihen für das Design des Flakons von *Chanel N° 5*, das in New York im Museum of Modern Art ausgestellt wird.

1970 Parfum *N° 19* kommt auf den Markt.

1971 Mademoiselle stirbt am 10. Januar. Ihre posthume Kollektion wird ein riesiger Erfolg.

1974 Das Eau de Toilette *Cristalle* kommt auf den Markt.

1975 Einführung von Chanels *Beauté*, einer Serie von Pflege- und Make-up-Produkten.

1978 Lancierung der Prêt-à-porter-Kollektion »Chanel Boutique« und Accessoires. Heute gibt es weltweit etwa sechzig Chanel-Boutiquen.

1981 Chanels zweites Eau de Toilette für Herren kommt auf den Markt – *Antaeus.*

1983 Karl Lagerfeld wird künstlerischer Berater des Hauses Chanel und zeichnet in Zukunft für die Kollektionen verantwortlich. Eröffnung einer zweiten Chanel-Boutique in Paris, in der Avenue Montaigne 42. Neuauflage der Parfums *Gardénia, Bois des Iles und N° 22*, die ausschließlich in der rue Cambon verkauft werden.

1984 Das Parfum *Coco* erscheint auf dem Markt.

1986 Chanel erhält den *Goldenen Fingerhut* für die von Karl Lagerfeld kreierte Haute-Couture-Kollektion Herbst/Winter 1986. Das Eau de Parfum *N° 5* kommt auf den Markt und wird weltweit von Carole Bouquet repräsentiert.

1987 *Le Temps Chanel,* die erste Uhr von Chanel – *Première*, und die Eröffnung von Chanels ersten Uhrengeschäft in der Avenue Montaigne.

1988 Der »Council of Fashion Designers of America« (CFDA) verleiht dem Haus Chanel und Karl Lagerfeld den »Special Award for International Fashion Award«.

1989 Eine große Ausstellung, die Chanel gewidmet ist, findet anläßlich der Eröffnung der Mode- und Kostümabteilung im Musée des Arts Décoratifs in Marseille statt.

1990 Das Eau de Toilette für Herren, *Egoïste*, und die Uhr *Mademoiselle* kommen auf den Markt. An der Place Vendôme eröffnet ein Uhren- und Schmuckgeschäft von Chanel.

1993 Das Eau de Toilette für Herren, *Egoïste Platinum,* erscheint.

1994 Chanel lanciert den echten Schmuck. Die Uhr *Matelassée* und die Pflegeserie *Le Corps Actif* kommen auf den Markt.

1995 Ein vollkommen neues Make-up-Konzept wird vorgestellt – *Les Editions Ephémères.*

1996 Präsentation der Haute-Conture-Kollektion Frühjahr/Sommer 1996 im Salon des Hotel Ritz, zu Ehren von Coco Chanel. Das Parfum *Allure* wird vorgestellt. (Quelle: Bardot, François: Chanel. Magier der Mode. Schirmer/Mosel, München 1996)

BIBLIOGRAPHIE

Charles-Roux, Edmonde: L'Irrégulière. Editions Grasset. Paris 1976

Charles-Roux, Edmonde: Le Temps Chanel. Editions du Chène et Grasset. Paris 1988

Cocteau, Jean: Journal 1942-1945. Paris 1953

Cocteau, Jean: La difficulté d'être. Paris 1956

Colette: Prisons et Paradis. Paris 1963

Delay, Claude: Chanel Solitaire. Editions Gallimard. Paris 1983

Galante, Pierre: Les Années Chanel. Mercure de France. Paris 1972

Haedrich, Marcel: Coco Chanel Secrète. Editions Robert Laffont. Paris 1971

Marquand, Lilou: Chanel m'a dit... Paris 1976

Morand, Paul: L'Allure de Chanel. Editions Hermann. Paris 1976

PERSONENREGISTER

Econ & List

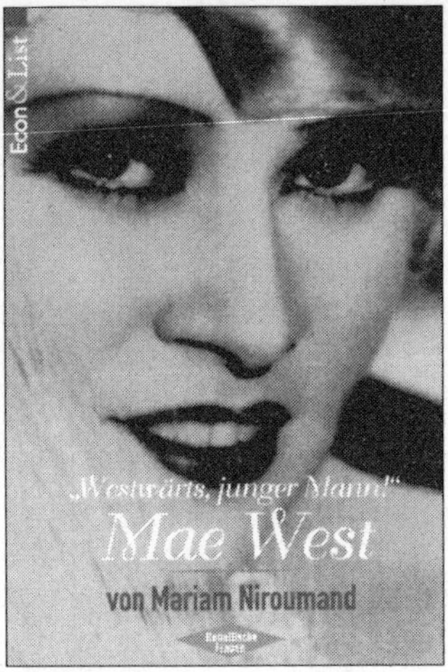

Mariam Niroumand
»Westwärts, junger Mann!«
Mae West
232 Seiten, 20 Abbildungen
TB 26517-2
Originalausgabe

Mit starken Schultern, Hüften und Backen, den Pelzstolas und den glitzernden Juwelen hatte Mae West etwas von der lüsternen Kaiserin, als die sie sich selbst immer am liebsten sah. Die »Empress of Sex«, ein Proletenkind aus Brooklyn , das auch in Hollywood noch gern blutige Boxkämpfe anschaute, hatte ihr Leben lang ein Faible für die Rolle der Prostituierten mit dem goldenen Herzen. Sie blieb dabei, als ihr die Hollywood-Zensoren auf den Fersen waren, aber auch dann noch, als die Sittenlockerung dem Ganzen schon längst die Aura des Skandalösen genommen hatte.

Mariam Niroumand beschreibt Mae Wests Weg vom Vamp der zwanziger Jahre bis zur Camp-Figur der Sixties in einem lebendigen Sittengemälde, das bei den fahrenden Vaudeville-Trupps der Jahrhundertwende beginnt und in den Schwulenbars von New York endet.

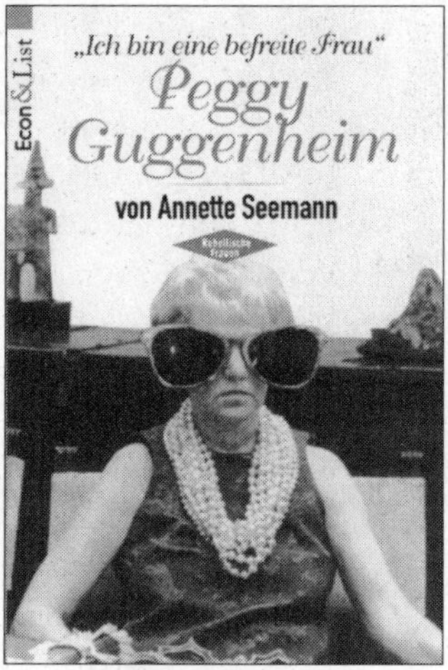

Annette Seemann

»Ich bin eine befreite Frau« Peggy Guggenheim

304 Seiten, 20 Abbildungen

TB 26512-1

Originalausgabe

»Ich habe schon immer getan, was ich wollte. Women's lib? Ich war schon eine befreite Frau, bevor es den Namen überhaupt gab.« Die stets gelangweilte Amerikanerin aus reichem Hause, Venedigs letzte Dogeressa, war immer auf der Suche nach dem Funkeln in ihrem Leben. Alle zerrissen sich die Mäuler über sie: Und allen hat sie es gezeigt, die unverbesserliche, kunstwütige, zugleich schüchtern und provokant wirkende Peggy Guggenheim.

Ein unglückliches Kind, aber eine reiche Erbin, ihre legendäre Kunstsammlung machte sie zu einer der bedeutendsten Frauen ihrer Zeit.

Econ & List

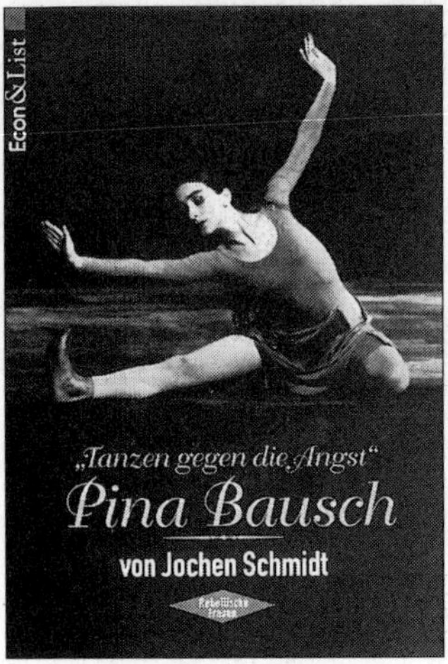

Jochen Schmidt
Tanzen gegen die Angst
240 Seiten, 20 Abbildungen
TB 26513-X
Originalausgabe

Pina Bausch ist die wichtigste Tänzerin und Choreographin dieses Jahrhunderts. Ihr Tanztheater erlangte Weltgeltung, weit über Wuppertal hinaus.

Ihre revolutionären Inszenierungen haben das Publikum in höchstes Erstaunen versetzt: Sie lockte alle an – die begeisterten Fans, die skeptischen Kritiker und das entsetzte Establishment. Alle wollten ihr huldigen, auf ihre Art.

Das einstige Genie der Essener Folkwang-Schule hatte es geschafft: In zehn Jahren konnte sie alles niederreißen, was bis dato für das Tanztheater galt. Es gab kein Ensemble, das sich nicht an ihrer Kunst orientiert hätte. Sie definierte das Genre völlig neu. Und Grenzen zu überschreiten, das ist ihr großes Ziel – noch heute.

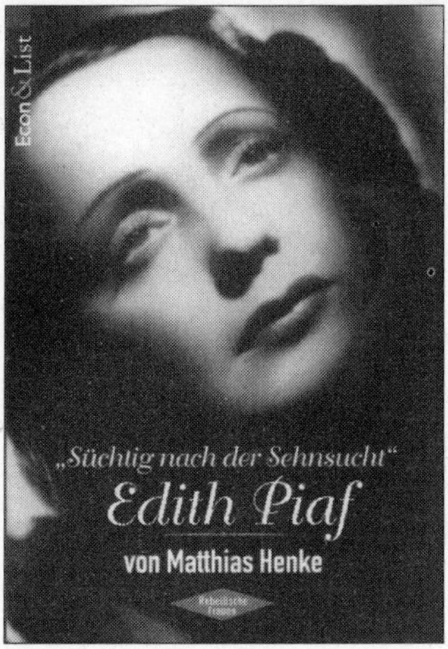

Matthias Henke
»Süchtig nach der Sehnsucht«
Edith Piaf
224 Seiten, 20 Abbildungen
TB 26516-4
Originalausgabe

»Mut heißt, bis zum Ende zu gehen«, bis zum bitteren Ende. Die Piaf hat gekämpft und nicht gesiegt. Sie ist eine Extremistin der besonderen Art, eine Rebellin ohne Grenzen: Sie begehrt nicht einen Mann, sie begehrt sie alle – ohne Rücksicht auf bürgerliche Moralvorstellungen. Sie mußte ihre Sehnsucht nach dem Absoluten mit dem Leben bezahlen, aber die Menschen verehren sie. Die eindringliche Stimme, ihre Vitalität und Leidenschaft, ihre Hingabe an das Unerreichbare haben Millionen in ihren Bann geschlagen. Sie ist und bleibt die Göttin des Chansons.